Dr. Karin Eißel, Claudia Dichta

Vorbereitung auf die Abschlussprüfung

Zahnmedizinische Fachangestellte

369 programmierte Übungsaufgaben
116 ungebundene Aufgaben
Übungen zur Abschlussprüfung
Prüfungsaufgaben

21. Auflage

Bestellnummer 82006

Bildungsverlag EINS
westermann

Die in diesem Produkt gemachten Angaben zu Unternehmen (Namen, Internet- und E-Mail-Adressen, Handelsregistereintragungen, Bankverbindungen, Steuer-, Telefon- und Faxnummern und alle weiteren Angaben) sind i. d. R. fiktiv, d. h., sie stehen in keinem Zusammenhang mit einem real existierenden Unternehmen in der dargestellten oder einer ähnlichen Form. Dies gilt auch für alle Kunden, Lieferanten und sonstigen Geschäftspartner der Unternehmen wie z. B. Kreditinstitute, Versicherungsunternehmen und andere Dienstleistungsunternehmen. Ausschließlich zum Zwecke der Authentizität werden die Namen real existierender Unternehmen und z. B. im Fall von Kreditinstituten auch deren IBANs und BICs verwendet.

Die in diesem Werk aufgeführten Internetadressen sind auf dem Stand zum Zeitpunkt der Drucklegung. Die ständige Aktualität der Adressen kann vonseiten des Verlages nicht gewährleistet werden. Darüber hinaus übernimmt der Verlag keine Verantwortung für die Inhalte dieser Seiten.

service@bv-1.de
www.bildungsverlag1.de

Bildungsverlag EINS GmbH
Ettore-Bugatti-Straße 6-14, 51149 Köln

ISBN 978-3-427-**82006**-2

westermann GRUPPE

Vorwort

Aufgrund der unterschiedlichen Ausgestaltungen der konkreten Prüfungen durch die jeweils zuständige Landeszahnärztekammer wurde versucht ein Angebot zu schaffen, das allen Auszubildenden eine Hilfe in der Prüfungsvorbereitung ist. Grundlage für die Autoren waren dabei die Prüfungsordnung und der KMK-Rahmenlehrplan (KMK: Kultusministerkonferenz der Länder), also die Vereinbarungen auf Bundesebene.

Die Aufgaben wurden entsprechend der Prüfungsordnung formuliert. Die ungebundenen Aufgaben beziehen sich auf beide Prüfungsbereiche, ihre Reihenfolge ergibt sich aus den Lernfeldern des KMK-Rahmenlehrplans, soweit sie für diese Prüfungsbereiche relevant sind.

Zur besseren Orientierung wurde den ungebundenen Aufgaben im kaufmännischen Bereich eine Musterpraxis als Rahmen vorangestellt. In diesem Aufgabenteil beziehen sich die Aufgaben auf diese Musterpraxis.

Im zweiten Teil wurden gebundene Aufgaben formuliert. Die jeweiligen maximalen Lösungsmöglichkeiten sind durch die vorgegebenen Kästchen festgelegt. Hier wurden die Aufgaben nach den beiden Prüfungsbereichen unterteilt.

Zur Vorbereitung auf die Abschlussprüfung ist außer dieser vorliegenden Broschüre die zur Zwischenprüfung unbedingt notwendig, weil dort fachkundliche Themen behandelt werden, die hier nicht wiederholt werden!

Die Autoren sind für Anregungen und Kritik dankbar.

Wir wünschen Ihnen viel Erfolg und Spaß bei Ihrer Arbeit mit dem Buch und in der Prüfung.

Inhaltsverzeichnis

Musteraufgaben

Mehrfachwahlaufgabe

Welche Zellen bilden den Schmelz?

1. Fibroblasten
2. Ameloblasten
3. Odontoblasten
4. Osteoblasten
5. Osteoklasten
6. Fibrozyten

▶ 2

Zuordnungsaufgabe

Ordnen Sie den Erkrankungen die Fachbegriffe zu.

Erkrankungen

1. Wurzelhautentzündung
2. Entzündung des Zahnhalteapparates
3. Zahnmarkentzündung
4. Schwundform des Zahnhalteapparates
5. Chronische Entzündung des freiliegenden Zahnmarkes

Fachbegriffe	
Parodontosis	4
Pulpitis	3
Pulpapolyp	5
Periodontitis	1
Parodontitis	2

Reihenfolgeaufgabe

Bringen Sie die Arbeitsgänge bei Röntgenaufnahmen in die richtige Reihenfolge.

Einstellen der Belichtungszeit	3
Ausrichten des Zentralstrahles	2
Abschalten des Gerätes	5
Einschalten des Gerätes	1
Auslösen	4

Der Preis einer Ware wurde zweimal gesenkt, zunächst um 12,5 % und danach, bei der zweiten Preissenkung, um 20 %. Die Ware kostet jetzt 560,00 EUR.

Wie teuer war die Ware vor der ersten Preissenkung?

EUR			Komma ↓ Ct.	
8	0	0	0	0

Wie viel Gramm achtkarätiges Gold können aus 12 g zehnkarätigem Gold hergestellt werden?

g		Komma ↓	
1	5	0	0

Ungebundene Aufgaben

1. Aufgabe

a) Was bedeutet der Begriff „Immunität“?

Antwort: Die Immunität ist die erworbene Widerstandsfähigkeit eines Körpers gegen einen bestimmten Krankheitserreger.

b) Nennen Sie drei Möglichkeiten, durch die ein Organismus immun werden kann.

Antwort:
- aktive Immunisierung
- passive Immunisierung
- durch überstandene Infektionskrankheit

---

2. Aufgabe

a) In unserer Nahrung sind drei Grundnährstoffe enthalten.
Nennen Sie diese!

Antwort:
- Kohlenhydrate
- Eiweiß
- Fette

b) In welche kleinsten Bausteine werden sie aufgespalten?

Antwort:
- Monosaccharide (Einfachzucker)
- Aminosäuren
- Glycerin und Fettsäuren

c) In welchen Abschnitten des Verdauungsapparates beginnt die Aufspaltung der einzelnen Nährstoffe?

Antwort:
- Mundhöhle
- Magen
- Dünndarm

Aufgaben

Behandlungsassistenz

1. Aufgabe

Aus welchen Inhaltsstoffen besteht unsere Nahrung?

2. Aufgabe

Welche Nährstoffe liefern dem Organismus Energie?

3. Aufgabe

Welche Bakterien sind an der Kariesentstehung beteiligt?

1. ß-hämolysierende Streptokokken
2. Staphylococcus aureus
3. Tuberkelbazillen
4. Laktobazillen
5. Stäbchenbakterien
6. Streptococcus mutans

4. Aufgabe

Welche Aussage zur Mundhygiene trifft zu?

1. Plaque kann mit der Munddusche entfernt werden.
2. Färbetabletten verhindern Karies.
3. Interdentalräume lassen sich mit Zahnseide reinigen.
4. Zahnbürsten sollten Naturborsten haben.
5. Die tägliche Zahnputzdauer sollte etwa zwei Minuten betragen.

5. Aufgabe

Kariesprophylaktische Maßnahmen durch die Einnahme von Fluortabletten sind besonders wichtig und sinnvoll:

1. Beim Erwachsenen
2. Bei der werdenden Mutter
3. Im Säuglings- und Jugendalter
4. Bei bettlägerigen Patienten
5. Bei stark kariesanfälligen Gebissen
6. Bei Teilprothesenträgern zum Schutz der Klammerzähne

6. Aufgabe

Auf welche Ernährungsweise ist das menschliche Gebiss eingestellt?

1. Fleischkost
2. Pflanzenkost
3. Diätkost
4. gemischte Kost
5. weiche Kost

Abbildung zu den Aufgaben 7–9

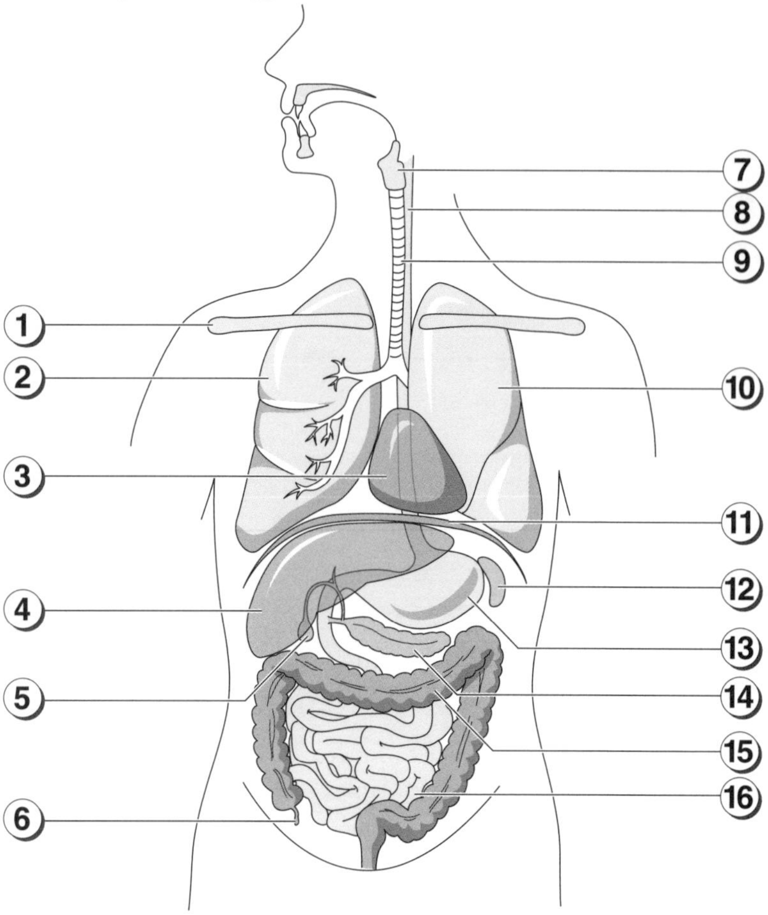

7. Aufgabe

Ordnen Sie zu, indem Sie die zutreffenden Kennziffern aus der Abbildung in die Kästchen eintragen.

Luftröhre	☐
Gallenblase	☐
Zwerchfell	☐
Herz	☐
Dickdarm	☐

8. Aufgabe

Ordnen Sie zu, indem Sie die zutreffenden Kennziffern aus der Abbildung in die Kästchen eintragen.

Leber	☐
Schlüsselbein	☐
Dünndarm	☐
rechter Lungenflügel	☐
Speiseröhre	☐

9. Aufgabe

Ordnen Sie zu, indem Sie die zutreffenden Kennziffern aus der Abbildung in die Kästchen eintragen.

Kehlkopf	☐
Magen	☐
Wurmfortsatz	☐
Bauchspeicheldrüse	☐
Milz	☐

10. Aufgabe

Welcher Nährstoff ist der Hauptlieferant für die Muskelenergie?

1. Fett
2. Kohlenhydrate
3. Eiweiß
4. Vitamine
5. Wasser
6. Salze

▶ ☐

11. Aufgabe

Welcher Vorgang findet im Dickdarm nicht statt?

1. Eindickung des Darminhaltes
2. Nahrungsresorption
3. Rückresorption der Verdauungssäfte
4. Dickdarmbakterien bilden Vitamin K
5. Dickdarmbakterien bilden Vitamine vom B-Komplex
6. Vergärung von unverdaulichen Nahrungsbestandteilen

▶ ☐

12. Aufgabe

Welche Behandlungsmethoden dienen der Lebenderhaltung des Zahnmarks (Pulpa)?

1. Die Vitalexstirpation
2. Die Arsenanwendung
3. Die indirekte Überkappung
4. Die Gangränbehandlung
5. Die direkte Überkappung
6. Die Mortalamputation

▶ ☐

▶ ☐

13. Aufgabe

Was versteht man unter „Plaque“?

1. Materia alba
2. Zahnstein
3. Raucherbeläge
4. Zahnhalskaries
5. Konkremente
6. vorwiegend aus Bakterien bestehender Zahnbelag

▶ ☐

14. Aufgabe

Nennen Sie Grundregeln zur Behandlung von Patientinnen während der Schwangerschaft.

15. Aufgabe

Welches ist kein Bestandteil des Speichels?

1. Wasser
2. Schleim
3. Trypsin
4. Ptyalin
5. Salze
6. Speichelkörperchen (weiße Blutkörperchen)

16. Aufgabe

Was versteht man unter „Progenie“?

1. Vorstehen des Unterkiefers
2. Vorstehen des Oberkiefers
3. Beurteilung eines Krankheitsverlaufs
4. Vorbeugung gegen Krankheit
5. Vorhersage eines Krankheitsverlaufs
6. Verhütung von Krankheiten

17. Aufgabe

In welchem Verdauungsabschnitt wird dem Nahrungsbrei das Wasser entzogen?

1. in der Leber
2. im Magen
3. in der Mundhöhle
4. im Duodenum
5. im Dickdarm
6. in der Bauchspeicheldrüse

18. Aufgabe

Erklären Sie den Unterschied von Kiefersperre und Kieferklemme.

1. Kiefersperre:
2. Kieferklemme:

19. Aufgabe

Welche Aussage zum Herz trifft zu?

1. Das Herz liegt unter dem Zwerchfell.
2. Das Herz arbeitet wie eine Druck- und Saugpumpe.
3. Das Herz besitzt einen Vorhof und eine Kammer.
4. Das Herz pumpt kohlendioxidhaltiges Blut in den Körperkreislauf.
5. Das Herz ist mit einem eigenen Reizleitungssystem ausgestattet.
6. Das Herz besitzt zwischen Vorhof und Kammer eine Taschenklappe.

20. Aufgabe

Ordnen Sie den genannten Begriffen ihre Funktion zu.

Begriffe

1. Blutplasma
2. Thrombozyt
3. Lymphknoten
4. Erythrozyt
5. Leukozyt

Funktionen	
Sauerstofftransport	☐
Nährstofftransport	☐
Blutgerinnung	☐
Abwehrkörper	☐
Filterstation	☐

21. Aufgabe

Ordnen Sie die entsprechenden Vorgänge dem jeweiligen Teil des Nervensystems zu.

Vorgänge

1. Schmerzempfindung
2. Kaubewegung
3. Kariesentstehung
4. Speichelfluss
5. Abszessbildung

Teile des Nervensystems	
Motorische Nerven	☐
Sensible Nerven	☐
Vegetative Nerven	☐

22. Aufgabe

Wo beginnt die jeweilige Verdauungsfunktion?

1. im Magen mit Salzsäure
2. im Mund mit Gallensaft
3. im Magen mit Ptyalin
4. im Duodenum mit Salzsäure
5. im Mund mit Ptyalin
6. im Duodenum mit Gallensaft

Kohlenhydratverdauung	☐
Fettverdauung	☐
Eiweißverdauung	☐

23. Aufgabe

Wann ist eine Einzelkrone nicht angezeigt?

1. Verfärbung des Zahnes
2. Missbildung des Zahnes
3. starke Abrasion
4. Bruch der Zahnkrone
5. Pathologische Zahnlockerung
6. Granulom an der Wurzelspitze

▶ ☐

▶ ☐

24. Aufgabe

Wie nennt man den Teil einer Brücke, der auf dem natürlichen Zahn sitzt?

1. Attachment
2. Pfeiler
3. Zwischenglied
4. Krone
5. Anker
6. Freiendglied

25. Aufgabe

Was wird mit der Verwendung temporärer Kronen auf beschliffenen Zähnen nicht erreicht?

1. Erhaltung der Kaufähigkeit
2. Schutz des Zahnmarkes und des marginalen Parodonts
3. Verhinderung einer Zahnkippung
4. Erleichterung der Abformung
5. Erhaltung der Phonetik
6. Erhaltung der Ästhetik

26. Aufgabe

Welche Teile des Kauorgans werden durch eine abgestützte Freiendprothese belastet?

1. Muskulatur
2. Zahnfleisch
3. Mundschleimhaut
4. Zähne und Parodontien
5. Weicher Gaumen
6. Umschlagfalte

27. Aufgabe

Welche Maßnahmen im Umgang mit Abformungen treffen nicht zu?

1. unter kaltem Wasser Blut- und Speichelreste abspülen
2. Sprühdesinfektion oder Desinfektionsbad, bevor die Abformungen im Labor weiterbearbeitet werden
3. auf Vollständigkeit und sicheres Haften im Löffel überprüfen
4. Abformungen mit Hydrokolloid können mindestens eine Stunde feucht aufbewahrt werden.
5. Abformungen mit Alginat müssen sofort mit Gips ausgegossen werden.
6. Silikonabformungen müssen gleich mit Gips ausgegossen werden.

28. Aufgabe

Nennen Sie die Krone mit der höchsten Belastbarkeit.

1. Keramik-Verblendkrone
2. Stiftkrone
3. Kunststoff-Verblendkrone
4. Mantelkrone
5. Keraplatinkrone
6. Vollgusskrone

29. Aufgabe

Welche Drüsen geben ihr Sekret in den Zwölffingerdarm?

1. Milz
2. Lymphdrüse
3. Bauchspeicheldrüse
4. Leber
5. Schilddrüse
6. Nebennieren

30. Aufgabe

Wohin mündet der Gallenausführungsgang?

1. in den Dickdarm
2. in das Duodenum
3. in den Magen
4. in die Pfortader
5. in das Nierenbecken
6. in die Bauchspeicheldrüse

▶ ☐

---

31. Aufgabe

Chemische Elemente, die im Körper nur in sehr kleinen Mengen vorkommen, werden Spurenelemente genannt. Welche zählen dazu?

1. Vitamine
2. Kalzium
3. Jod
4. Kohlenstoff
5. Monosaccharide
6. Fluor

▶ ☐

▶ ☐

---

32. Aufgabe

Was verdeutlichen Färbetabletten?

1. eine marginale Gingivitis
2. eine beginnende Karies
3. eine Prothesendruckstelle
4. bakterielle Zahnbeläge
5. subgingivalen Zahnstein
6. schadhafte Füllungsränder

▶ ☐

---

33. Aufgabe

Welche Eigenschaft haben alle Hormon produzierenden, endokrinen Drüsen gemeinsam?

1. Sie beeinflussen die Fortpflanzung.
2. Sie haben denselben Aufbau.
3. Sie sind vom Willen abhängig.
4. Sie bremsen den Stoffwechsel.
5. Sie haben keine Ausführungsgänge.
6. Sie gehören dem Nervensystem an.

▶ ☐

---

34. Aufgabe

Welche Vitamine sind fettlöslich?

1. Vitamin A
2. Vitamin B_1
3. Vitamin B_{12}
4. Vitamin C
5. Vitamin D
6. Vitamin K

▶ ☐

▶ ☐

▶ ☐

---

35. Aufgabe

Was sind enossale Implantate?

____

____

36. Aufgabe

Implantate müssen aus einem biokompatiblen Material bestehen, um nicht vom Organismus abgestoßen zu werden.
Welches Material findet Anwendung?

37. Aufgabe

Woher stammen die Gallenfarbstoffe?

1. aus den Leukozyten
2. aus der Bauchspeicheldrüse
3. aus der Niere
4. aus dem Magensaft
5. aus den Erythrozyten
6. aus den Thrombozyten

▶ ☐

38. Aufgabe

Wie heißt das Ferment im Mundspeichel, das eine Gruppe der Nahrungsstoffe bereits in der Mundhöhle vorverdaut?

1. Pepsin
2. Trypsin
3. Labferment
4. Lipase
5. Ptyalin/α-Amylase
6. Chymotrypsin

▶ ☐

39. Aufgabe

Wo werden die Geschmacksqualitäten empfunden?
Ordnen Sie zu.

Geschmacksqualitäten

1. süß
2. bitter
3. salzig
4. sauer

Teile der Zunge	
Zungengrund	☐
Zungenspitze	☐
hinterer seitlicher Zungenrand	☐
vorderer seitlicher Zungenrand	☐

40. Aufgabe

Welche Aussage zum Verdauungsapparat trifft nicht zu?

1. Die Gallenflüssigkeit hat eine besondere Bedeutung bei der Fettverdauung.
2. Im Dünndarm erfolgt die Resorption der Nahrung.
3. Im Magen beginnt bereits die Eiweißverdauung.
4. Die Bauchspeicheldrüse bildet täglich ca. 1–1,5 l Bauchspeichel mit Enzymen zur Aufspaltung von Eiweiß, Fett und Kohlenhydraten.
5. Der Magen liegt oberhalb des Zwerchfells im Brustraum.

▶ ☐

41. Aufgabe

Welche Aussagen über „Alginate" treffen zu?

1. Sie werden aus Harzen gewonnen.
2. Sie erfordern Retentionen im Abformlöffel.
3. Sie haben besonders lange Abbindezeiten.
4. Sie werden für Korrekturabformungen benutzt.
5. Die Abformung muss sofort ausgegossen werden.
6. Sie sind reversible Abformmaterialien.

▶ ☐

▶ ☐

42. Aufgabe

Welche der Aussagen kennzeichnen eine „Protrusion"?

1. Obere Frontzähne übergreifen vollständig untere Frontzähne.
2. Überentwicklung des Unterkiefers
3. Kippstand der Oberkieferfrontzähne lippenwärts
4. Positive Lippentreppe
5. Zahnreihen kreuzen sich im Seitenzahnbereich.
6. Steilstand der oberen Frontzähne

▶ ☐

43. Aufgabe

Welche Aussagen treffen zu?
Weiche kohlenhydrathaltige Kost

1. begünstigt die Selbstreinigung des Gebisses.
2. führt zu starker Zahnbelagbildung.
3. ist wichtig, damit der Zahnhalteapparat nicht zu sehr belastet wird.
4. begünstigt die Kariesentwicklung.
5. regt die Speichelsekretion an.
6. darf kranken Personen nicht verabreicht werden.

▶ ☐

▶ ☐

44. Aufgabe

Welche Aussage trifft nicht zu?

1. Konkremente sind weicher als Zahnstein.
2. Zahnstein wird aus Speichelsalzen mineralisiert.
3. Konkremente werden aus Blutsalzen mineralisiert.
4. Konkremente liegen nur in der Zahnfleischtasche.
5. Zahnstein kann supragingival und subgingival liegen.

▶ ☐

45. Aufgabe

Die Kariesrisikobestimmung kann mit einem Karies-Index vorgenommen werden.
Ordnen Sie die dafür zu benutzenden Kürzel ihren Bedeutungen zu.

Kürzel

1. D
2. F
3. M
4. S
5. T

Bedeutungen	
Zähne	☐
Zahnflächen	☐
Kariös	☐
fehlend wegen Karies	☐
gefüllt wegen Karies	☐

46. Aufgabe

Welche Angaben muss ein Privatrezept enthalten?

47. Aufgabe

Ordnen Sie die Abformmaterialien ihrer Beschaffenheit zu.

Abformmaterialien

1. Gips
2. Stents, Kerr
3. A- und K-Silikone
4. Hydrokolloid

Beschaffenheit	
irreversibel-starres Abformmaterial	☐
irreversibel-elastisches Abformmaterial	☐
reversibel-starres Abformmaterial	☐
reversibel-elastisches Abformmaterial	☐

48. Aufgabe

Die Verarbeitung von Amalgam erfordert von der Zahnmedizinischen Fachangestellten besondere Sorgfalt. Welche Faktoren spielen für die Qualität des angemischten Materials keine Rolle?

1. Anmischzeit
2. schwankende Raumtemperatur
3. Mischungsverhältnis Feilung/Quecksilber
4. Quecksilberdampfkonzentration im Behandlungsraum
5. Zeit zwischen Anmischen und Legen der Füllung
6. Hautkontakt beim Anreichen

▶ ☐

▶ ☐

49. Aufgabe

Was versteht man unter einer „Checkliste“?

1. eine Arbeitszeitaufstellung des Praxisteams
2. eine Kontrollliste für ständig sich wiederholende Arbeiten
3. eine Bissregistrierung nach einem aufgezeichneten Schema
4. ein bestimmtes Bestellsystem
5. eine Kontrollliste für Mahnungen
6. eine Materialbestellliste

▶ ☐

50. Aufgabe

Welche Arbeitsgänge entstehen bei der indirekten Unterfütterung einer Totalprothese?

51. Aufgabe

Welches Gewebe des Parodontiums wird bei einem Vitamin-C-Mangel zuerst geschädigt?

1. Knochenmark
2. Epithelansatz
3. Nervengeflecht im Desmodont
4. Bindegewebe
5. Zahnmark
6. Dentin

▶ ☐

52. Aufgabe

Die Tiefe einer nicht entzündlichen Zahnfleischfurche beträgt im Mittel etwa:

1. 1–2 mm
2. 3–5 mm
3. 7 mm
4. über 10 mm

▶ ☐

53. Aufgabe

Was ist eine „Parulis"?

1. Zahnfleischwucherung
2. „dicke Backe"
3. Form des Unterkiefers
4. Ohrspeicheldrüse
5. Gaumen
6. Geschwür

▶ ☐

54. Aufgabe

Eine Speicheluntersuchung kann Hinweise auf ein Kariesrisiko geben.
Welche Faktoren können gegenwärtig mit geeigneten Untersuchungsmaterialien bestimmt werden?

55. Aufgabe

Warum ist der Erhalt der Milchzähne so wichtig? Nennen Sie stichwortartig einige Gründe.

56. Aufgabe

Im Rahmen von ärztlichem Handeln tauchen häufig folgende Begriffe auf.
Was verstehen Sie darunter?

1. Anamnese:
2. Symptome:
3. Diagnose:
4. Therapie:
5. Prognose:
6. Rehabilitation:
7. Prävention:

57. Aufgabe

Was ist die „Okklusion“?

1. Zahndurchbruch
2. Schlussbissstellung
3. Knochenabtragung
4. Bewegungsablauf des UK
5. Aufstellen der Zähne
6. Abkauung der Zähne

58. Aufgabe

Welche Verhaltensempfehlungen nach Zahnextraktion sind richtig?

1. Wundgebiet kühlen
2. Wärmeanwendung bei Schmerzen
3. nicht rauchen, keinen Kaffee und Alkohol trinken
4. häufig den Mund spülen
5. Ruhepausen mit Tieflagerung des Kopfes einlegen
6. keinen Sport treiben

59. Aufgabe

Was ist ein „Acrylat“?

1. Abdruckmaterial
2. Prothesenmaterial
3. Desinfektionsmittel
4. Sterilisationsmittel
5. schmerzlinderndes Mittel
6. schmerzbetäubendes Mittel

60. Aufgabe

Was versteht man unter der „KAI-Technik“?

61. Aufgabe

Welche Eigenschaft haben thermoplastische Abformmassen?

1. Sie werden bei Erwärmen elastisch.
2. Sie werden bei Erwärmen fest.
3. Sie werden bei Erwärmen plastisch.
4. Sie werden bei Erwärmen flüssig.
5. Sie werden bei Kälte plastisch.
6. Sie werden bei Kälte elastisch.

62. Aufgabe

Welches Instrument ist ein Träger für Scheiben, Steine oder Filzkegel?

1. Dowel-pin
2. Mandrin
3. Mandrel
4. Matrize
5. Pistill
6. Attachment

63. Aufgabe

Welches der genannten Metalle ist kein Bestandteil des Silberamalgams?

1. Hg – Quecksilber
2. Ag – Silber
3. Zn – Zink
4. Sn – Zinn
5. Cu – Kupfer
6. Fe – Eisen

▶ ☐

64. Aufgabe

Warum müssen Alginate vor dem Anmischen aufgeschüttelt werden?

1. Damit das Pulver vollständig mit Wasser durchsetzt werden kann.
2. Damit das Alginat nicht zu langsam abbindet.
3. Weil Sinkstoffe sich durch Lagerung absetzen.
4. Um die Abbindezeit zu verkürzen.
5. Weil Alginat hydrophob wird.
6. Um Masse zu sparen und dadurch die Kosten zu senken.

▶ ☐

65. Aufgabe

Welches Mineral wird mithilfe des Vitamin D im Körper resorbiert?

1. Eisen
2. Fluor
3. Jod
4. Kalzium
5. Natrium

▶ ☐

66. Aufgabe

Welche Erkrankungen werden durch die bakterielle Plaque verursacht?

67. Aufgabe

Was ist eine „Symbiose"?

1. eine Krankheitsursache
2. eine Krankheitsgeschichte
3. eine Geschwulst
4. ein Krankheitsverlauf
5. ein Krankheitszeichen
6. ein Zusammenleben artverschiedener Organismen zu gegenseitigem Nutzen

▶ ☐

68. Aufgabe

Der PSI (Parodontal-Screening-Index) ist eine Maßnahme zur Früherkennung von Parodontalerkrankungen. Beschreiben Sie die Durchführung.

69. Aufgabe

Was ist keine parodontal-chirurgische Maßnahme?

1. Gingivektomie
2. Germektomie
3. mukogingivale Chirurgie
4. Gingivoplastik
5. Lappen-Operation
6. sog. geschlossene Kürettage

---

70. Aufgabe

Wie sollen die Borsten einer Zahnbürste beschaffen sein?

1. Naturborste
2. Kunststoffborste
3. mittelhart
4. weich
5. Borstenspitzen scharf angeschnitten
6. Borstenspitzen abgerundet

---

71. Aufgabe

Was versteht man unter „Parafunktionen"?

1. Funktionsabformung
2. unbewusstes Pressen und Reiben der Zahnreihen gegeneinander
3. Herausspringen des UK-Köpfchens aus der Gelenkgrube
4. langsames Kauen der Nahrung
5. Lippen- und Wangenbeißen
6. Einrichten von Fehlstellungen durch festsitzenden Apparat in der KFO

---

72. Aufgabe

Welche Anforderungen sind an ein Wurzelfüllmaterial zu stellen?

---

73. Aufgabe

Wodurch unterscheiden sich „Gingivitis" und „Parodontitis"?

1. Gingivitis:

2. Parodontitis:

---

74. Aufgabe

Wie wird ein Neutralbiss charakterisiert?

1. Oberkieferzähne übergreifen die Unterkieferzähne.
2. Zähne stehen in Höcker-Höckerstellung.
3. Oberkieferzahnbogen ist größer als der Unterkieferzahnbogen.
4. Unterkieferspange bildet ein Hufeisen.
5. Oberkiefer-sechs-Jahr-Molar ist kräftiger als entsprechender Zahn im Unterkiefer.
6. Der mesio-buccale Höcker des oberen Sechsers greift in die Querfissur des unteren Sechsers.

Abbildung zur 75. und 76. Aufgabe

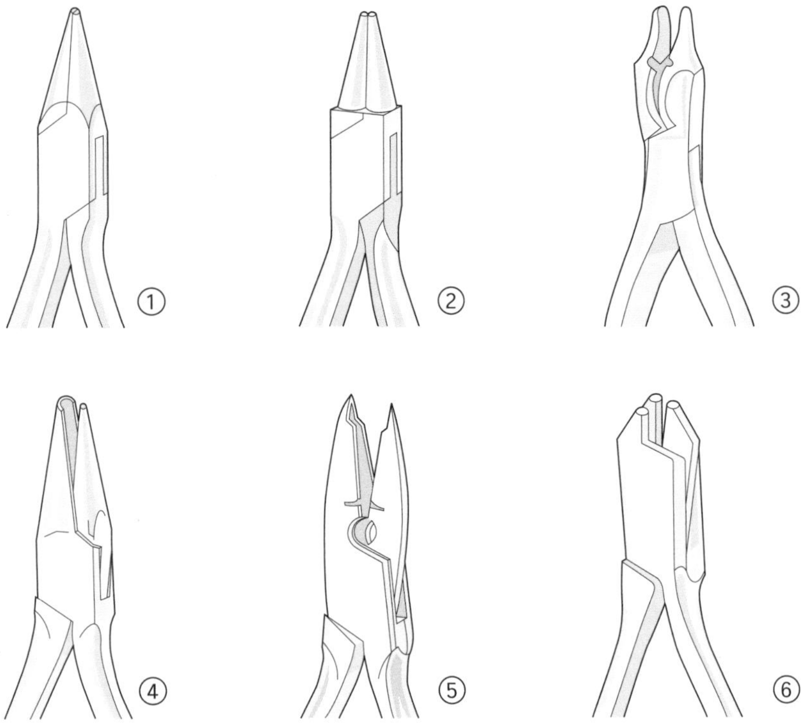

75. Aufgabe

Welche der Abbildungen zeigt eine Kramponzange? ▶ ☐

76. Aufgabe

Ordnen Sie die Zangen zu, indem Sie die Kennziffern aus der Abbildung eintragen.

Spitzzange	☐
Hohlkehlzange	☐
Adererzange	☐
Zange nach Waldsachs	☐
Rundzange	☐

Abbildung zur 77. und 78. Aufgabe

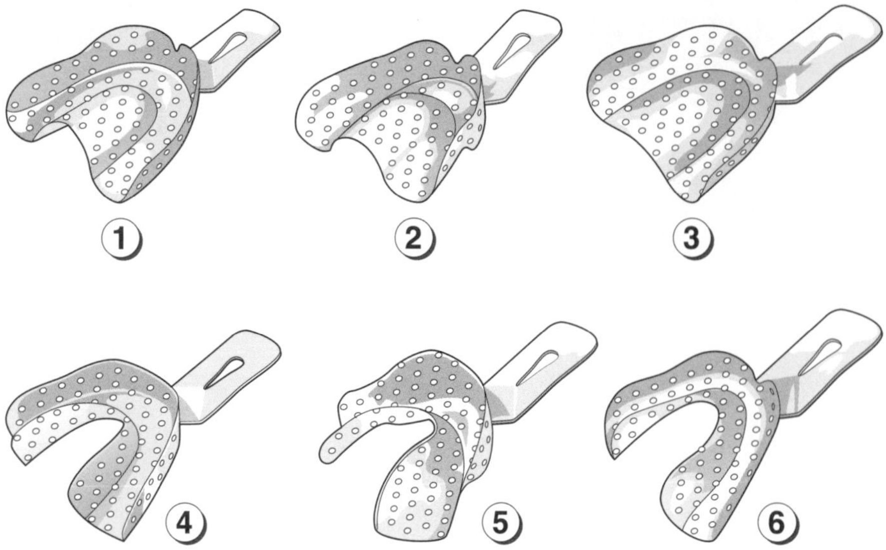

77. Aufgabe

Welche der Abbildungen zeigt einen Abformlöffel für teilbezahnten UK?

78. Aufgabe

Welche der Abbildungen zeigt einen Abformlöffel für einen unbezahnten Oberkiefer?

79. Aufgabe

Welche Möglichkeiten der Fluoridierung gibt es?

80. Aufgabe

Welche Wirkungen haben die Fluoride?

81. Aufgabe

Womit beschäftigt sich die „Parodontologie“?

1. Behandlung pulpitischer Zähne
2. Füllen kariöser Defekte
3. Behandlung von Zahnbetterkrankungen
4. Lehre des Zahnhartgewebes
5. Versorgung mit Zahnersatz
6. Durchbruchstörungen

82. Aufgabe

Welcher Hülsenkrone sollte die Bezeichnung „Jacketkrone“ vorbehalten bleiben?

1. Metall-Vollgusskrone
2. Kunststoff-Verblendkrone
3. Mantelkrone aus Kunststoff
4. Porzellanmantelkrone
5. Metallkeramik-Hülsenkrone
6. Stufenkrone

83. Aufgabe

Worin besteht das Wesentliche zur Erzielung bester physikalischer Eigenschaften beim Gips?

1. Vakuum-Anwendung
2. chemische Zusätze
3. richtiges Pulver-Flüssigkeitsverhältnis
4. weicher Topf und harter Spatel
5. warmes Wasser

▶ ☐

84. Aufgabe

Welches ist die Basismasse eines reversiblen hydrokolloidalen Abformmaterials?

1. Hydrophiles A-Silikon (Additionsvernetzung)
2. Alginsäure
3. Agar-Agar
4. Gelatine
5. Polyvinylchlorid
6. Polyether

▶ ☐

85. Aufgabe

Für die Zahn- und Mundhygiene gibt es unterschiedliche Zahnputztechniken.
Nennen Sie diese.

86. Aufgabe

Welche Zahnputzmethoden empfehlen Sie bei folgenden Patienten?

1. Kind im Vorschulalter: __________
2. junger, zahngesunder Erwachsener: __________
3. parodontal erkrankter Patient: __________

87. Aufgabe

Was ist eine „Gingivektomie"?

1. Vorbeugemaßnahme gegen Zahnstein
2. Entfernung von Zahnfleischtaschen
3. Beseitigung okklusaler Traumen
4. Beseitigung des Zahnfleischschwundes
5. Abtragen interalveolärer Knochensepten

▶ ☐

88. Aufgabe

Die Basis der Mundhygiene ist der Gebrauch einer guten Zahnbürste und Zahnpaste. Welche weiteren Hilfsmittel zur Zahnreinigung gibt es?

89. Aufgabe

Ordnen Sie die Fachbegriffe ihren deutschen Entsprechungen zu.

Deutsche Entsprechungen

1. zur Lippe weisend
2. auf der Schneidekante
3. auf der Kaufläche
4. zum Gaumen weisend
5. zur Zunge weisend
6. zur Wange weisend

Fachbegriffe	
labial	☐
lingual	☐
bukkal	☐
palatinal	☐
okklusal	☐
inzisal	☐

90. Aufgabe

Im Rahmen von individuellen Prophylaxemaßnahmen werden zur Vorbeugung von Fissurenkaries Fissurenversiegelungen durchgeführt.
Bringen Sie die Arbeitsschritte in die richtige Reihenfolge.

Versiegelungsmaterial mit UV-Lampe aushärten	☐
Kofferdam legen	☐
Ätzgel gründlich abspülen und Kauflächen trocknen	☐
Fluoridierung des versiegelten Zahnes	☐
sorgfältige Reinigung der Kaufläche	☐
Ätzgel auftragen und 60 Sekunden einwirken lassen	☐
Versiegelungsmaterial dünn auftragen	☐
Okklusions- und Artikulationskontrolle	☐

91. Aufgabe

Welches Füllungsmaterial findet Anwendung bei der Fissurenversiegelung?

92. Aufgabe

Welcher Bestandteil der Nahrung gehört nicht zu den Nährstoffen?

1. Eiweiß
2. Wasser
3. Mineralstoffe und Vitamine
4. Geschmacksstoffe
5. Kohlenhydrate
6. Fett

▶ ☐

93. Aufgabe

Was versteht man in der Zahnheilkunde unter dem Begriff „Plaque"?

94. Aufgabe

Um welche Bisslage bzw. Zahnstellungsanomalie handelt es sich in der Abbildung?

1. Neutralbiss mit Protrusion der OK-Frontzähne
2. Deckbiss
3. Distalbiss mit Inversion der Unterkieferfrontzähne
4. Mesialbiss mit Protrusion der OK-Frontzähne
5. Distalbiss mit Retrusion der OK-Frontzähne
6. Distalbiss mit Protrusion der OK-Frontzähne

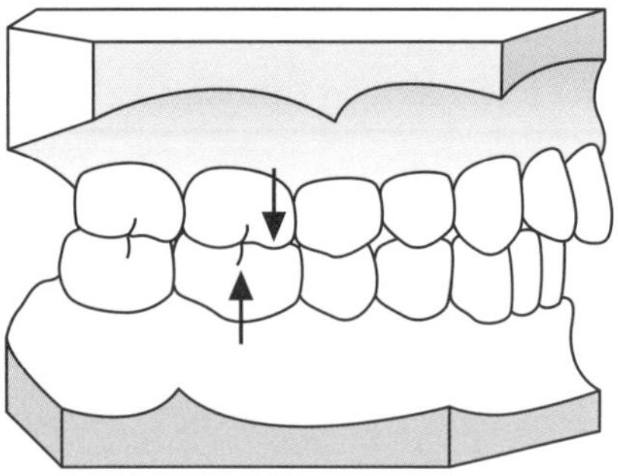

▶ ☐

95. Aufgabe

Zur Kontrolle der Mundhygiene werden Plaqueindizes und Blutungsindizes erstellt.
Nennen Sie diese.

1. Plaqueindizes:

2. Blutungsindizes:

96. Aufgabe

Wie wird der Approximalraum-Plaque-Index (API) bestimmt?

97. Aufgabe

Welche Merkmale sollte eine gute Zahnbürste haben?

Behandlungsassistenz

98. Aufgabe

Um welche Bisslage handelt es sich in der Abbildung?

1. Progenie
2. Mesialbiss
3. Prognathie
4. Distalbiss
5. Kreuzbiss
6. Neutralbiss

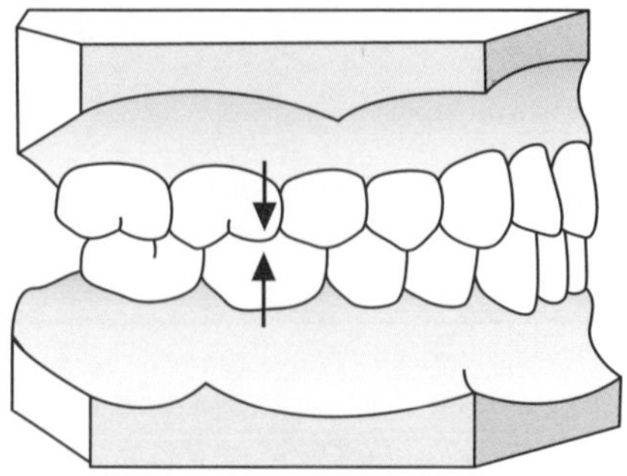

▶ ☐

99. Aufgabe

Was versteht man unter einer Krone mit „Tangentialpräparation"?

1. Überkrone
2. Unterkrone
3. Krone, die bis zum Zahnfleischrand verblendet ist
4. Krone mit stumpfwinkliger Kronenflucht
5. Krone mit stufenloser Präparation
6. Krone für Zähne mit freiliegenden Zahnhälsen

▶ ☐

100. Aufgabe

Welche Abformarten für beschliffene Zähne gibt es?

101. Aufgabe

Welche Abformmaterialien stehen zur Abformung von beschliffenen Zähnen zur Verfügung?

102. Aufgabe

Welche der angegebenen Zahnputztechniken ist die schlechteste?

1. Technik nach Stillman
2. vertikale Rot-nach-Weiß-Methode
3. Rotationsmethode nach Fones
4. Zahnputztechnik nach Charters
5. horizontale „Schrubbmethode"

▶ ☐

103. Aufgabe

Ordnen Sie die Vitamine ihren Aufgaben im menschlichen Organismus zu.

Vitamine

1. Vitamin A
2. Vitamin C
3. Vitamin D
4. Vitamin K

Aufgaben	
stärkt die körpereigene Abwehrkraft	☐
beteiligt an der Blutgerinnung	☐
schützt Haut und Schleimhaut	☐
bewirkt gesunden Knochen- und Zahnaufbau	☐

104. Aufgabe

Welche Nährstoffe sind für die Entwicklung und Gesundheit der Zähne besonders wichtig?

105. Aufgabe

Wo beginnt die Verdauung für die folgenden Nährstoffe?

1. Eiweiß: ______
2. Fett: ______
3. Kohlenhydrate: ______

106. Aufgabe

Welche Aufgaben hat die Zunge bei der Nahrungsaufnahme?

107. Aufgabe

Welche Arten der Trockenlegung gibt es und welche Hilfsmittel werden dazu benötigt?

108. Aufgabe

Die Abbildung zeigt den schematischen Aufbau einer Röntgenröhre.
Beschriften Sie die Zeichnung.

1. ______
2. ______
3. ______
4. ______
5. ______
6. ______
7. ______

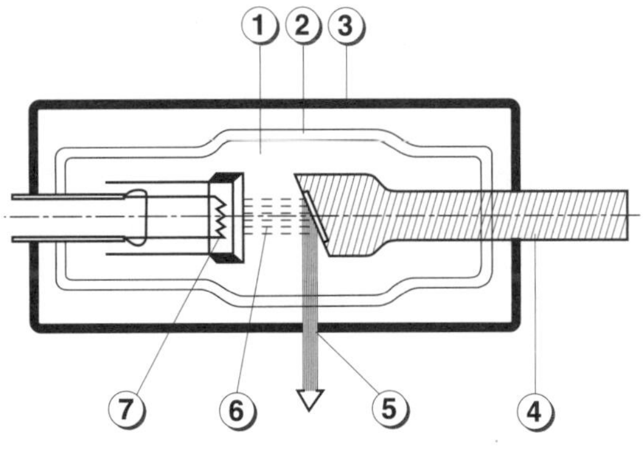

109. Aufgabe

Aus welchen Teilchen besteht die Atomhülle?

1. Elementen
2. Elektronen
3. Elektroden
4. Ionen
5. Protonen
6. Molekülen

110. Aufgabe

Wodurch wird die Qualität der Röntgenstrahlung beeinflusst?

1. ______________________________
2. ______________________________
3. ______________________________

111. Aufgabe

In welchem Bereich liegt die elektrische Spannung, die zur Herstellung von Panoramaschichtaufnahmen nötig ist?

1. 55–85 Volt
2. 55–85 Kilo-Volt
3. 30–55 Kilo-Volt
4. 5–25 Kilo-Volt

▶ ☐

112. Aufgabe

Auf einer Röntgenaufnahme sind „Aufhellungen" und „Verschattungen" zu erkennen. Nennen Sie je drei Beispiele.

1. Aufhellungen: ______________________________
2. Verschattungen: ______________________________

113. Aufgabe

Aus welchen Schichten besteht der Röntgenfilm?

____

____

114. Aufgabe

Woraus besteht die lichtempfindliche Fotoschicht?

____

____

115. Aufgabe

Wobei entstehen zu dunkle Röntgenaufnahmen?

1. bei Unterbelichtung des Films
2. bei zu langer Wässerung des Films
3. bei zu kurzer Belichtungszeit
4. bei zu langer Entwicklungszeit
5. bei Überbelichtung des Films

▶ ☐
▶ ☐

116. Aufgabe

Wozu dient die Bissflügelaufnahme?

1. zur besseren Darstellung eines Wurzelrestes
2. zur Diagnose von Approximalkaries
3. zur Kontrolle der Wurzelfüllung
4. als Kontrollaufnahme neben der Panoramaaufnahme
5. zur Beurteilung des Knochenrandes

▶ ☐
▶ ☐

117. Aufgabe

Welche zählt nicht zu den intraoralen Aufnahmetechniken?

1. Paralleltechnik
2. Rechtwinkeltechnik
3. Panoramaaufnahmetechnik
4. Bissflügelaufnahmetechnik
5. Aufnahmetechnik nach der Isometrie-Regel

▶ ☐

---

118. Aufgabe

Welche Gewebe von Zahn und Kiefer erscheinen auf dem Röntgenbild hell?

____

____

---

119. Aufgabe

Benennen Sie die abgebildeten Röntgenaufnahmetechniken.

1. 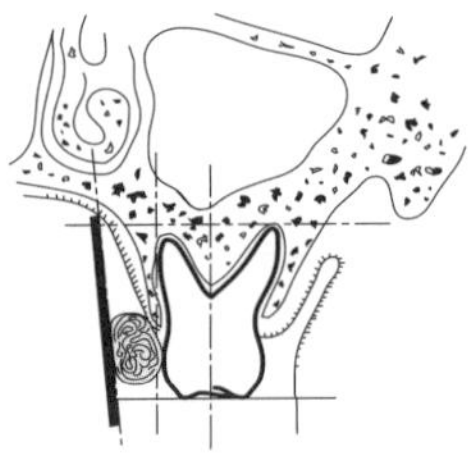

2. 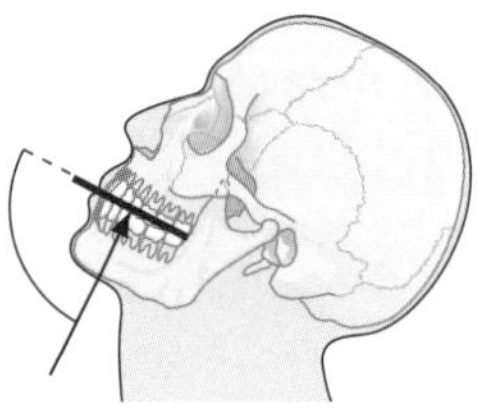

3. 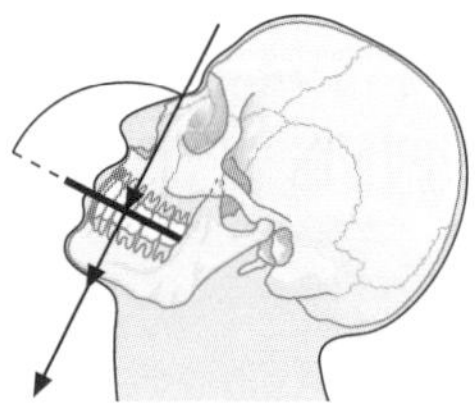

4. 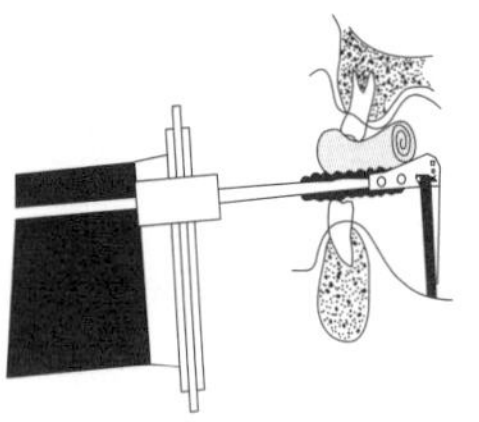

5. 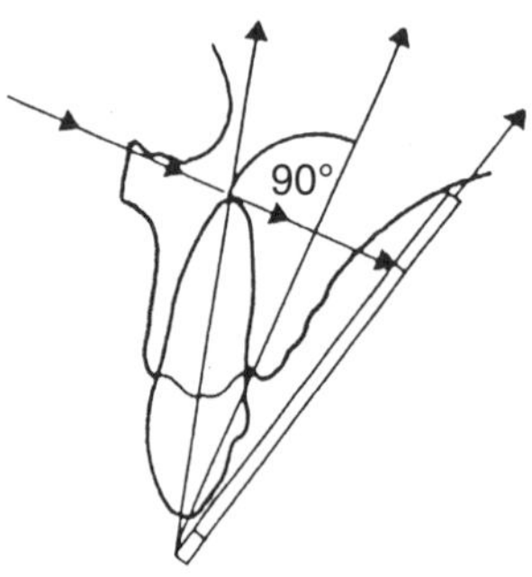

1. ______________________________
2. ______________________________
3. ______________________________
4. ______________________________
5. ______________________________

---

120. Aufgabe

Welche Aussage trifft nicht zu?

1. Die Röntgenröhre besteht aus einem luftleeren Hartglasbehälter.
2. Die Anode wird zum Glühen gebracht, die Elektronen treten aus.
3. Die Bewegungsenergie der Elektronen wird an der „Antikathode“ stark abgebremst.
4. 99 % der Energie geht als Wärme verloren.
5. Die Kathode heißt auch „Minuspol“.

▶ ☐

---

121. Aufgabe

In welchen zeitlichen Abständen haben Röntgenbelehrungen für das Praxisteam stattzufinden und wie lange sind die Protokolle darüber aufzubewahren?

122. Aufgabe

Für Röntgenbilder und Aufzeichnungen gibt es nach der Röntgenverordnung (RöV) Aufbewahrungsfristen. Nennen Sie diese.

123. Aufgabe

Welche Aussage zum Gebiet „Röntgen" ist richtig?

1. Aufbissaufnahmen werden auch als „Bite-Wings" bezeichnet.
2. Dichte Gewebe erscheinen auf dem Filmnegativ dunkel.
3. Durch orthoradiale Einstellung des Zentralstrahles will man Überlagerungen von Nachbarzähnen vermeiden.
4. Ein Granulom an der Wurzelspitze wird im Röntgenbild als heller Bereich sichtbar.
5. Die sog. „Le Master-Technik" beruht auf der Isometrieregel.

▶ ☐

124. Aufgabe

Zu welcher Strahlenart gehört der Zentralstrahl?

1. natürliche Strahlen
2. Nutzstrahlen
3. Sekundärstrahlen
4. Störstrahlen
5. weiche Strahlen

▶ ☐

125. Aufgabe

Wer sollte bei einer Röntgenaufnahme den Film nicht halten?

1. der Zahnarzt
2. der Filmhalter
3. die geprüfte Zahnmedizinische Fachangestellte
4. der Patient
5. die Begleitperson bei einem Kind

▶ ☐

▶ ☐

126. Aufgabe

Röntgenstrahlen haben eine unterschiedlich schädigende Wirkung auf den Menschen.
Wie äußert sich diese?

1. genetische Schäden:

2. somatische Schäden:

3. teratogene Schäden:

127. Aufgabe

Aus welchem Grunde muss der Film einige Minuten im Entwicklungsbad verbleiben?

1. Um die Haltbarkeit des Filmmaterials zu erhöhen.
2. Um die belichteten Silberbromidteilchen in metallisches Silber zu verwandeln.
3. Um die unbelichteten Silberbromidkörnchen herauszulösen.
4. Um das Silberbromid zu belichten.
5. Weil Entwicklerflüssigkeit fluoresziert.

▶ ☐

128. Aufgabe

Welche Eigenschaft haben Röntgenstrahlen nicht?

1. Sie schwärzen fotografische Filme.
2. Sie haben angenehme Wärmewirkung.
3. Sie besitzen die Fähigkeit, Körper zu durchdringen.
4. Sie rufen Zellschädigung hervor.
5. Sie bringen fluoreszierende Stoffe zum Aufleuchten.

▶ ☐

129. Aufgabe

Welche Eigenschaften der Röntgenstrahlen machen einen besonderen Strahlenschutz bei Jugendlichen erforderlich?

1. Unsichtbarkeit
2. Durchdringungsfähigkeit
3. Zerstörung von Zellen
4. Änderung der Erbanlagen
5. Schwärzen der fotografischen Platte
6. Ausbreitungsgeschwindigkeit

▶ ☐
▶ ☐

130. Aufgabe

Wer darf in der ZA-Praxis keine Röntgenaufnahmen anfertigen?

1. ZMF
2. Auszubildende nach Einweisung und unter Aufsicht
3. Zahntechniker
4. schwangere Zahnmedizinische Fachangestellte
5. Zahnarzt
6. ZFA, die Kenntnisse in Röntgen und Strahlenschutz nachgewiesen hat

▶ ☐

131. Aufgabe

Welches Material ist für Röntgenstrahlen praktisch undurchdringbar?

1. Kunststoff
2. Gummi
3. Holz
4. Blei
5. Röntgenfilme
6. Knochen

▶ ☐

132. Aufgabe

Wie sind die Aufbewahrungsfristen für folgende zahnärztliche Unterlagen?
Ordnen Sie zu.

Aufbewahrungsfristen

1. zwei Jahre
2. ein Jahr
3. zehn Jahre
4. vier Jahre
5. fünf Jahre
6. zwölf Jahre

Unterlagen	
Röntgenaufnahmen bei Erwachsenen	☐
Röntgenaufzeichnungen und -aufnahmen eines 16-jährigen Patienten	☐
Aufzeichnungen über Aufklärung der helfenden Person	☐
Konstanzaufnahmen	☐
Aufzeichnungen über die jährliche Röntgenbelehrung	☐

133. Aufgabe

Welche Aussagen über den Röntgenfilm und seine Entwicklung sind richtig?

1. Die Entwicklungszeit sollte das Doppelte der Fixierzeit betragen.
2. Die Trägerschicht des Films besteht aus Kunststofffolie.
3. Im Entwicklerbad werden nicht belichtete Silberbromidkörnchen herausgelöst.
4. In der Filmpackung liegt auf der dem Tubus abgewandten Seite eine Metallfolie.
5. Das Fixierbad wandelt belichtete Silberbromidkristalle in metallisches Silber um.

▶ ☐
▶ ☐

134. Aufgabe

Was erreichen Sie durch ein Fixierbad?

1. Korrektur von Beschädigungen, z. B. Kratzern
2. Haltbarmachen der Filme
3. Umwandlung der belichteten Silberbromidkörnchen in metallisches Silber
4. Korrektur der Bildschärfe
5. Abkürzung der Filmtrocknung

▶ ☐

135. Aufgabe

Wie muss der Röntgentubus für eine Einzelzahnaufnahme nach der Paralleltechnik eingestellt werden?

1. senkrecht zur Filmebene
2. senkrecht zur Winkelhalbierenden
3. parallel zur Filmebene
4. senkrecht zur Okklusionsebene
5. immer im 45-Grad-Winkel zur Zahnachse

▶ ☐

136. Aufgabe

Was versteht man unter „Halbwinkeltechnik“?

1. die sog. „Le Master-Technik“
2. eine Art der Aufbissaufnahme
3. die Rechtwinkeltechnik
4. die Einstellung des Zentralstrahles senkrecht auf die Winkelhalbierende zwischen Zahnachse und Filmebene
5. Aufnahmen nach der Isometrieregel

▶ ☐
▶ ☐

137. Aufgabe

Welche Angabe ist ins Röntgenkontrollbuch nicht einzutragen?

1. Art der Aufnahme
2. Alter des Röntgengerätes
3. Rechtfertigende Indikation
4. Befund
5. Datum der Aufnahme
6. Zahnangabe

▶ ☐

138. Aufgabe

Die Röntgenverordnung macht es erforderlich, dass die Kenntnisse im Strahlenschutz regelmäßig in einer Fortbildungsmaßnahme aktualisiert werden.
In welchem Zeitraum hat dieses mindestens einmal zu erfolgen?

139. Aufgabe

Ordnen Sie die Materialien ihrer Verwendung zu.

Materialien

1. Natriumthiosulfat
2. Silberbromid
3. Wasser
4. Metallfolie
5. Hydrochinon

Verwendung	
Lichtempfindliche Schicht	☐
Fixierflüssigkeit	☐
Entwickler	☐
Zwischenwässerung	☐
Einschränkung von Streustrahlen	☐

140. Aufgabe

Wann werden <u>harte</u> Röntgenstrahlen therapeutisch eingesetzt?

1. zur Darstellung von großen Kieferzysten
2. Kontrollaufnahme nach Wurzelspitzenresektion
3. Nadelmessaufnahmen
4. zur Bestrahlung bösartiger Geschwülste

▶ ☐

141. Aufgabe

Welche der angeführten Röntgenaufnahmen sind extraorale Aufnahmen?

1. Panoramaschichtaufnahmen
2. Kiefergelenkaufnahmen
3. Aufbissaufnahmen
4. Fernröntgenseitenaufnahme (FRS)
5. Bissflügelaufnahmen
6. Einstelltechnik nach Le Master

▶ ☐
▶ ☐
▶ ☐

142. Aufgabe

Bringen Sie den Entwicklungsvorgang in die richtige Reihenfolge.

Zwischenwässern	☐
Fixieren	☐
Entwickeln	☐
Trocknen	☐
Schlusswässerung	☐

143. Aufgabe

Welche Aufzeichnung schreibt die Röntgenverordnung nicht vor?

1. Art der Röntgenuntersuchung
2. Indikationsstellung
3. Untersuchte Körperregion
4. Angabe des Befundes
5. Datum der Aufnahme
6. Abrechnungsnummer

▶ ☐

144. Aufgabe

Welche Aussagen über die Eigenschaften von Röntgenstrahlen treffen nicht zu?

1. Sie sind unsichtbar.
2. Sie durchdringen Bleischürzen.
3. Sie können Gewebe zerstören.
4. Röntgenstrahlen erfordern bei Anwendung gewisse Schutzmaßnahmen.
5. Nur bei Panorama-Aufnahmen ist Vorsicht geboten. Bei Einzelaufnahmen ist nur bei Schwangeren eine Strahlenschutzschürze notwendig.

▶ ☐
▶ ☐

145. Aufgabe

Durch welche Maßnahmen kann die Strahlenexposition so gering wie möglich gehalten werden?

1. Verwenden von Verstärkerfolien bei Kassettenaufnahmen
2. Benutzung hochempfindlicher Filme
3. Tragen eines Mundschutzes
4. Anlegen eines Röntgenschutzschildes
5. Verwendung von möglichst kleinformatigem Filmmaterial

▶ ☐
▶ ☐
▶ ☐

146. Aufgabe

Welche der folgenden Strahlen haben keine ionisierende Wirkung?

1. Alphastrahlen
2. Betastrahlen
3. Gammastrahlen
4. Infrarotstrahlen
5. Lichtstrahlen
6. Röntgenstrahlen

▶ ☐
▶ ☐

147. Aufgabe

Die Abbildung zeigt unterschiedliche Einstellungen des Zentralstrahls.
Um welche handelt es sich?

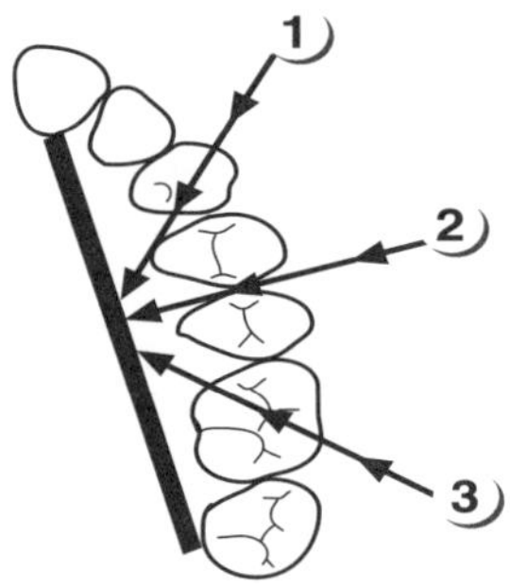

1.

2.

3.

148. Aufgabe

Welches sind keine intraoralen Aufnahmen?

1. Aufbissaufnahmen
2. Einzelzahnfilme
3. Kiefergelenkaufnahmen
4. Bissflügelaufnahmen
5. Panoramaschichtaufnahmen

149. Aufgabe

Wodurch entsteht eine zu helle Röntgenaufnahme?

1. durch Überbelichtung
2. durch zu kurze Entwicklungszeit
3. wenn Entwickler zu schwach
4. durch zu warmen Entwickler
5. wenn Belichtungszeit zu kurz
6. Röhrenspannung zu hoch

150. Aufgabe

Röntgenstrahlen verhalten sich ähnlich wie das sichtbare Licht.
Nennen Sie einige Gemeinsamkeiten.

151. Aufgabe

Um wie viel dürfen die Messwerte bei der Konstanzprüfung maximal von der Referenzaufnahme abweichen?

1. Strahlendichte:

2. Nutzstrahlenfeld:

152. Aufgabe

Welche Vorteile bietet die digitale Röntgentechnik gegenüber der herkömmlichen Röntgenaufnahmetechnik?

153. Aufgabe

Wozu dienen Panoramaschichtaufnahmen?

1. Darstellung des Apex
2. Messung der Wurzellänge
3. Übersicht über Zustand des Gebisses
4. Darstellung der interdentalen Beziehung
5. Darstellung der bukkalen Zahnfläche

▶ ☐

154. Aufgabe

Wozu dienen Aufbissaufnahmen?

1. als Nadelmessaufnahme
2. zur Beurteilung des Kiefergelenkes
3. zur Lagebestimmung verlagerter Zähne
4. zur Diagnose von Approximalkaries
5. zur Beurteilung des Knochenrandes
6. zur Darstellung von Speichelsteinen im Mundboden

▶ ☐
▶ ☐

155. Aufgabe

Bei der Erstellung von Röntgenaufnahmen sind Fehler entstanden.
Ordnen Sie die Fehler den Ursachen zu.

Fehler

1. Zahnkronen überlappen sich
2. Röntgenaufnahme zu hell
3. Zahn zu kurz dargestellt
4. Ablösen der Schicht
5. Grauschleier
6. Farbschleier

Ursachen	
altes, überlagertes Filmmaterial	☐
zu lange im Wasserbad	☐
exzentrische Einstellung	☐
Zentralstrahl zu steil	☐
Belichtungszeit zu kurz	☐
Verunreinigung des Entwicklers durch Fixierbad	☐

156. Aufgabe

Was ist beim Anlegen der Strahlenschutzschürze bei intraoralen und bei OPG-Aufnahmen zu beachten?

157. Aufgabe

Wie ist die Strahlenschutzschürze aufzubewahren?

158. Aufgabe

Nennen Sie vorbereitende Maßnahmen vor Röntgenaufnahmen.

159. Aufgabe

Muss der Kontrollbereich während der Einschaltzeit gekennzeichnet sein?

1. Die Kennzeichnung ist nicht vorgeschrieben.
2. nur in besonderen Fällen
3. nur bei Schwangeren
4. nur bei Panoramaaufnahmen
5. während der Einschaltzeit immer
6. Nur, wenn sich Auszubildende in der Praxis befinden.

▶ ☐

160. Aufgabe

Ordnen Sie die Röntgenaufnahmetechniken den praktischen Anwendungen in der Zahnarzt-Praxis zu.

1. OK-Aufbissaufnahme
2. UK-Aufbissaufnahme
3. Halbwinkeltechnik mit exzentrischer Einstellung
4. Bissflügelaufnahmetechnik
5. Einstelltechnik nach Le Master

Darstellung von Speichelsteinen	☐
Kariesdiagnostik	☐
exzentrische Einstellung	☐
verlagerte Zähne im Gaumen	☐
Nadelmessaufnahme am Zahn 14	☐

161. Aufgabe

Was versteht man in der Röntgenkunde unter „Paralleltechnik“?

1. Einstellung des Zentralstrahles parallel zur Zahnachse
2. Lagerung des Kopfes des Patienten derart, dass die Bissebene des zu untersuchenden Kiefers horizontal liegt
3. Ausrichtung des Zentralstrahles nach der sog. Isometrieregel
4. Einstellung des Zentralstrahles senkrecht auf die parallel liegenden Ebenen von Zahn und Film
5. Ausrichtung des Zentralstrahles parallel zur Filmebene

▶ ☐

162. Aufgabe

Was unterscheidet die Rechtwinkeltechnik von der Paralleltechnik?

163. Aufgabe

Wann darf ein belichteter Zahnfilm frühestens ans Tageslicht?

---

164. Aufgabe

Die Abbildung zeigt die Halbwinkeltechnik.
Benennen Sie die gekennzeichneten Linien.

1 ____________________

2 ____________________

3 ____________________

4 ____________________

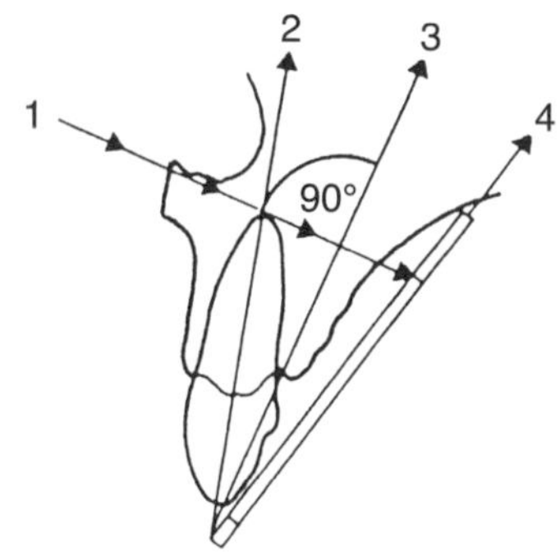

---

165. Aufgabe

Welche Organe oder Gewebe sind besonders strahlenempfindlich?

1. Keimdrüsen
2. Gehirn
3. Herz
4. Nervengewebe
5. Muskelgewebe
6. Knochenmark

▶ ☐

▶ ☐

---

166. Aufgabe

Nach der Röntgenverordnung müssen Fristen für folgende Maßnahmen eingehalten werden.
Ordnen Sie zu.

Fristen

1. wöchentlich
2. monatlich
3. jährlich
4. fünf Jahre
5. zehn Jahre
6. 15 Jahre

Maßnahmen	
Aufbewahrung der Röntgenbilder und der Aufzeichnungen eines 13-jährigen Patienten	☐
Überprüfung der Dunkelkammerbeleuchtung	☐
Überprüfung der Filmverarbeitung	☐
Konstanzprüfung für Röntgengeräte	☐
Überprüfung der Röntgengeräte durch Sachverständigen	☐
Aufbewahrung der Röntgenbilder eines Erwachsenen	☐

---

167. Aufgabe

Was versteht man unter „Kontrollbereich“?

1. Standort der Entwicklungsmaschine
2. Bereich zwischen 180 °C und 200 °C bei der Heißluftsterilisation
3. Gekennzeichneter Bereich von 1,5 m um die Strahlenquelle
4. Arbeitsplatz der ZFA bei der Röntgenaufnahme
5. Begriff aus dem Bestellsystem des Zahnarztes
6. Aufbewahrungsort für giftige Medikamente

▶ ☐

168. Aufgabe

Bei der Tubuseinstellung nach der Halbwinkeltechnik ist es von Vorteil, für die einzelnen Zahngruppen die jeweils verschiedenen Neigungswinkel zur Horizontalebene zu kennen.
Ordnen Sie zu.

Neigungswinkel

1. −5°
2. −20°
3. +35°
4. +45°
5. +55°

Zahngruppen

Zahngruppen	
OK-Frontzähne	☐
UK-Frontzähne	☐
OK-Prämolaren	☐
UK-Molaren	☐
OK-Molaren	☐

169. Aufgabe

In einer Ecke des Röntgenfilms befindet sich eine kleine Delle, mit der man stets die Vorder- von der Rückseite unterscheiden kann.
Wohin zeigt die Delle beim Betrachten des Bildes?

170. Aufgabe

Welche Aussage bzgl. „Verstärkerfolien" trifft zu?

1. Sie bestehen aus Aluminium.
2. Sie verhindern eine zusätzliche Belichtung des Röntgenfilms durch Streustrahlung.
3. Sie absorbieren weiche Röntgenstrahlung.
4. Sie verkürzen die Belichtungszeit.
5. Sie verstärken die Haltbarkeit des Röntgenfilmmaterials.
6. Sie werden bei der digitalen Röntgentechnik benötigt.

▶ ☐

171. Aufgabe

Welche Chemikalie wandelt die belichteten Silbersalze in schwarzes metallisches Silber um?

1. Essigsäure
2. Hydrochinon
3. Schwefelsäure
4. Natriumsulfit
5. Kaliumbromid
6. Kalialaun

▶ ☐

172. Aufgabe

Wo hat sich die Zahnmedizinische Fachangestellte während der Einschaltzeit des Röntgengerätes aufzuhalten?

173. Aufgabe

Je nach Höhe der Strahlenexposition wird zwischen Überwachungsbereich und Kontrollbereich unterschieden. Wie hoch ist die effektive Dosis im Kalenderjahr in dem einen und dem anderen Bereich?

1. mehr als 1 mSievert
2. mehr als 2 mSievert
3. mehr als 5 mSievert
4. mehr als 6 mSievert
5. mehr als 15 mSievert

174. Aufgabe

Welche Personen dürfen bei eingeschaltetem Gerät den Kontrollbereich auf keinen Fall betreten?

1. Zahnmedizinische Fachangestellte
2. Zahnarzt
3. Beschäftigte unter 18 Jahren
4. Zahntechniker
5. schwangere Zahnmedinische Fachangestellte
6. Patienten

175. Aufgabe

Wie sollten unbelichtete Röntgenfilme aufbewahrt werden?

1. dunkel
2. in Desinfektionslösung
3. kühl und trocken
4. griffbereit in unmittelbarer Nähe des Röntgengerätes
5. strahlensicher

176. Aufgabe

Auf der entwickelten Röntgenaufnahme ist an der Wurzelspitze eines Zahnes eine „Aufhellung" zu erkennen. Was versteht man darunter?

177. Aufgabe

Eine Patientin leidet während der Röntgenaufnahme unter Würgereiz.
Durch welche Maßnahmen kann man dieses verhindern?

178. Aufgabe

Welche Aufbewahrungszeiten sind nach der RöV vorgeschrieben?

1. fünf Jahre für Aufzeichnungen über Röntgenaufnahmen
2. zehn Jahre für Aufzeichnungen über Röntgenaufnahmen von erwachsenen Patienten
3. 30 Jahre für Aufzeichnungen über Röntgenaufnahmen
4. fünf Jahre für Belehrungsbögen für Rö.-Personal über RöV
5. zehn Jahre für Belehrungsbögen für Rö.-Personal über RöV
6. 15 Jahre für Belehrungsbögen für Rö.-Personal über RöV

179. Aufgabe

Was ist unter „somatischer Wirkung“ der Röntgenstrahlen zu verstehen?

1. ihre schädigende Wirkung auf die Erbanlagen in den Keimzellen
2. Die Fähigkeit, Materie zu durchdringen.
3. die heilende Wirkung auf entzündliche Prozesse
4. die gradlinige Ausbreitung der Strahlen
5. die schädigende Wirkung auf Körperzellen

▶ ☐

180. Aufgabe

Die regelmäßig durchzuführende Konstanzprüfung soll unter den gleichen Bedingungen vorgenommen werden wie die Abnahmeprüfung. Dies gilt insbesondere auch für die Entwicklungstemperatur.
Um wie viel Grad Celsius darf diese vom Ausgangswert abweichen?

181. Aufgabe

Welche Angabe muss seit November 2011 bei digitaler Archivierung zusätzlich dokumentiert werden?

182. Aufgabe

Warum erfolgt eine Zwischenwässerung zwischen Entwicklungsbad und Fixieren?

1. Der Entwickler wird neutralisiert.
2. Der Entwickler muss abgespült werden.
3. Der Film wird besser benetzt.
4. Das Fixierbad muss verdünnt werden.
5. Die Schicht wird gehärtet.

▶ ☐

183. Aufgabe

Was bedeutet der Begriff „Rechtfertigende Indikation (RI)“?

Abrechnungswesen

184. Aufgabe

Der endodontisch behandelte Zahn 13 soll mit einem konfektionierten Stiftaufbau (einzeitig gesetzt), einer mehrflächigen Aufbaufüllung und einer vestibulär verblendeten Krone versorgt werden.
Nennen Sie die entsprechenden Leistungsnummern nach Bema und die Formulare, auf denen sie abgerechnet werden.

185. Aufgabe

Sechs- bis 18-jährige Pflichtversicherte können am Individual-Prophylaxe-Programm teilnehmen.
Welche Position kann auf keinen Fall abgerechnet werden?

1. Ä 1
2. 01
3. IP 1
4. IP 2
5. IP 4
6. IP 5

186. Aufgabe

Im Zusammenhang mit einer Wurzelkanalbehandlung am Zahn 13 werden drei Röntgenaufnahmen in einer Sitzung gemacht (Rö-Diagnose, Nadelaufnahme, Kontrolle der Wurzelfüllung). Gleichzeitig werden die vier Weisheitszähne geröntgt.
Wie ist abzurechnen?

1. 7 × Rö2
2. 3 × Rö2, 1 × Rö5
3. 1 × Rö8
4. 2 × Rö2, 1 × Rö5
5. 2 × Rö5
6. 1 × Status

187. Aufgabe

Nach der Eingliederung eines partiellen Zahnersatzes im Unterkiefer erscheint der Patient am nächsten Tag mit Druckstellen.
Was kann in diesem Fall für das Beseitigen der Druckstellen auf dem Erfassungsschein abgerechnet werden?

1. Mu
2. sK
3. Patient muss privat bezahlen
4. nichts
5. üZ

188. Aufgabe

Nennen Sie die Verbindungselemente für Zahnersatz, die nach dem Bema Teil 5 abrechenbar sind.

189. Aufgabe

Neben welcher Leistungsnummer ist die Ä 1 in derselben Sitzung abrechnungsfähig?

1. 01
2. 02
3. Ä 50
4. IP4
5. FU
6. Ä 70

190. Aufgabe

Ordnen Sie die Leistungsabkürzungen den zahnärztlichen Leistungen zu.

Leistungsabkürzungen

1. IP 1
2. IP 2
3. IP 4
4. IP 5

Leistungen

Leistungen	
lokale Fluoridierung	☐
Mundhygienestatus	☐
Fissurenversiegelung	☐
Aufklärung über Krankheitsursachen	☐

191. Aufgabe

Ein zerstörter, aber erhaltungswürdiger Zahn wird mit einer Keramikverblendkrone versorgt. Welche Leistungsnummer nach GOZ wird dem Patienten in Rechnung gestellt?

1. Nr. 2270
2. Nr. 2200
3. Nr. 2210
4. Nr. 2220
5. Nr. 5010

▶ ☐

192. Aufgabe

Zur Darstellung der Präparationsgrenze bei Kroneneingliederung muss Zahnfleisch verdrängt werden. Wie ist abzurechnen?

1. Ä1
2. bMF
3. XN
4. N
5. Nbl_1
6. pV

▶ ☐

193. Aufgabe

Ordnen Sie die angegebenen Leistungsnummern der GOZ den zahnärztlichen Leistungen zu.

Leistungsnummer

1. Nr. 0030
2. Nr. 0060
3. Nr. 0070
4. Nr. 0080
5. Nr. 0090
6. Nr. 0100

Leistungen	
Leitungsanästhesie	☐
Infiltrationsanästhesie	☐
Oberflächenanästhesie	☐
Planungsmodelle	☐
Proth. Heil- und Kostenplan	☐
Vitalitätsprüfung	☐

194. Aufgabe

Welche Abrechnungsunterlagen werden von der KZV nicht überprüft?

1. Abrechnung über prothetische Leistungen
2. Privatliquidation
3. Erfassungsschein
4. Abrechnungsunterlagen über zahnärztliche Leistungen bei Arbeitsunfall
5. PAR-Status
6. Abrechnungsunterlagen über kieferorthopädische Leistungen

---

195. Aufgabe

Unter welchen fünf eng begrenzten Voraussetzungen kann bei einem GKV-Patienten eine Adhäsivbrücke beantragt werden?

1– __________

2– __________

3– __________

4– __________

5– __________

---

196. Aufgabe

Ein 18-jähriger GKV-Patient hat bei einem Sturz den Zahn 21 unwiederbringlich verloren. Die Lücke wird als Erstes mit einer Interimsprothese mit Doppelarmklammern und Auflage und später mit einer Adhäsivbrücke versorgt. Welche Leistungsnummern nach BEMA müssen auf dem HKP beantragt werden?

---

197. Aufgabe

Welche der angegebenen Leistungen sind Bestandteil der IP 2?

1. Erhebung eines Plaqueindex
2. Ernährungsberatung
3. Fluoridierung der Zähne
4. Erklärung der Entstehung von Karies und Parodontopathien
5. Fissurenversiegelung
6. Einüben von Hygienetechniken

---

198. Aufgabe

Am 9. März werden an den Zähnen 11 und 21 Füllungen (jeweils mesiale Eckenaufbauten unter Einbeziehung der Schneidekanten) mit Komposit unter Infiltrationsanästhesie und Kofferdam nach Separation der Zähne gelegt. Bei Zahn 21 waren zum Halt der Füllung zwei parapulpäre Stifte notwendig (ein Stift kostet 3,00 EUR).
Wie ist auf dem Erfassungsschein abzurechnen?

Datum T T M M	Zahn	Leistung	Bemerkungen

199. Aufgabe

Welche Leistungsnummern können für einen Privatpatienten in Rechnung gestellt werden, wenn bei ihm die Behandlung wie bei der vorigen Aufgabe erfolgt?

200. Aufgabe

Welcher Vordruck gehört nicht zum vertragszahnärztlichen Formularwesen?

1. PAR-Status
2. Privatliquidation
3. Kassenrezept
4. Arbeitsunfähigkeitsbescheinigung
5. Erfassungsschein
6. KfO-Verlängerungsantrag

▶ ☐

201. Aufgabe

Wegen starker Lockerung der Zähne 12–22 werden diese am 18. Mai unter Infiltrationsanästhesie entfernt. Anschließend erfolgt eine Glättung der Alveolarfortsätze und Wundversorgung mit fünf Nähten.
Rechnen Sie auf dem Erfassungsschein ab.

Datum (T T M M)	Zahn	Leistung	Bemerkungen

202. Aufgabe

Was ist bei gleichem Behandlungsfall (siehe 201. Aufgabe) für einen Privatpatienten nach der GOZ abzurechnen?

203. Aufgabe

In welchem Kindesalter kann die zahnärztliche Früherkennungsuntersuchung nach BEMA abgerechnet werden?

204. Aufgabe

Einem Privatpatienten wurde eine UK-Modellgussprothese mit zwei Freiendsätteln und gegossenen Halte- und Stützelementen eingesetzt. Für die Herstellung war eine funktionelle Abformung nötig.
Wie ist abzurechnen?

1. 1 × Nr. 5210
2. 1 × Nr. 5070
3. 2 × Nr. 5070
4. 1 × Nr. 5180
5. 1 × Nr. 5190
6. 1 × Nr. 0050

▶ ☐

▶ ☐

▶ ☐

205. Aufgabe

Es wird nach Präparation der Pfeiler 23 und 26 bei einem Patienten eine einspannige provisorische Brücke angefertigt.
Wie wird diese auf der Privatliquidation abgerechnet?

1. 2 × Nr. 2270
2. 3 × Nr. 2270
3. 4 × Nr. 2270
4. 2 × Nr. 5120, 1 × Nr. 5140
5. 2 × Nr. 5120, 2 × Nr. 5140

▶ ☐

206. Aufgabe

Die Präparationsart ist für die Abrechnung der Kronen maßgebend. Es wird für einen Brückenanker eine Gusskrone mit Stufe beantragt.
Welche Position ist richtig? (GOZ)

1. Nr. 2200
2. Nr. 2210
3. Nr. 2220
4. Nr. 5000
5. Nr. 5010
6. Nr. 5020

▶ ☐

207. Aufgabe

Bei einem Privatpatienten wird der Zahn 36 nach Leitungsanästhesie durch Osteotomie entfernt und die OP-Wunde mit vier Nähten verschlossen. Er erhält eine Arbeitsunfähigkeitsbescheinigung für zwei Tage und ein Rezept über ein Analgetikum. Welche Leistungsnummer kann nicht abgerechnet werden?

1. Ä70
2. 0100
3. 3030
4. 0500
5. 3310

▶ ☐

208. Aufgabe

Im Oberkiefer fehlen die Zähne 18, 16, 26, 27, 28.
Welche Leistungsnummer ist für den herausnehmbaren Zahnersatz abrechenbar?

1. 96 a
2. 96 b
3. 96 c
4. 97 a
5. 97 b
6. 100 a

▶ ☐

209. Aufgabe

Je nach Wunsch kann es für den GKV-Patienten unterschiedliche prothetische Versorgungsarten geben, die ihn dann auch finanziell anders belasten können.
Welche sind das?

____

____

210. Aufgabe

Am Sonntag, den 4. April, ruft ein Patient um 21:00 Uhr wegen Schmerzen am Zahn 26 an. Der Zahnarzt berät den Patienten und empfiehlt die Einnahme eines Analgetikums.
Wie ist auf dem Erfassungsschein abzurechnen?

Datum T T M M	Zahn	Leistung	Bemerkungen

211. Aufgabe

Welche Leistungsnummern sind im gleichen Fall einem Privatpatienten in Rechnung zu stellen?

212. Aufgabe

Welche Leistung ist nicht in den zahnärztlichen Früherkennungsuntersuchungen (FU) enthalten?

1. eingehende Untersuchung
2. Einschätzung des Kariesrisikos
3. Ernährungsberatung
4. Mundhygieneberatung
5. Anwendung lokaler Fluoridierungsmittel
6. Empfehlung oder Verordnung geeigneter Fluoridierungsmittel zur Schmelzhärtung

▶ ☐

213. Aufgabe

Nach welchem Teil des BEMA wird die systematische Parodontalbehandlung abgerechnet?

1. Allgemeiner Teil
2. Teil 2
3. Teil 1
4. Teil 5
5. Teil 3
6. Teil 4

▶ ☐

214. Aufgabe

Wie erfolgt die Abrechnung von Infiltrationsanästhesie oder Leitungsanästhesie bei prothetischen Leistungen, z. B. beim Präparieren der Brückenpfeiler bei einem VdEK-Patienten?

1. Abrechnung auf Erfassungsschein mit Eintragung der Ziffer 5 im Teil Bemerkung
2. Abrechnung auf dem Heil- und Kostenplan mit Zusatz „ZE“
3. Patient muss die Leistung selbst bezahlen, die Kasse zahlt nicht.
4. Patient kann die Rechnung seiner Kasse zur Erstattung vorlegen.
5. Der Zahnarzt kann gar nichts berechnen.

▶ ☐

215. Aufgabe

Welche Voraussetzungen müssen gegeben sein, dass die Pulpotomie bei einem gesetzlich versicherten Patienten abgerechnet werden kann?

216. Aufgabe

Ordnen Sie den Leistungsnummern ihre Abrechnungshäufigkeit zu.

Abrechnungshäufigkeit

1. einmal in zwei Jahren
2. je Kalenderhalbjahr
3. je Kalenderjahr
4. in einem Abstand von zwölf Monaten
5. je Sitzung

Leistungsnummern	
Sens	☐
IP4	☐
04	☐
FU	☐
Zst	☐

217. Aufgabe

Wie ist für einen Privatpatienten eine Keramikbrücke von 23–26, 24 und 25 sind Zwischenglieder, zu berechnen?

1. 2 × Nr. 2210
2. 4 × Nr. 2210
3. 2 × Nr. 5010
4. 1 × Nr. 5070
5. 2 × Nr. 5070
6. 2 × Nr. 5080

▶ ☐

▶ ☐

218. Aufgabe

Nach der Eingliederung eines partiellen Ersatzes im Unterkiefer erscheint ein AOK-Patient am nächsten Tag mit Druckstellen.
Was kann in diesem Falle für das Beseitigen der Druckstellen auf dem Krankenschein abgerechnet werden?

1. Mu
2. sK
3. Der Patient muss privat bezahlen.
4. Nichts, denn Druckstellen beseitigen gehört zur dreimonatigen Nachsorge.
5. üZ

▶ ☐

219. Aufgabe

Wie lauten die deutschen Bezeichnungen für folgende Prothesen?

1. Interimsprothese: ______________________
2. Immediatprothese: ______________________
3. Coverdenture-Prothese: ______________________
4. Epithese: ______________________
5. Partielle Prothese: ______________________

220. Aufgabe

Welche Leistungsnummern können Sie bei folgender Brückenplanung mit provisorischer Brücke beantragen?

1. 3 × 91 a
2. 3 × 91 b
3. 2 × 92
4. 3 × 92
5. 3 × 19
6. 6 × 19

I. Befund des gesamten Gebisses/Behandlungsplan

TP																
R								KV	BV	BV	KV	BV	KV			
B								ww	f	f	ww	f	ww			
	18	17	16	15	14	13	12	11	21	22	23	24	25	26	27	28
	48	47	46	45	44	43	42	41	31	32	33	34	35	36	37	38
B																
R																
TP																

Bemerkung (bei Wiederherstellung Art der Leistung) TP = Therapieplanung R = Regelversorgung B = Befund

221. Aufgabe

Welche prothetische Versorgungen sind bei einem GKV-Patienten keine Regelversorgungen?

1. drei vestibulär verblendete Kronen im Frontzahnbereich
2. kombinierter Zahnersatz mit drei Teleskopen bei stark reduziertem Restgebiss
3. Verblendungen bis Zahn fünf im Oberkiefer
4. Verblendungen bis Zahn fünf im Unterkiefer
5. Brücke zum Ersatz von drei fehlenden Zähnen im Seitenzahnbereich
6. große Brücke zum Ersatz von mehr als vier fehlenden Zähnen im Kiefer

222. Aufgabe

Welche chirurgischen Maßnahmen sind unter der Nr. 48 (Ost2) abzurechnen?

223. Aufgabe

Für einen zahnlosen AOK-Patienten wird Totalersatz im Ober- und Unterkiefer beantragt.
Welche Leistungsnummer kann auf keinen Fall angesetzt werden?

1. 89
2. 97 a
3. 97 b
4. 98 b
5. 98 c
6. 98 e

224. Aufgabe

Für das Ausfüllen des Befundschemas auf dem Heil- und Kostenplan sind entsprechende Abkürzungen vorgesehen.
Welche der unten aufgeführten Abkürzungen gehören nicht dazu?

1. ew – ersetzter, aber erneuerungsbedürftiger Zahn
2. f – fehlender Zahn
3. c – kariöser Zahn
4. ww – erhaltungswürdiger Zahn mit weitgehender Zerstörung
5. z – zerstörter Zahn
6. x – nicht erhaltungswürdiger Zahn
7. b – vorhandenes Brückenglied
8. ur – unzureichende Retention

Abrechnungswesen

225. Aufgabe

Für einen DAK-Patienten wird eine UK-Modellgussprothese zum Ersatz von acht Zähnen mit vier gegossenen Halte- und Stützvorrichtungen beantragt.
Welche der genannten Leistungsnummern fallen an?

1. 96 c
2. 96 b
3. 98 b
4. 4 × 98 h/1
5. 98 h/2
6. 98 g
7. 98 e

▶ ☐ ▶ ☐ ▶ ☐

226. Aufgabe

Bei einem GKV-Patienten wird im Oberkiefer eine Coverdenture-Prothese geplant. Die einzigen noch vorhandenen Zähne 13 und 23 erhalten je eine Versorgung durch eine Wurzelstiftkappe mit Verankerung im Wurzelkanal mit Kugelknopfanker. Weiterhin sind provisorische Stiftkronen und eine Funktionsabformung vorgesehen.
Welche Leistungsnummern können auf dem HKP beantragt werden?

227. Aufgabe

Welche Leistungsnummer kommt bei der folgenden Planung nicht zum Ansatz?

1. 19
2. 91 d
3. 96 b
4. 98 c
5. 98 g
6. 98 h/1

I. Befund des gesamten Gebisses/Behandlungsplan

Art der Versorgung																
TP																
R																
B																
	18 48	17 47	16 46	15 45	14 44	13 43	12 42	11 41	21 31	22 32	23 33	24 34	25 35	26 36	27 37	28 38
B	f		f	f	f							f	f	f	f	f
R		H	E	E	E	TV					TV	E	E	E	E	E
TP																

Bemerkung (bei Wiederherstellung Art der Leistung) Tp = Therapieplanung R = Regelversorgung B = Befund

▶ ☐

228. Aufgabe

Welche Festzuschüsse erhält der Patient von seiner Krankenkasse für obige Versorgung (siehe 227. Aufgabe)?

229. Aufgabe

Bei dem wurzelgefüllten Zahn 14 ist die Wurzelspitzenresektion vorgesehen. Beide Wurzelspitzen werden über einen Zugang operativ entfernt. Nach einer Oberflächenanästhesie sind zwei Infiltrationsanästhesien notwendig (lange Dauer). Nach Behandlungsende erhält der Patient ein Rezept über ein Analgetikum und eine Arbeitsunfähigkeitsbescheinigung für zwei Tage.
Was können Sie auf dem Erfassungsschein abrechnen?

230. Aufgabe

Welche Leistungsnummern nach GOZ sind bei gleicher Therapie (wie in obiger Aufgabe beschrieben) auf der Privatliquidation an zu setzen?

231. Aufgabe

Die Zähne 14, 11, 21 und 24 (einwurzelig) werden in Infiltrationsanästhesie extrahiert. Außerdem werden in der gleichen Sitzung in den Extraktionsgebieten die Alveolarfortsätze resiziert.
Wie rechnen Sie ab?

1. 3 I, 4 X1, KnR
2. 3 I, 2 X1, 2 X2, Alv
3. 4 I, 3 X1, 1 X2, Alv
4. 4 I, 4 X1, Alv
5. 4 I, 2 X1, 2 X2, Alv
6. 4 I, 2 X1, 2 X2

▶ ☐

232. Aufgabe

Die Wurzelkanalbehandlung des Zahnes 21 wird in einer Sitzung durchgeführt. Drei Röntgenaufnahmen (Befund, Nadelaufnahme und Kontrolle der Wurzelfüllung) sind erforderlich.
Wie rechnen Sie ab?

1. Rö2
2. Rö5
3. Rö8
4. 3 × Rö2
5. OPG

▶ ☐

233. Aufgabe

Auf einer Privatliquidation wird eine provisorische Brücke von 23–25 abgerechnet.
Welche Leistungsnummern kommen zum Ansatz?

1. 2 × Nr. 2270
2. 3 × Nr. 2270
3. 2 × Nr. 5120
4. 1 × Nr. 5140
5. 2 × Nr. 5140

▶ ☐

▶ ☐

234. Aufgabe

Versicherte der gesetzlichen Krankenkassen haben einen Anspruch auf Individualprophylaxe.
Welche zählt nicht hierzu?

1. Mundgesundheitsberatung bei Schwangerschaft
2. Früherkennungsuntersuchung für Kinder bis zum 6. Lebensjahr
3. Individualprophylaxe für alle Versicherten vom 6. bis zum 18. Lebensjahr
4. Zahnmedizinische Untersuchungen in Schulklassen
5. Maßnahmen zur Schmelzhärtung der Zähne bei Erwachsenen

▶ ☐

235. Aufgabe

Ordnen Sie den aufgeführten zahnärztlichen Leistungen die entsprechenden BEMA-Positionen zu.

BEMA-Positionen

1. Pla 2
2. Ost_2
3. Dia
4. Hem
5. Inz1
6. Pulp

Leistungen	
Spaltung eines oberflächlichen Abszesses	☐
Hemisektion und Teilextraktion eines unteren Molaren	☐
Pulpotomie	☐
Mundboden- oder Vestibulumplastik	☐
Verlegung eines Lippenbändchens	☐
operative Entfernung eines Zahnkeimes	☐

Abrechnungswesen

236. Aufgabe

Welche zahnärztlichen Leistungen sind nicht mit den Nummern 220 bis 222 der GOZ (Versorgung mit Einzelkronen) abgegolten?

1. Heil- und Kostenplan
2. plastische Aufbaufüllung
3. Beschleifen des Zahnes
4. Abformung
5. Einzementieren
6. Nachkontrolle und Korrekturen

▶ ☐

▶ ☐

---

237. Aufgabe

Welche Leistungsnummern sind bei der dargestellten Planung zu beantragen, wenn in die Vollgussbrücke ein Geschiebe wegen disparalleler Pfeiler eingearbeitet werden muss?

I. Befund des gesamten Gebisses/Behandlungsplan

Art der Versorgung																
TP																
R																
B																
	18 48	17 47	16 46	15 45	14 44	13 43	12 42	11 41	21 31	22 32	23 33	24 34	25 35	26 36	27 37	28 38
B													ww	f	f	
R													K	Bo	B	K
TP																

Bemerkung(be iWiederherstellung ArtderLeistung) TP = Therapieplanung R = Regelversorgung B = Befund

---

238. Aufgabe

Welche Festzuschüsse bekommt der GKV-Patient bei obiger Versorgung (siehe 237. Aufgabe) von der Krankenkasse?

1.1.

---

239. Aufgabe

Was ist im gleichen Fall (die Brückenpfeiler werden mit Hohlkehle präpariert) bei einem Privatpatienten in Rechnung zu stellen?

---

240. Aufgabe

Ordnen Sie den aufgeführten zahnärztlichen Leistungen die entsprechenden Bema-Positionen zu.

BEMA-Positionen

1. bMF
2. Nbl 2
3. Nbl 1
4. N
5. I
6. XN

Leistungen	
Ausspülen der Wunde	☐
Stillen einer Nachblutung durch Drucktamponade oder blutstillende Mittel	☐
Intraligamentäre Anästhesie	☐
Stillung einer Nachblutung durch Knochenbolzung	☐
Auskratzen der Wunde	☐
Stillung einer übermäßigen Papillenblutung	☐

Praxisorganisation und -verwaltung/Wirtschafts- und Sozialkunde – ungebundene Aufgaben

Vorstellung der Modellpraxis

Sie sind Mitarbeiter/-in in der Zahnarztpraxis Dr. Spranger/Dr. Specht.
In der Praxis arbeiten außer Ihnen:

a) Dr. med. dent. Elena Spranger
Zahnärztin; 55 Jahre alt; verheiratet mit Eduard Spranger, Kaufmann; zwei Kinder; Studium an der Westfälischen Wilhelms-Universität Münster; Mitarbeit in verschiedenen Zahnarztpraxen (des Vests); Übernahme der Zahnarztpraxis vom Vater Dr. med. dent. Konstantin Meieraufberg

b) Dr. med. dent. Stephan Specht
Zahnarzt; 45 Jahre alt; geschieden; ein Kind; Ausbildung zum Zahntechniker; Studium an der FU Berlin; zunächst angestellter Zahnarzt bei Dr. Spranger; später Gründung einer Gemeinschaftspraxis mit Dr. Spranger

c) Monika Engel
ZMP; 42 Jahre alt; verheiratet mit Karsten Engel, Bankkaufmann; keine Kinder; Ausbildung zur zahnmedizinischen Fachangestellten; Fortbildung zur ZMP; langjährige Beschäftigung bei Dr. Spranger

d) Nicole Kamp
Zahnmedizinische Fachangestellte; 29 Jahre alt; verheiratet mit Tayfun Hüseyin; keine Kinder; Ausbildung zur Zahnarzthelferin[1]; langjährige Beschäftigung bei Dr. Spranger

e) Susanne Liebich (Empfang)
ZMV; 38 Jahre alt; ledig; Ausbildung zur zahnmedizinischen Fachangestellten; Fortbildung zur ZMV; langjährige Beschäftigung bei Dr. Spranger

f) Emel Yilmaz
Auszubildende zur ZFA (3. Lehrjahr); 19 Jahre alt; ledig; Ausbildung zur Tierpflegerin

g) Alexander Wilk
Zahntechnikermeister; 39 Jahre alt; ledig; Ausbildung zum Zahntechniker; Fortbildung zum Zahntechnikermeister; langjährige Beschäftigung bei Dr. Spranger

h) Gertrud Schultebeck
Reinigungskraft (die „Seele der Praxis"); 63 Jahre alt; verwitwet; Ausbildung zur Näherin; Beschäftigung als Haushälterin bei Dr. Hartmut Grolsberg, Zahnarzt; langjährige Beschäftigung bei Dr. Spranger

241. Aufgabe

Filiz Cordes hat vor zwei Wochen ihre Ausbildung in der Praxis von Dr. Spranger begonnen und wird, wie alle Auszubildenden, von der ZMV Frau Peters betreut. In der Praxis sind neben Frau Dr. Spranger der Zahnarzt Dr. Specht die Zahnmedizinischen Fachangestellten Frau Strom und Frau Kaiser beschäftigt. Außer ihnen ist noch Tina Backhaus (2. Ausbildungsjahr) als Auszubildende in der Praxis beschäftigt. Frau Strom ist überwiegend in der Assistenz bei Herrn Dr. Specht eingesetzt, während Frau Kaiser in der Regel Frau Dr. Spranger assistiert.
Frau Peters hat Filiz angewiesen, für die folgende Teamsitzung das Leitungssystem der hier beschriebenen Praxis darzustellen, damit sie die Strukturen der Praxis besser versteht. Als Stichwort hat Frau Peters ihr noch den Begriff „Einliniensystem" aufgeschrieben. Zu diesem System soll sie außerdem die Vor- und Nachteile aufzählen und beschreiben, was man unter dem Mehrliniensystem versteht.
Unterstützen Sie Filiz bei dieser Aufgabe.

---

242. Aufgabe

Am gestrigen Donnerstag hatte Tina (17 Jahre) eine Auseinandersetzung mit Frau Peters. Sie sollte zum zweiten Mal in dieser Woche länger bleiben, und zwar eine Stunde, obwohl sie bereits acht Stunden Ausbildungszeit in der Praxis verbracht hat und die zusätzlichen 30 Minuten vom Montag noch nicht ausgeglichen war. Wütend hat Tina die Praxis verlassen, ohne der Anweisung von Frau Peters zu folgen. Sie rief nur noch: „Sie haben mir nichts zu sagen!" Nach einer Stunde hat sie sich beruhigt und überlegt, wie sie das Gespräch für den nächsten Tag vorbereiten kann.

Fassen Sie dazu kurz alle notwendigen sachlichen Informationen zusammen und geben Sie eine kurze Gesprächsplanung wieder.

---

[1] Die im genannten Zeitraum noch übliche Berufsbezeichnung

243. Aufgabe

Für den nächsten Berufsschultag soll Filiz eine Kurzbeschreibung der Ausbildung zum Zahnarzt bzw. zur Zahnärztin erstellen. Sie soll in diesem Zusammenhang die Begriffe Promotion und Approbation erklären.

Helfen Sie Filiz mit der Beschreibung.

---

244. Aufgabe

Während der Pause in der Berufsschule kommt es zwischen Tina und ihrer Freundin zum Gespräch über die Aufgaben der Landeszahnärztekammer.

Worin bestehen diese Aufgaben?

---

245. Aufgabe

Seit dem 01.08. des vergangenen Jahres sind Sie als Zahnmedizinische Fachangestellte in der Ausbildung. Sie sind zufrieden mit Ihrer Arbeit, obwohl Sie nur noch wenig Zeit für Ihre Freundin Agnes haben. Agnes möchte auch gerne in einer Zahnarztpraxis arbeiten und hat zum 1. Dezember 20.. einen Ausbildungsvertrag abgeschlossen. Agnes ist 17 Jahre alt. An zwei Tagen mit jeweils sechs Unterrichtsstunden besuchen Sie beide die Berufsschule. Agnes hat sich sehr darüber gefreut, noch einen Ausbildungsvertrag zu bekommen und schaut erst jetzt genauer in den Vertrag.

1. Der Begriff „Probezeit" ist Agnes völlig unklar. Sie hat in dem Ausbildungsvertrag nur gelesen, dass eine Probezeit von sechs Monaten vereinbart wurde. Erklären Sie Ihrer Freundin, warum es eine Probezeit gibt und nehmen Sie zu der Eintragung im Vertrag Stellung.
2. Agnes möchte von Ihnen wissen, was Sie unternehmen kann, wenn ihr die Ausbildung doch nicht gefällt, ob es für sie z. B. Kündigungsmöglichkeiten gibt. Erklären Sie ihr in diesem Zusammenhang u. a., was man unter einer fristlosen Kündigung versteht und wann eine fristlose Kündigung erfolgen kann.
3. Agnes ist sich nicht klar darüber, ob ihre Arbeitszeit immer richtig berechnet wird. Vor allem möchte sie wissen, wie die Berufsschulzeit auf die Arbeitszeit angerechnet wird. Helfen Sie Ihrer Freundin.

---

246. Aufgabe

Die Zahnmedizinische Fachangestellte Frau Krüger hat mit der Zahnärztin Dr. Spranger einen Arbeitsvertrag geschlossen, der aber keine Angaben über die Kündigungsfrist enthält.

1. Welche Kündigungsfrist gilt?
2. Aus welchen Gründen könnte Frau Krüger künftig besonderen Kündigungsschutz genießen? Nennen Sie drei Gründe.
3. Die Kündigung ist ein einseitig empfangsbedürftiges Rechtsgeschäft. Für sie gilt eine bestimmte Formvorschrift. Welche Schritte muss demnach Frau Krüger unternehmen, wenn sie kündigen möchte?

---

247. Aufgabe

Frau Anja Wahl hat ihre Abschlussprüfung zur Zahnmedizinischen Verwaltungsassistentin vor dem Prüfungsausschuss der Kammer bestanden. Sie ist in der Praxis Dr. Los zuständig für die Betreuung der Auszubildenden. Das Praxisprofil stellt sich wie folgt dar:

Niederlassung:	**Mai 1994**
Anschrift:	**Hohe Str. 165 a, 44659 Wanne-Eickel**
Mitarbeiter:	**1 ZMV, 1 ZMP, 1 ZFA, 1 Auszubildende**

Dr. Los beabsichtigt, einen Ausbildungsplatz zur Zahnmedizinischen Fachangestellten zur Verfügung zu stellen. Nachdem das Bewerbungsverfahren abgeschlossen ist und sich Dr. Los für Silke Dietz entschieden hat, erhält Frau Wahl den Auftrag, den Ausbildungsvertrag unterschriftsreif vorzubereiten. Als gemeinsamer Termin für die Unterzeichnung des Vertrages ist der 15. Juli, 18:00 Uhr vorgesehen.

Folgende Daten liegen vor:
Silke Dietz ist zum Beginn des Kalenderjahres 16 Jahre alt. Sie wohnt bei ihren Eltern, Marianne und Michael Dietz, in 44649 Wanne-Eickel, Parlamentsweg 5. Silke verfügt über den Realschulabschluss. Ausbildungsbeginn soll der 1. September 20.. sein. Die Vergütung richtet sich nach tariflichen Grundlagen, allerdings mit einem 15 %igen Abschlag im ersten und zweiten Ausbildungsjahr. Eine besondere Zuwendung wird nicht gewährt. Der Urlaubsanspruch richtet sich nach den gesetzlichen Bestimmungen.

Unterlagen
Auszug aus dem Tarifvertrag (Quelle: www.tarifregister.nrw.de/material/zahnarzthelferinnen_westfalen.pdf):

Ausbildungsvergütung ab 01.07.2017	
1. Ausbildungsjahr	800,00 EUR
2. Ausbildungsjahr	840,00 EUR
3. Ausbildungsjahr	900,00 EUR

Vervollständigen Sie den beigefügten Berufsausbildungsvertrag (siehe Anlage) für Zahnmedizinische Fachangestellte (Auszug) anhand der in der Ausgangssituation vorgegebenen Angaben. Legen Sie fest, wer am 15. Juli an dem Termin zur Vertragsunterzeichnung teilnehmen muss.

Anlage

Zwischen der Zahnärztin/dem Zahnarzt – dem/der Ausbildenden und
(Name, Anschrift)

----

der/dem Auszubildenden
(Name, Vorname, Anschrift)

----

geb. am ______ in ______

Bei Minderjährige
gesetzl. vertreten durch[1]
Eltern ☐ Vater ☐ Mutter ☐ Vormund ☐

Name, Vorname der gesetzlichen Vertreter ______

Straße ______ Hausnummer ______

Postleitzahl ______ Ort ______

Berufsausbildungsvertrag

„Zahnmedizinischer Fachangestellter"/„Zahnmedizinische Fachangestellte"
§§ 3, 4 Berufsbildungsgesetz

§ 1 Ausbildungsdauer

1. Die Ausbildungszeit beträgt nach der Ausbildungsordnungdrei Jahre[3].
2. Hierauf wird die Ausbildungszeitin der Zahnarztpraxis entsprechend angerechnet[4].
3. Das Berufsausbildungsverhältnis

Name, Anschrift[4]	
von	bis
beginnt am	endet am

§ 2 Tägliche Ausbildungszeit

1. Die regelmäßigetägliche Ausbildungszeit beträgt 8 Stunden[5][6].
2. Die/Der Ausbildende gewährt dem/der Auszubildenden Erholungsurlaub nach den geltenden Bestimmungen. Die Dauer des Urlaubs[7] (je nach Kalenderjahr) beträgt:

im Kalenderjahr				
Werktage				
Arbeitstage				

3. Der Urlaub soll zusammenhängend und in der Zeit der Berufsschulferien genommen werden. Während des Urlaubs darf der/die Auszubildende keine dem Urlaubszweck widersprechende Erwerbstätigkeit leisten.

§ 3 Ausbildungsvergütung

1. Die/Der Ausbildende zahlt dem/der Auszubildenden eine angemessene Vergütung, siehe auch § 9 Ziff. 1, 2. Sie beträgt zurzeit monatlich:

	1. Ausbildungsjahr	2. Ausbildungsjahr	3. Ausbildungsjahr
EUR			

248. Aufgabe

Am 1. März nächsten Jahres kommt Frau Strom ins 4. Berufsjahr. Sie erwartet eine Gehaltserhöhung. Frau Strom ist der Tätigkeitsgruppe I zugeordnet, sie ist evangelisch, ledig und hat ein Kind. Sie möchte wissen, wie hoch ihre neuen Gehaltsabzüge sind. Von Frau Stroms Krankenkasse liegt der Praxis ein Schreiben über die Sozialversicherungsbeitragssätze für 20.. vor. Der Steuerberater hat der Praxis einen Auszug aus der aktuellen Einkommenstabelle zur Verfügung gestellt. Die Lohnsteuer beträgt 129,58 EUR.

1. Berechnen Sie die Höhe des Nettogehaltes, das Frau Strom ab 1. März erhält. Gehen Sie davon aus, dass die Krankenkasse keinen Zusatzbeitrag festgelegt hat.
2. Frau Strom zahlt Beiträge in die DAK. Welche wesentlichen, gesetzlich festgesetzten Leistungen sind damit verbunden?
3. Frau Strom behauptet, dass das Krankenhaustagegeld eine gesetzlich vorgeschriebene Leistung der AOK ist. Nehmen Sie Stellung.
4. Frau Strom überlegt, ob sie in eine private Krankenversicherung wechseln kann. Begründen Sie Ihre Antwort.
5. Frau Strom ist in der gesetzlichen Unfallversicherung versichert. Wer ist Träger der für ihren Berufszweig zuständigen Versicherung?

Unterlagen

Einkommenstabelle (Die Werte in der Einkommenstabelle dienen als Rechengrößen und spiegeln nicht die aktuellen tariflichen Bedingungen wieder.)

Berufs-Jahr(e)	Tätigkeitsgruppe I	Tätigkeitsgruppe II	Tätigkeitsgruppe III	Tätigkeitsgruppe IV	Tätigkeitsgruppe V
	Euro	Euro	Euro	Euro	Euro
1. – 3.	1.844,50	1.983,00	2.167,50	2.306,00	2.398,00
4. – 6.	1.936,50	2.082,00	2.275,50	2.421,00	2.517,50
7. – 9.	2.088,50	2.245,50	2.454,00	2.611,00	2.715,50
10. – 12.	2.160,50	2.323,00	2.539,00	2.701,00	2.809,00
13. – 15.	2.205,50	2.371,00	2.591,50	2.757,00	2.867,50
zuzüglich*	65,50	70,50	77,00	82,00	85,50

* je drei weitere Berufsjahre mehr

Informationen zu den Sozialversicherungen:

Beitragssätze für Versicherungspflichtige gültig seit 01.01.2017 *(Quelle: www.lohn-info.de/sozialversicherungsbeitraege2017.html)*	
Krankenversicherung verbindliche Beitragsuntergrenze: 7,3 %	**14,6 % + x %**
Pflegeversicherung (Kinderlosenzuschlag, 0,25 %; zahlt kinderloser AN)	**2,55 %**
Rentenversicherung	**18,7 %**
Arbeitslosenversicherung	**3,0 %**

Für versicherungspflichtig Beschäftigte sind die aus dem Brutto-Arbeitsentgelt zu bemessenden Beiträge ***je zur Hälfte*** vom Mitglied und vom Arbeitgeber zu tragen. Sie werden prozentual nach o. g. Beitragssätzen vom Brutto-Arbeitsentgelt berechnet. Jede Krankenkasse kann selbst einen einkommensabhängigen Zusatzbeitrag festlegen, den nur der Arbeitnehmer zahlen muss. Sollten die Arbeitnehmerin bzw. der Arbeitnehmer das 23. Lebensjahr vollendet haben und kinderlos sein, dann zahlt sie bzw. er 0,25 % mehr in die Pflegeversicherung ein. In **Sachsen** beträgt der Beitragsanteil zur Pflegeversicherung für den Arbeitgeber 0,775 % und für den Arbeitnehmer 1,775 % *(Quelle: www.lohn-info.de/sozialversicherungsbeitraege2017.html)*. Für Auszubildende trägt der ***Arbeitgeber*** die Beiträge zur Kranken-, Renten-, Arbeitslosen- und Pflegeversicherung ***in voller Höhe*** bei einem Brutto-Arbeitsentgelt ***bis 325,00 EUR monatlich***.

Die ***Geringfügigkeitsgrenze***, bis zu der Beschäftigungen versicherungsfrei bleiben, beträgt ***450,00 EUR monatlich***. Geringfügig entlohnte Beschäftigungen nebeneinander sowie geringfügig entlohnte Beschäftigungen (mit Ausnahme der ersten) und versicherungspflichtige Beschäftigungen werden addiert *(vgl. www.aok.de/hessen/beitraege/leistungen-und-beitraege-23578.php)*.

Für versicherungsfreie geringfügig entlohnte Beschäftigungen hat der Arbeitgeber Pauschalbeiträge zu entrichten *(Quelle: www.aok-business.de/fachthemen/sozialversicherungsrecht/minijobs/pauschale-beitraege):*
- 13 % des Arbeitsentgeltes zur Krankenversicherung
- 15 % des Arbeitsentgeltes zur Rentenversicherung

Gleitzone: ***Arbeitsentgelt von 450,01 EUR bis 850,00 EUR*** *(Quelle: www.lohn-info.de/gleitzone.html)*
In der Gleitzone wird das beitragspflichtige Arbeitsentgelt zur Berechnung des Gesamtsozialversicherungsbeitrags nach folgender Formel berechnet:
F × 450 + ([850/(850 – 450)] – [450/(850 – 450)] × F) × (Arbeitsentgelt – 450)
Der Faktor F wird durch das Bundesministerium für Arbeit und Soziales festgelegt (im Jahr 2017 beträgt der Faktor 0,7509).
- Beitragsberechnung:
  beitragspflichtiges Arbeitsentgelt × Beitragssatz = Gesamtbeitrag
- Beitragstragung:
  tatsächliches Arbeitsentgelt × Beitragssatz = Arbeitgeberanteil
  Gesamtbeitrag – Arbeitgeberanteil = Arbeitnehmeranteil
  Diese Regelung gilt nicht für zur Berufsausbildung Beschäftigte.

---

249. Aufgabe

Alfred Müller-Schultze ist seit vielen Jahren Patient der Zahnarztpraxis Dr. Spranger/Dr. Specht. Da am heutigen Tag einige Patienten ihre Termine abgesagt haben, ist mehr Zeit als gewöhnlich und es bietet sich die Gelegenheit für ein längeres Gespräch. Im Verlauf liefert Herr Müller-Schultze folgenden Bericht (in Auszügen):

„Während meines Urlaubs auf Mallorca hatte ich plötzlich Zahnschmerzen und war dort bei einem deutschen Zahnarzt in Palma." – „Als ich die Praxis betrat, verschlug es mir die Sprache. Der Empfangsbereich war so wunderschön freundlich und hell!" – „Im Wartezimmer war ich immer noch in Urlaubsstimmung. Leise Musik, die mich beruhigend umspülte, entspannte mich sehr." – „Selbst der deutsche Tourist, der sehr aufgeregt und laut war, wurde bei der besonnenen Empfangsdame schnell ruhiger. Er hatte wohl einfach nur Angst!"

a) Welche Regeln sollten bei der baulichen Gestaltung des Empfangs- und Wartebereichs in der Zahnarztpraxis befolgt werden? Füllen Sie dazu den beiliegenden Raumplan aus und erläutern Sie Grundsätzliches.

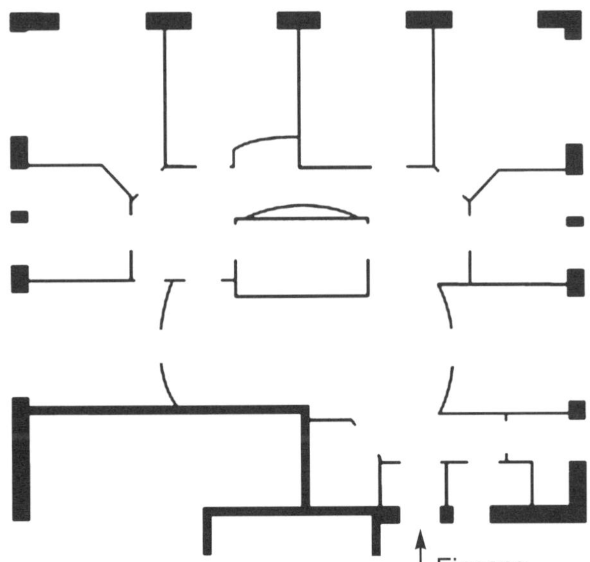

b) Welche Aspekte halten Sie bei der Einrichtung und der Gestaltung des Empfangs- und Wartebereichs für wichtig? Begründen Sie Ihre Meinung.
c) Beschreiben Sie den von Herrn Müller-Schultze erwähnten Patiententyp näher und formulieren Sie Regeln für den Umgang mit diesen Patienten.
d) Nennen Sie generelle Regeln für Ihren Umgang und Ihren Kontakt mit Patienten.

---

250. Aufgabe

Frau Dr. Spranger ist außer sich: Sie kann trotz langer Suche den Bestellvorgang für das neue Mobiliar des Wartezimmers nicht finden. Die Bestellung wurde vor acht Wochen beim „Warenhaus Ambiente GmbH & Co. KG" aufgegeben.

Sie müssen feststellen, dass die Rezeption zurzeit wirklich sehr unordentlich erscheint.

a) Welche Aufgaben erfüllt die Rezeption in der Zahnarztpraxis?
b) Der Bestellvorgang findet sich mitten in einem Stapel weiterer Unterlagen auf dem Schreibtisch an der Rezeption. Beschreiben Sie die Ihnen bekannten Ordnungshilfen und die jeweilige Verwendung.
c) Entscheiden Sie sich begründet für eine Ordnungshilfe für den Bestellvorgang.
d) Bestellvorgänge werden in der Zahnarztpraxis Dr. Spranger/Dr. Specht alphabetisch abgelegt. Was bedeutet das und welche weiteren Ordnungssysteme kennen Sie?
e) Sortieren Sie den Bestellvorgang in die vorliegenden Akten ein. Nummerieren Sie dazu die Vorgänge in der richtigen Reihenfolge von (1) bis (10).

Warenhaus Ambiente GmbH & Co. KG	(1)
Walter Mauser	(2)
Warehouse Miller Cie	(3)
Walzenwerke AG	(4)
Dr. Albert Warewski	(5)
Willi Warze	(6)
Wilhelm Watternagel	(7)
Waldemar Warschewski	(8)
Wunstorfer Keramikfabriken AG	(9)
Wasserwerk Gelsenkirchen	(10)

---

251. Aufgabe

Bisher wurde anlässlich der Neuaufnahme eines Patienten von der Zahnmedizinischen Fachangestellten lediglich eine Patientenkarteikarte ausgefüllt. Die Anamnese erfolgt bisher durch den behandelnden Zahnarzt im persönlichen Gespräch mit dem Patienten. Herr Dr. Specht möchte das Verfahren ändern: Er ist der Meinung, ein von den Patienten auszufüllender Anamnesebogen sei sehr praktisch und sinnvoll.

a) Erläutern Sie, warum bei der Neuaufnahme eines Patienten die Anamnese so wichtig ist.
b) Erläutern Sie in diesem Zusammenhang die Begriffe Stamm- und Bewegungsdaten.
c) Stellen Sie dar, welche Inhalte ein von Herrn Dr. Specht geforderter Anamnesebogen enthalten sollte.
d) Der Anamnesebogen soll nach den Vorstellungen von Herrn Dr. Specht in die Patientenkarteikarte eingefügt werden. Beschreiben Sie den grundsätzlichen Aufbau einer Karteikarte und benennen Sie die Funktionen der einzelnen Teile.

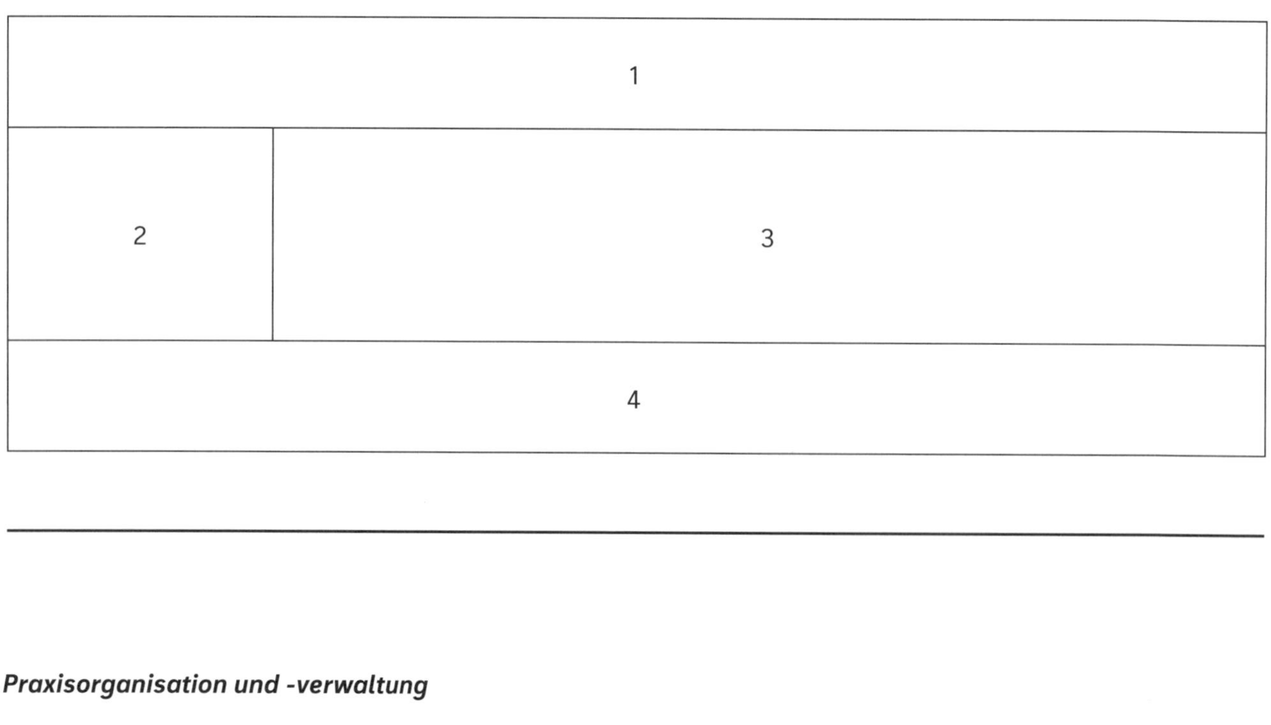

---

252. Aufgabe

Frau Roberta Rosenkranz ist Patientin in Ihrer Zahnarztpraxis. Gestern hat sie sich im Fernsehen das Boulevard-Magazin „Explodiert“ angeschaut. Ein zentrales Thema war der Missbrauch von Daten: Persönliche Angaben von Kunden wurden ohne das Wissen der Betroffenen verkauft und vom Käufer für eigene Absatzzwecke (Werbebriefe, Telefonanrufe etc.) benutzt. „Ich weiß ja, dass unser Zahnarzt Dr. Specht generell einer Schweigepflicht unterliegt“, meint sie nachdenklich. „Aber was ist mit den Daten auf meiner Karteikarte? Da stehen doch Sachen drauf, die würden so manches Versandhaus interessieren ...“

a) Beschreiben Sie Frau Rosenkranz die Aufgaben und Funktionen einer Patientenkartei.
b) Karteikarten werden in der Zahnarztpraxis Dr. Spranger/Dr. Specht nur noch zur Sicherheit geführt. Parallel dazu wurde vor einem halben Jahr die „karteilose Praxis“ eingeführt. Erläutern Sie Frau Rosenkranz, welche Veränderungen sich durch die Einführung der „karteilosen Praxis“ ergeben haben.
c) Stellen Sie Frau Rosenkranz dar, welche Maßnahmen ergriffen werden, um ihre persönlichen Daten vor einem Missbrauch zu schützen.
d) Frau Rosenkranz hat weitere Bedenken: „Ja, das habe ich verstanden. Aber was ist, wenn der Computer einmal defekt ist und er zur Reparatur in ein Geschäft gebracht wird? Und geben Sie nicht auch Daten an die Krankenkassen weiter?“ Erwidern Sie.

---

253. Aufgabe

Am Morgen des 12. November 20.. erscheint Herr Sören Sand in der Zahnarztpraxis, um seinen letzten Behandlungstermin anzutreten. Dabei handelte es sich zum Teil um Leistungen, die zuzahlungspflichtig sind. Herr Sand wurde über die entstehenden Mehrkosten eingehend informiert und stimmte der Behandlung mündlich zu. Nach der Behandlung wollen Sie ihm die Rechnung überreichen.
„Was ist das denn?!“, ruft er aus. „Eine Rechnung? Ich habe mit Ihnen doch noch nicht einmal einen Vertrag abgeschlossen!“

a) Beurteilen Sie die Aussage von Herrn Sand. Ist ein Vertrag zustande gekommen?
b) Nehmen Sie unabhängig von Ihren Ausführungen unter a) an, es sei ein Behandlungsvertrag zustande gekommen. Welche Rechte und Pflichten entstehen aus einem derartigen Vertrag?
c) Kann ein Zahnarzt die Behandlung eines Patienten ablehnen? In welchen Fällen bzw. warum nicht?
d) Auf welche Weise kann ein Behandlungsvertrag enden bzw. beendet werden?
e) Machen Sie Lösungsvorschläge zur Klärung der Vereinbarungen zur Zuzahlung. Wie kann sichergestellt werden, dass Patienten die Zuzahlung nicht verweigern können?

---

254. Aufgabe

Die Auszubildende Emel Yilmaz berichtet Ihnen aufgeregt über ihre Mitschülerin Sabine. Obwohl Sabine erst 16 Jahre alt ist, hat sie sich von ihrer ersten Ausbildungsvergütung einen gebrauchten Motorroller gekauft. Emel hatte Zweifel, ob sie als Minderjährige ein derartiges Geschäft überhaupt tätigen dürfte. Nun beruft sich ihre Freundin jedoch auf einen Paragrafen des Bürgerlichen Gesetzbuchs (BGB), den sie in der Berufsschule gelesen hat:

> **§ 113 Dienst- oder Arbeitsverhältnis**
>
> (1) Ermächtigt der gesetzliche Vertreter den Minderjährigen, in Dienst oder in Arbeit zu treten, so ist der Minderjährige für solche Rechtsgeschäfte unbeschränkt geschäftsfähig, welche die Eingehung oder Aufhebung eines Dienst- oder Arbeitsverhältnisses der gestatteten Art oder die Erfüllung der sich aus einem solchen Verhältnis ergebenden Verpflichtungen betreffen. [...]

Da Sabine mit dem Roller zur Arbeit und zur Schule fahre, sei der Kauf des Rollers rechtmäßig – so sagt Emels Freundin.

a) Was verstehen Sie unter dem Begriff der Geschäftsfähigkeit?
b) Stellen Sie die Stufen der Geschäftsfähigkeit dar.
c) Beurteilen Sie die Hinzuziehung des § 113 BGB. Trifft die Vorschrift hier zu?
d) Ungeachtet Ihrer Ergebnisse aus c) und angenommen, der § 113 BGB würde auf den Sachverhalt nicht anwendbar sein: Welche Folgen hat ein solches Ergebnis auf den Sachverhalt und den Kauf des Motorrollers?

---

255. Aufgabe

Frau Kristina Krystof ist Patientin Ihrer Zahnarztpraxis und Mutter von zwei Kindern im Vorschulalter: Kristian und Karol. Sie und ihre Familie wohnen unweit der Zahnarztpraxis in einem kleinen Haus an einer Grünanlage. Da sich dort seit einiger Zeit Drogensüchtige treffen, um sich „ihren Schuss" zu setzen, ist Frau Krystof generell besorgt. Sie befürchtet, dass ihre Kinder beim Spielen im Park gebrauchte Spritzen finden könnten.

Am heutigen Tag wurde bei ihr eine Behandlung unter örtlicher Betäubung notwendig. Durch die Spritzen im Park sensibilisiert, fragt sie interessiert nach, wohin die Praxis ihre gebrauchten Spritzen und andere umweltschädliche Abfälle entsorgt.

a) Frau Krystof ist nicht darüber informiert, dass eine Zahnarztpraxis bei der Abfallentsorgung strengen gesetzlichen Vorschriften unterliegt. Nennen Sie Ihr diese Vorschriften übersichtsartig.
b) Erläutern Sie Frau Krystof, wie Spritzen und Skalpelle von der Zahnarztpraxis entsorgt werden müssen. Welche weiteren Gegenstände zählen noch dazu?
c) Nicht nur spitze und scharfe Gegenstände müssen entsorgt werden, auch andere Abfälle bergen besondere Herausforderungen im Hinblick auf ihre Entsorgung. Stellen Sie diese Frau Krystof dar.
d) Reagieren Sie auf die Besorgnis von Frau Krystof, indem Sie eine patientengerechte Erwiderung formulieren. Frau Krystof: „Ich bin besorgt, dass meine Kinder Spritzen und scharfe Instrumente, die z. B. mit Blut verunreinigt sind, zum Spielen finden könnten. Denken Sie nur an die Spritzen der Drogensüchtigen im Park!" – Sie: „..."

---

256. Aufgabe

Herr Dr. Specht denkt darüber nach, die Entsorgung des Praxismülls in die Hände eines Profis zu legen: Er beabsichtigt, einen Entsorgungsvertrag abzuschließen.

a) Wer sind in der Regel die Vertragspartner eines derartigen Entsorgungsvertrags?
b) Welche Arbeiten werden von dem Entsorger normalerweise übernommen bzw. was sind die Inhalte des Vertrags?
c) Welche Aufgaben obliegen der Zahnarztpraxis auch nach Abschluss eines Entsorgungsvertrags mit einem professionellen Entsorger?
d) Stellen Sie dar, welche Aspekte vor dem Abschluss des Entsorgungsvertrags von der Zahnarztpraxis beachtet werden sollten.

---

257. Aufgabe

Dr. Specht hat Sie gebeten, der neuen Auszubildenden zu erklären, nach welchen Regeln Termine mit den Patienten zu vereinbaren sind.

---

258. Aufgabe

Es ist Dienstag, 10:15 Uhr und der Patient Dennis Schwarz kommt mit starken Schmerzen zu Ihnen an die Anmeldung. Im Wartezimmer sitzen die Patienten mit vereinbarten Terminen, der Terminplan der Praxis ist ausgelastet. Beschreiben Sie Ihr Vorgehen.

---

259. Aufgabe

In der letzten Woche war die Praxis vollkommen ausgelastet und dazu war noch Ihre Kollegin Britta erkrankt. So ist eine ganze Menge an Unterlagen liegen geblieben. Unter anderem finden Sie auf dem Schreibtisch eine Bewerbungsmappe für den Ausbildungsplatz, Werbung aus der Tageszeitung, die Kopie des Zertifikats über eine Fortbildung Ihrer Kollegin Britta, Rundschreiben der KZV, die Tageszeitung vom Freitag, Durchschriften der Quittungen über die Praxisgebühr und weitere Unterlagen.

Sie sollen die Unterlagen sortieren, wobei Ihnen einfällt, dass Sie in der Berufsschule über die verschiedenen Schriftgutarten gesprochen haben. Ordnen Sie die Unterlagen entsprechend.

---

260. Aufgabe

Der Patient Claus Bellmann hat auf die letzte Rechnung und zwei Mahnungen nicht reagiert. Als er gestern in die Praxis kam und Sie ihn darauf angesprochen haben, behauptet er, bisher keine Post bekommen zu haben. Sie haben heute Morgen Dr. Specht darüber informiert und er hat Sie gebeten, dem Patienten eine Kopie der Rechnung zu schicken, aber so, dass die Praxis einen Nachweis hat.
Sie überlegen, welche Möglichkeiten es hierfür gibt und welche Versendungsform sinnvoll wäre.

---

261. Aufgabe

In der nächsten Woche sollen Sie morgens jeweils als Erste in der Praxis sein und die Anmeldung vorbereiten. Damit Sie nichts vergessen, machen Sie sich eine Checkliste.

---

262. Aufgabe

Während der Teamsitzung in der Praxis Dr. Spranger/Dr. Specht bringt die Auszubildende Emel ein Problem mit dem Faxgerät in der Verwaltung zur Sprache. Es handelt sich um ein älteres Gerät, das nach dem Thermoverfahren arbeitet. Leider funktioniert es seit einiger Zeit nicht mehr zuverlässig und auch der Umgang mit dem Spezialpapier entspricht nicht mehr dem Stand der allgemeinen technischen Entwicklung.

Vor zwei Tagen fanden Sie in der Post ein Angebot Ihres bisherigen Lieferanten und legen es in der Sitzung vor (siehe Anlage). Um das Problem zu lösen, beauftragt Sie Frau Dr. Spranger, eine Kaufentscheidung bis zur nächsten Teamsitzung in zwei Wochen vorzubereiten und dort vorzustellen.

a) Nach welchem Verfahren arbeitet ein Thermofaxgerät und welche Nachteile besitzt ein solches Gerät?
b) Beschreiben Sie Ihre grundsätzliche Vorgehensweise bei dem Ihnen gestellten Auftrag. Erstellen Sie dazu eine Checkliste über den Ablauf der notwendigen Arbeiten bis zur nächsten Teamsitzung.
c) Erstellen Sie eine Vorlage für eine Anfrage an andere Hersteller, indem Sie beschreiben, welche Punkte eine Anfrage beinhalten sollte.

Bürobedarfkoslowski KG

... und es ist alles in Ordnung!

Bürobedarfkoslowski KG · Sutumerfeldstr. 3 · 45897 Gelsenkirchen

Dr. Spranger/Dr. Specht
Goldbergstr. 60
45894 Gelsenkirchen

Angebots-Datum	Angebots-Nr.	Kunden-Nr.	Seite
05. 10. 20..	1256368	84596	1

Ausgabe-Datum	Ihr Ansprechpartner	Telefon
05. 10. 20..	Gerald Brunft	0209 5263-0

Verkäufer · Ihre Referenz · Unsere Referenz

Sehr geehrte Damen und Herren,
im Rahmen unserer Aktion

›Es wird heiß! Der Sonder-Herbst bei koslowski‹

machen wir Ihnen freibleibend ein Super-Sonderangebot.

Pos./Sub	Artikel/Farbe-Art/Farbe	V-Einheit	Meng	Verkaufspreis EUR	Gesamtpreis EUR
1	Faxgerät Zony Y 456 für Normalpapier, Außenverkleidung weiß, Einzelblatteinzug, Ablageschacht Kopierfunktion, Druckeranschluss Maße: Außenmaße: H 150, B 420, T 250 mm Ausstattung gem. Anforderung, praxisgerecht	STK	1	249,99	249,99
		Warenwert:			249,99
		Warenwert Netto:			249,99
		19 % USt.:			47,50
		Angebotssumme			**297,49**

Die Installationszuleitungen zum Anschluss des Faxgeräts müssen vorhanden sein oder zu Ihren Lasten verlegt werden.

Die Lieferung erfolgt frei Haus durch unseren Fuhrpark eine Woche nach Eingang der Bestellung. Wir bieten Ihnen ein Zahlungsziel von 30 Tagen an. Wenn Sie innerhalb von 10 Tagen bezahlen, reduziert sich der Rechnungsbetrag um 2 % Skonto.

Das Faxgerät genügt der niedrigsten Energieklasse.

Bankverbindungen Gelsenkirchen
Dresdner Bank AG BIC: DRESDEFF420 IBAN: DE36420800700503604500
Deutsche Bank AG BIC: DEUTDEDE420 IBAN: DE24420700300000512568
Commerzbank AG BIC: COBADEFFXXX IBAN: DE 96420400384424512785

Handels register Gelsenkirchen HRA5623
USt.-Id.: DE 451289, St.-Nr.: 203/8596/0047
Geschäftsführer: Gerald Brunft, Dipl.-Kfm.

263. Aufgabe

Zur Anschaffung von drei neuen Bürodrehstühlen für die Verwaltung der Zahnarztpraxis Dr. Spranger/Dr. Specht liegen Ihnen nach einer Anfrage zwei Angebote vor.

Angebot 1

Korosinski GmbH

Korosinski GmbH · Dieselstr. 54 · 06130 Halle a. d. Saale

Zahnarztpraxis
Dr. Spranger/Dr. Specht
Goldbergstr. 60
45894 Gelsenkirchen

Angebot

Ihre Zeichen	Ihre Nachricht vom	Unsere Zeichen	Unsere Nachricht vom	Telefon 0345 48-277-05	Datum ..-02-21

Angebot Bandscheibendrehstuhl Steifensand

Sehr geehrte Damen und Herren,

wir bieten Ihnen freibleibend an:

St -3-	Bandscheibendrehstuhl Steifensand, Bezug grau, Teppichrollen	à EUR	269,70
St -3-	Paar Armlehnen, montiert	à EUR	59,78
19 % USt.		EUR	62,60
		EUR	392,08

Die Lieferung erfolgt frei Haus durch unseren Fuhrpark eine Woche nach Eingang der Bestellung. Wir bieten Ihnen ein Zahlungsziel von 30 Tagen an. Wenn Sie innerhalb von 10 Tagen bezahlen, reduziert sich der Rechnungsbetrag um 3 % Skonto.

Mit freundlichen Grüßen

Peter Dahmen

Bankverbindung
Sparkasse Halle
IBAN DE99 7005 4567 8912 3458 79
BIC NOLIDE44HAL

Geschäftsführer
Jürgen Hoppe

Handelsregister
Amtsgericht Halle
HRB 74009

Angebot 2

ALBERTA GMBH & CO. KG

AFRA · SCHERMBECKER LANDSTR. 73 · 46485 WESEL

Zahnarztpraxis
Dr. Spranger/Dr. Specht
Goldbergstr. 60
45894 Gelsenkirchen

IHRE ZEICHEN	IHRE NACHRICHT VOM	UNSERE ZEICHEN	UNSERE NACHRICHT VOM	TELEFON	DATUM
				0281 9897-15	..-02-21

Angebot Bandscheibendrehstuhl

Sehr geehrte Damen und Herren,
für Ihre Zuschrift besten Dank. Hier ist das gewünschte Angebot:

St -3-	Bandscheibendrehstuhl, Bezug grau, 5 Rollen (Teppich), Sitzfläche neigungs- und höhenverstellbar, Rückenteil anpassungsfähig, inkl. Armlehnen	EUR	299,95/Stück
19 % USt.		EUR	56,99
		EUR	356,94/Stück

Auf den Artikel gewähren wir einen Einführungsrabatt von 10 %. Für die Bearbeitung Ihres Auftrags erlauben wir uns, eine Spesenpauschale von Euro 100,00 zu berechnen. Die Lieferung kann in ca. 3 Wochen erfolgen. Die Zahlung ist innerhalb von 60 Tagen zu leisten. Bei Zahlung innerhalb von 14 Tagen gewähren wir 3 % Skonto.

Mit freundlichen Grüßen

i. A. Reiner Bantle

BANKVERBINDUNG
DRESDNER BANK AG, WESEL
BIC: DRESDWEE77
IBAN: DE48200800000100458302

GESCHÄFTSFÜHRER
HELLFRIED HANSEN

HANDELSREGISTER
AMTSGERICHT WESEL
HRA 75011

a) Führen Sie einen quantitativen Angebotsvergleich durch.

Angebotsvergleich		
Artikelbezeichnung:		Bestellmenge:
Lieferant:		
Listenpreis		
– Rabatt		
= Zieleinkaufspreis netto		
+ USt 19 %		
= Zieleinkaufspreis brutto		
– Skonto		
= Bareinkaufspreis		
+ Bezugskosten		
= Bezugspreis		
Gesamte Bestellkosten		
Lieferzeit		
Besonderheit:		
Entscheidung für Lieferer		
	Datum	Unterschrift

b) Welche weiteren Aspekte sollten zu Ihren Überlegungen aus a) hinzugezogen werden?
c) Entscheiden Sie sich begründet für ein Angebot.

---

264. Aufgabe

Dr. Specht möchte einen neuen Schreibtisch für sein Büro erwerben und beauftragt Sie daher am 12.02., entsprechende Angebote von Büromöbelhändlern einzuholen. Die Angebote treffen am 19.02. in der Praxis ein. Herr Dr. Specht entscheidet sich am 27.02. für das verbindliche Angebot der Korosinski GmbH und damit für den Großschreibtisch „Andromeda“, der mit seiner funktionalen und formschönen Ausstattung von Anfang an positiv auffiel.

Am 29.03. gibt Ihnen Herr Dr. Specht den Auftrag, eine Bestellung für den „Andromeda“ aufzugeben, Lieferung zum Fixtermin 02.04. Am 30.03. verlässt die Bestellung auf dem Postweg die Praxis. Am 02.04. erfolgt keine Lieferung. Am Morgen des 03.04. rufen sie daher die Korosinski GmbH im Auftrag von Herrn Dr. Specht an und vereinbaren die Lieferung für den 04.04. Die Korosinski GmbH lässt den Schreibtisch durch einen Spediteur am Morgen des 04.04. liefern.
Herr Dr. Specht ist wirklich sehr verärgert, dass der Schreibtisch nicht, wie von ihm gewünscht, bereits am 02.04. geliefert wurde.

a) Erläutern Sie Herrn Dr. Specht, wann der Kaufvertrag mit der Korosinski GmbH zustande kam.
b) Welche Pflichten entstehen für die Beteiligten mit dem Kaufvertrag?
c) Schildern Sie Herrn Dr. Specht die rechtliche Bedeutung der Klausel „Fixtermin 02.04.“ in der Bestellung.
d) Wann verlor die Korosinski GmbH ihren Besitz an dem Schreibtisch und wann wurde Herr Dr. Specht Eigentümer des Schreibtischs?
e) Machen Sie Vorschläge, wie in Zukunft ein gewünschter Liefertermin eingehalten werden kann.

---

265. Aufgabe

Ihre Freundin Mareike, die ebenfalls eine Ausbildung zur Zahnmedizinischen Fachangestellten absolviert, hat sich unlängst einen neuen Motorroller gekauft. Da sie bereits 19 Jahre alt ist, konnte sie leicht das von ihrer Großmutter als Geschenk zu ihrem 18. Geburtstag erhaltene Geld einsetzen und ist nun sehr glücklich über ihre Neuerwerbung. Sie zeigt Ihnen den Vertrag. Dort lesen Sie im sogenannten Kleingedruckten, den allgemeinen Geschäftsbedingungen (AGB) des Verkäufers „Motorrad-Center Karsten Meierwurz GmbH“:

„Der Käufer verpflichtet sich, im Umkreis von 50 km um den Sitz des Verkäufers das erworbene Fahrzeug ausschließlich in der Hasso-Tankstelle „Robert Meierwurz KG“ zu betanken.“ Sie zeigen den Absatz ihrer Freundin, die darüber sehr ungehalten ist.

Informationsmaterial:

Auszug aus dem Bürgerlichen Gesetzbuch (BGB)

§ 305 Einbeziehung Allgemeiner Geschäftsbedingungen in den Vertrag

(1) Allgemeine Geschäftsbedingungen sind alle für eine Vielzahl von Verträgen vorformulierten Vertragsbedingungen, die eine Vertragspartei (Verwender) der anderen Vertragspartei bei Abschluss eines Vertrags stellt. [...]

(2) Allgemeine Geschäftsbedingungen werden nur dann Bestandteil eines Vertrags, wenn der Verwender bei Vertragsschluss

1. die andere Vertragspartei ausdrücklich oder, wenn ein ausdrücklicher Hinweis wegen der Art des Vertragsschlusses nur unter unverhältnismäßigen Schwierigkeiten möglich ist, durch deutlich sichtbaren Aushang am Ort des Vertragsschlusses auf sie hinweist und
2. der anderen Vertragspartei die Möglichkeit verschafft, in zumutbarer Weise, die auch eine für den Verwender erkennbare körperliche Behinderung der anderen Vertragspartei angemessen berücksichtigt, von ihrem Inhalt Kenntnis zu nehmen, und wenn die andere Vertragspartei mit ihrer Geltung einverstanden ist.

[...]

§ 305c Überraschende und mehrdeutige Klauseln

(1) Bestimmungen in Allgemeinen Geschäftsbedingungen, die nach den Umständen, insbesondere nach dem äußeren Erscheinungsbild des Vertrags, so ungewöhnlich sind, dass der Vertragspartner des Verwenders mit ihnen nicht zu rechnen braucht, werden nicht Vertragsbestandteil.

[...]

§ 306 Rechtsfolgen bei Nichteinbeziehung und Unwirksamkeit

(1) Sind Allgemeine Geschäftsbedingungen ganz oder teilweise nicht Vertragsbestandteil geworden oder unwirksam, so bleibt der Vertrag im Übrigen wirksam.

(2) Soweit die Bestimmungen nicht Vertragsbestandteil geworden oder unwirksam sind, richtet sich der Inhalt des Vertrags nach den gesetzlichen Vorschriften.

[...]

a) Was sind Allgemeine Geschäftsbedingungen (AGB)?
b) Welche Bedingungen müssen vorliegen, damit im Regelfall die AGB Bestandteil des Kaufvertrags werden?
c) Nach der Befragung Ihrer Freundin kommen Sie zu dem Schluss, dass die AGB für diesen Kaufvertrag gelten. Muss Ihre Freundin jetzt im Umkreis von 50 km ausschließlich an der Tankstelle Meierwurz tanken?
d) Raten Sie Ihrer Freundin, wie sie in Zukunft mit solchen Problemen umgehen sollte.

---

266. Aufgabe

Frau Dr. Spranger wäre bei einem Besuch des Lagerraums der Zahnarztpraxis beinahe gestolpert. Kein Wunder, denn viele Materiallieferungen stehen originalverpackt in den Gängen herum, da sie noch nicht eingeräumt wurden. Frau Dr. Spranger ist zu Recht sehr verärgert. „Was ist das bloß für eine Schlamperei! Ich habe vorausgesetzt, dass Sie die Arbeiten im Lager als Team selbst koordinieren können ... Und jetzt muss ich dieses Desaster erleben.“

Der Vorfall ist Gesprächsthema Nr. 1 bei der inoffiziellen Teamsitzung des Verwaltungspersonals der Zahnarztpraxis. Aufgrund Ihrer Erfahrungen und Ihrer noch ganz frischen Erkenntnisse aus der Berufsschule werden Sie damit beauftragt, der Herausforderung „Lagerarbeiten“ zu begegnen. Das Team erkennt, dass dazu die Arbeiten im Lager bei Anlieferung neuen Materials generell besser koordiniert werden müssen.

a) Erstellen Sie eine Checkliste der Kontrolltätigkeiten, die ***während*** der Materialanlieferung durchzuführen sind.
b) Erstellen Sie eine Checkliste der Kontrolltätigkeiten, die ***nach*** der Materialanlieferung durchzuführen sind.
c) Formulieren Sie einen Lösungsvorschlag, wie dem Problem im Lager der Zahnarztpraxis Dr. Spranger/ Dr. Specht begegnet werden kann.

267. Aufgabe

Herr Dr. Specht betritt nach langer Zeit wieder einmal das kleine Lager der Zahnarztpraxis Dr. Spranger/ Dr. Specht. Dabei fällt ihm einiges auf:

- Druckerpapier ist verschmutzt und liegt in aufgerissenen Packungen auf dem Boden,
- die Verfallsdaten der Medikamente sind zum Teil fast erreicht,
- durch die Neulieferung der Briefumschläge erhöht sich der Bestand auf 10.000 Stück,
- Bleistifte und Kugelschreiber liegen lose im Regal und kugeln durcheinander.

Herr Dr. Specht verlangt eine Überprüfung der Arbeiten im Lager.

a) Sicherlich sind die Besorgnis und der Ärger von Herrn Dr. Specht begründet.
   Erläutern Sie in diesem Zusammenhang die Ihnen bekannten Risiken, die mit einer Lagerhaltung verbunden sind (Lagerrisiken).
b) Welche Kosten erkennen Sie bei der Lagerhaltung für den Zahnarzt?
c) Durch welche organisatorischen Maßnahmen kann im Lager dem Problem der ablaufenden Verfallsdaten begegnet werden?
d) Beschreiben Sie in Grundzügen die Lagerorte für unterschiedliche Materialien einer Zahnarztpraxis.
e) Welches Problem liegt bei den Briefumschlägen vor und wie kann es gelöst werden?

---

268. Aufgabe

Die letzte Lieferung Druckerpapier (DIN A 4, 80 g, holzfrei, weiß) der Korosinski GmbH, von der Sie in der Regel Ihr Büromaterial beziehen, ist nicht so, wie Sie es erwartet haben. Mehrere Pakete sind teilweise geöffnet und erheblich verschmutzt, manche sind sogar feucht und damit gänzlich unbrauchbar.

Reagieren Sie auf diese mangelhafte Lieferung.

a) Schildern Sie, in welchen Fällen generell eine Schlechtlieferung vorliegt bzw. in welchen Fällen generell eine mangelfreie Lieferung erfolgt ist.
b) Welche Rechte hat der Käufer einer mangelhaften Ware?
c) Entscheiden Sie sich begründet für ein Recht aus b).
d) Schreiben Sie einen Brief, in dem Sie Ihr Recht einfordern.

---

269. Aufgabe

Sie haben beim Dental-Depot „Oral Dental“ selbsthärtendes Komposit bestellt. In der Regel liefert das Dental-Depot innerhalb von 24 Stunden. Am Morgen des zweiten Tags nach der Bestellung liegt Ihnen immer noch keine Ware vor. Glücklicherweise bestellen Sie Material immer sehr rechtzeitig, der Mindestbestand ist daher noch längst nicht erreicht. Am gleichen Tag erhalten Sie mit der Post ein Angebot des Dental-Depots „Discount Dental“ mit einem um 20 % geringeren Preis. Da „Discount Dental“ im Prospekt eine garantierte Lieferung bis zum nächsten Tag zusagt, würden Sie nun gerne Ihre Bestellung bei „Oral Dental“ ungeschehen machen.

Sie erinnern sich an Ihren Unterricht in der Berufsschule: Ob „Oral Dental“ bereits im Lieferungsverzug[1] ist? Könnte das die Lösung für den Einkauf von billigerem Komposit sein?

a) Schildern Sie, welche Rechte der Käufer bei Lieferungsverzug generell hat.
b) Prüfen Sie, welche Voraussetzungen für den Lieferungsverzug im Allgemeinen vorliegen müssen.
c) Angenommen, am Tag nach Ihrer Bestellung hätte der Wirbelsturm „Delilah“ die Lagerhalle von „Oral Dental“ zerstört und das Komposit unbrauchbar werden lassen. Ersatz kann von „Oral Dental“ jedoch bei einem verbundenen Unternehmen beschafft werden und steht schon zwei Tage später zur Auslieferung bereit. Welche Rechte hat die Zahnarztpraxis Dr. Spranger/Dr. Specht in diesem Fall?
d) Machen Sie Lösungsvorschläge, wie in Zukunft einer ähnlichen Situation begegnet werden kann.

---

[1] seit der Schuldrechtsreform auch Nicht-Rechtzeitig-Lieferung

270. Aufgabe

Mit der Tagespost erhalten Sie die beiliegende Rechnung.

Korosinski GmbH

Korosinski GmbH · Dieselstr. 54 · 06130 Halle a. d. Saale

Zahnarztpraxis
Dr. Spranger/Dr. Specht
Goldbergstr. 60
45894 Gelsenkirchen

Rechnung

Ihre Zeichen	Ihre Nachricht vom	Unsere Zeichen	Unsere Nachricht vom	Telefon 034548-	Datum
				277-05	..-02-21

Rechnung Nr. 5647383

Kunden-Nr.:	6784395
Bestellung Nr.:	456
Bestelldatum:	..-02-25
Lieferdatum:	..-03-04
Rechnungsdatum:	..-03-04
Lieferanschrift:	w. o.

St -3-	Drehstuhl Steifensand, Art. Nr. 463527 Stückpreis EUR 269,70	EUR 809,10	
St -3-	Armlehne, Art. 765987 Stückpreis EUR 59,78		EUR 179,34
		Warenwert netto	EUR 988,44
		Umsatzsteuer 19 %	EUR 187,80
		Gesamtbetrag	EUR 1.176,24

Zahlbar innerhalb von 10 Tagen abzüglich 3 % Skonto oder innerhalb 30 Tagen netto Kasse.
Die Lieferung erfolgt auf der Grundlage unserer Allgemeinen Geschäftsverbindungen.

Bankverbindung
Sparkasse Halle
IBAN DE99 7005 4567 8912 3458 79
BIC NOLIDE44HAL

Geschäftsführer
Jürgen Hoppe

Handelsregister
Amtsgericht Halle
HRB 74009

a) Stellen Sie die Arbeiten der Zahnmedizinischen Fachangestellten dar, die im Rahmen der gesamten Zahlungsüberwachung in einer Zahnarztpraxis regelmäßig anfallen.

b) Nehmen Sie an, die in der Rechnung aufgeführten Schreibtischstühle sind ordnungsgemäß geliefert worden und mängelfrei. Führen Sie die weiteren notwendigen Kontrolltätigkeiten durch.

c) Prüfen Sie, ob sich die Ausnutzung von Skonto lohnt. Das für die Überweisung notwendige Geld muss durch eine Kontoüberziehung im Rahmen des genehmigten Kontokorrentkredits beschafft werden (Sollzinsen 9 % p. a.).

d) Bereiten Sie das abgebildete Überweisungsformular zur Unterschrift durch Herrn Dr. Specht vor (s. S. 68)! Die Bankverbindung der Zahnarztpraxis lautet: Dr. Spranger und Dr. Specht, IBAN DE48422600010123456700, Volksbank Ruhr Mitte eG, BIC GENODEM1GBU.

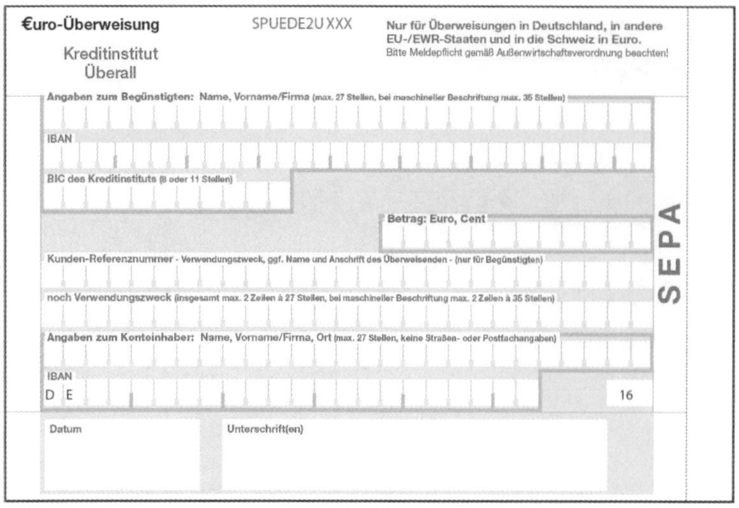
€uro-Überweisung SPUEDE2UXXX

Kreditinstitut Überall

Nur für Überweisungen in Deutschland, in andere EU-/EWR-Staaten und in die Schweiz in Euro.
Bitte Meldepflicht gemäß Außenwirtschaftsverordnung beachten!

Angaben zum Begünstigten: Name, Vorname/Firma (max. 27 Stellen, bei maschineller Beschriftung max. 35 Stellen)

IBAN

BIC des Kreditinstituts (8 oder 11 Stellen)

Betrag: Euro, Cent

Kunden-Referenznummer - Verwendungszweck, ggf. Name und Anschrift des Überweisenden - (nur für Begünstigten)

noch Verwendungszweck (insgesamt max. 2 Zeilen à 27 Stellen, bei maschineller Beschriftung max. 2 Zeilen à 35 Stellen)

Angaben zum Kontoinhaber: Name, Vorname/Firma, Ort (max. 27 Stellen, keine Straßen- oder Postfachangaben)

IBAN

D E

16

SEPA

Datum

Unterschrift(en)

271. Aufgabe

Zuzahlungspflichtige Behandlungen werden den Patienten der Zahnarztpraxis Dr. Spranger/Dr. Specht in Rechnung gestellt und von ihnen nach Rechnungseingang bezahlt. Herr Dr. Specht möchte den Patienten eine Alternative zu dem bisherigen Verfahren bieten und hat folgende Ideen:

1. Barzahlung
2. Girocard
3. SEPA Lastschrift
4. Geldkarte
5. Zahlung mit Kreditkarte

girocard

SEPA Lastschrift

GeldKarte

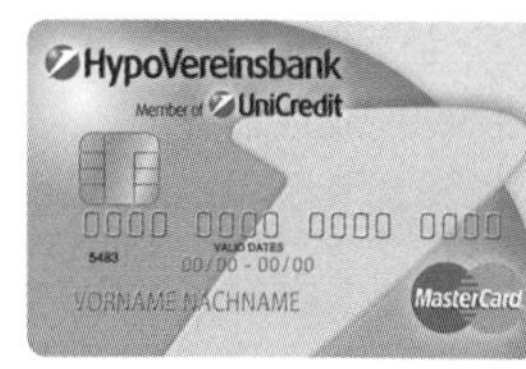

a) Welche generellen Vorteile haben die von Herrn Dr. Specht vorgeschlagenen Verfahren gegenüber der Zahlung durch die Patienten nach Zugang der Rechnungen?
b) Beraten Sie Herrn Dr. Specht, indem Sie den jeweiligen Ablauf der Zahlungen beschreiben und auf die Voraussetzungen eingehen, die in der Zahnarztpraxis jeweils gegeben sein müssen.
c) Entscheiden Sie sich begründet für eine Alternative.

272. Aufgabe

Manche Kunden der Zahnarztpraxis Dr. Spranger/Dr. Specht haben eine schlechte Zahlungsmoral: Sie zahlen scheinbar generell erst nach der ersten Mahnung. Herr Dr. Specht hat, inspiriert durch die monatliche Zahlung der Telefonrechnung, eine Idee. Er möchte in Zukunft die fälligen Zahlungen der Patienten ebenfalls mittels Lastschrift einziehen.

a) Wodurch unterscheidet sich die Zahlung mittels Lastschrift von der Zahlung mit Überweisung?
b) Beschreiben Sie die zwei Arten der Zahlung im Lastschriftverfahren.
c) Welche Voraussetzungen müssen in der Zahnarztpraxis vorliegen, damit am Lastschriftverfahren teilgenommen werden kann?
d) Beurteilen Sie das Vorhaben von Herrn Dr. Specht und beraten Sie ihn über Alternativen.

273. Aufgabe

Nach dem Abschluss einer prothetischen Behandlung wurde dem Patienten Carsten Cramer wie üblich eine Liquidation zugeschickt. Bei der täglichen Durchsicht der Offene-Posten-Liste erkennen Sie, dass die Zahlungsfrist von Herrn Cramer bereits seit vier Tagen abgelaufen ist und immer noch kein Zahlungseingang verzeichnet werden konnte. Nach einer kurzen Rücksprache mit Frau Dr. Spranger beschließen Sie, nun die weiteren Schritte einzuleiten.

a) Beschreiben Sie den Ablauf des kaufmännischen Mahnverfahrens.
b) Erläutern Sie das gerichtliche Mahnverfahren.
c) Stellen Sie kurz das Klageverfahren dar.
d) Angenommen, das Klageverfahren führt zu keiner Begleichung der Liquidation.
Wann verjähren die Ansprüche der Zahnarztpraxis, welche Folgen hätte die Verjährung und was kann man gegen die Verjährung unternehmen?

274. Aufgabe

Der Patient Friedbert Franczewski reagiert nach einer prothetischen Behandlung und Rechnungsstellung nicht auf Ihre Zahlungserinnerung. Erst die dritte Mahnung mit einer letzten Fristsetzung, der Aufführung aller aufgelaufenen Kosten und der Androhung gerichtlicher Maßnahmen bringt Herrn Franczewski dazu, sich mit der Zahnarztpraxis in Verbindung zu setzen.

Herr Dr. Specht vereinbart einen Gesprächstermin mit Herrn Franczewski. Sie sind bei dem Gespräch mit Herrn Franczewski anwesend. Herr Franczewski bedauert, dass er die Rechnung nicht zahlen könne. Erst vor Kurzem habe sich seine Frau von ihm getrennt. Zudem sei er arbeitslos geworden. Er stecke in großen finanziellen Schwierigkeiten. Aber er habe vor einer Woche eine neue Stelle als Pförtner im städtischen Krankenhaus angetreten und hoffe nun auf eine Verbesserung der Situation. Die Liquidation könne er jedoch trotzdem zurzeit nicht begleichen. Er bittet Herrn Dr. Specht um Ratenzahlung.

a) Erläutern Sie, was Herr Franczewski mit seinem Vorschlag beabsichtigt.
b) Herr Dr. Specht stimmt dem Vorschlag Herrn Franczewskis zu. Welche Gründe könnte er für seine Zustimmung haben?
c) Herr Franczewski vereinbart mit Herrn Dr. Specht, den Gesamtbetrag in Höhe von 1.000,00 EUR ab dem 01.02. in Raten zu 100,00 EUR zzgl. der jeweils aufgelaufenen Zinsen abzutragen. Sie legen den Zinssatz auf 5 % p. a. fest. Die Zinsberechnung soll am 01.01. beginnen. Um welche Darlehensart handelt es sich?
d) Berechnen Sie die jeweilige Höhe der zehn Raten.
e) Herr Dr. Specht ist erfreut über den Erfolg der Verhandlungen und überlegt, ob er Ratenzahlung seinen Patienten generell anbieten sollte. Welche Kreditsicherungsmittel eignen sich für ein derartiges Vorhaben?

---

275. Aufgabe

Ihre Kollegin Nicole Kamp möchte nach Dortmund ziehen und deshalb kündigen. Da sie ihre berufliche Tätigkeit fortsetzen möchte, will sie sich eine neue Arbeitsstelle suchen und bittet Sie um Hilfe. Vor allem möchte sie wissen, wie ein Bewerbungsschreiben gegliedert sein sollte.

---

276. Aufgabe

Sie haben sich bei einer Zahnarztpraxis beworben und sind zu einem Bewerbungsgespräch eingeladen. Die Praxis soll in zwei Monaten neu eröffnet werden und der Praxisinhaber möchte seine zukünftigen Mitarbeiter/-innen in die Gestaltung der Praxis einbeziehen. Die Praxis liegt in einem alten Wohngebiet, zu ihrem Einzugsbereich gehört auch ein Altersheim. Der Zahnarzt fragt Sie in dem Bewerbungsgespräch, ob Sie Vorschläge für zusätzliche Marketingmaßnahmen haben.

---

277. Aufgabe

Nach dem Abschluss Ihrer Ausbildung überlegen Sie, ob Sie sich im Bereich der Verwaltungstätigkeit zusätzlich qualifizieren sollten. Bevor Sie ein Gespräch mit Ihrem Arbeitgeber führen, informieren Sie sich über die Voraussetzungen für eine solche Weiterbildung.

---

278. Aufgabe

Es ist der Lieblingsstuhl ihrer Kollegin Monika. Sie hat den Stuhl vor einigen Jahren im Keller gefunden und möchte das „antike" Stück nicht abgeben. Die Sitzfläche ist aus Holz, die vier Rollen sind schon etwas abgenutzt und die Höhenverstellung funktioniert nicht mehr richtig. Sie fragt in der Pause, warum der Stuhl eigentlich ersetzt werden soll, wenn er doch für sie seine Funktion erfüllt?

---

279. Aufgabe

Vor einer Woche hat Ihnen Ihre Kollegin Sonja von ihrer Mutter erzählt. Sonjas Mutter ging zum 30. 11. 20.. in Rente und bekam jetzt den Rentenbescheid. Sie haben sich beide Gedanken gemacht, wie es wohl für Sie aussehen wird, wenn Sie eines Tages in Rente gehen. Sonja meinte: „Viel haben wir nicht mehr zu erwarten, wenn wir überhaupt noch etwas bekommen. Da müssen wir wohl selbst vorsorgen."

Vor zwei Tagen haben Sie zufällig einen Auszug aus dem Tarifvertrag gefunden und sich an Ihr Gespräch mit Sonja erinnert. Sie haben Ihrem Ausbilder vorgeschlagen, dieses Thema auf der nächsten Teamsitzung zu behandeln. Er fand die Idee gut und hat Ihnen ein paar Fragen aufgeschrieben, auf die Sie sich mithilfe des Tarifvertrags vorbereiten sollen.

1. Erklären Sie, warum Sonja der Ansicht ist, selbst vorsorgen zu müssen. Nennen Sie drei Vorsorgemöglichkeiten.
2. Für welche Beschäftigten der Praxis gilt das Angebot der Entgeltumwandlung? Können Sie schon während der Ausbildung mit der Entgeltumwandlung beginnen?
3. Falls Sie sich für das Angebot entscheiden, wie sieht der Ablauf bis zur ersten Einzahlung aus?
4. Welche Form muss eine Vereinbarung zwischen Arbeitgeber und Arbeitnehmer haben?
5. Beschreiben Sie, was mit einer Vereinbarung geschieht, wenn Sie den Arbeitgeber wechseln.

Auszug aus dem „Tarifvertrag zur betrieblichen Altersversorgung durch Entgeltumwandlung"

„Präambel

Durch diesen Tarifvertrag wollen die Tarifvertragsparteien einen Beitrag zur Zukunftssicherung von Zahnmedizinischen Fachangestellten im Alter leisten, indem sie die Möglichkeiten zum Aufbau einer zusätzlichen kapitalgedeckten Altersversorgung schaffen.

§ 1 Grundsatz der Entgeltumwandlung

Die Vorschriften dieses Tarifvertrages regeln die Entgeltumwandlung tariflicher Entgelte zum Zwecke der Altersvorsorge.

§ 2 Anspruch

Zahnmedizinische Fachangestellte haben im Rahmen der nachfolgenden Bestimmungen einen Anspruch, tarifliche Entgeltbestandteile zugunsten einer Versorgungszusage zum Zwecke der Altersvorsorge umzuwandeln. Der Zahnmedizinischen Fachangestellten steht es frei, den Anspruch geltend zu machen.

§ 3 Höhe der Entgeltumwandlung

(1) Die Zahnmedizinische Fachangestellte kann verlangen, dass von ihren Entgeltansprüchen bis zu 4 % der jeweiligen Beitragsbemessungsgrenze der Rentenversicherung der Angestellten für betriebliche Altersversorgung verwendet werden. [...]

(2) Die Einzelheiten werden zwischen Arbeitgeber und Zahnmedizinischen Fachangestellten auf der Grundlage dieses Tarifvertrages schriftlich vereinbart (Entgeltumwandlungsvereinbarung).

[...]

§ 5 Verfahren

(1) Die Zahnmedizinische Fachangestellte muss den Anspruch auf Entgeltumwandlung spätestens 4 Wochen vor dem 1. des Monats, zu dem die Entgeltumwandlungsvereinbarung über die betriebliche Altersversorgung in Kraft treten soll, schriftlich geltend machen.

(2) Die Zahnmedizinische Fachangestellte ist an die jeweilige Entscheidung, tarifliche Entgeldbestandteile umzuwandeln, für das laufende Kalenderjahr gebunden, es sein denn, die persönlichen Lebens- oder Einkommensverhältnisse ändern sich wesentlich.

[...]

§ 8 Fortführung der Versorgungsanwartschaft

Bei Einstellung von Zahnmedizinischen Fachangestellten, die bereits über eine Versorgungsanwartschaft in der Pensionskasse verfügen, soll der Arbeitgeber auf Verlangen der Zahnmedizinischen Fachangestellten die Entgeltumwandlung in der Pensionskasse fortführen.

§ 9 Sofortige Unverfallbarkeit

Die Anwartschaft aus Entgeltumwandlung ist sofort unverfallbar.

Wirtschafts- und Sozialkunde – gebundene Aufgaben

280. Aufgabe

Welcher der unten stehenden Sachverhalte ist im Jugendarbeitsschutzgesetz geregelt?
Tragen Sie die Ziffer vor dem zutreffenden Sachverhalt in das Kästchen ein.

1. Jugendliche dürfen grundsätzlich nicht mit Akkordarbeit beschäftigt werden.
2. In Betrieben mit mindestens fünf jugendlichen Arbeitnehmern kann eine Jugend- und Auszubildendenvertretung gewählt werden.
3. Der Ausbildende hat dem Auszubildenden bei Beendigung des Berufsausbildungsverhältnisses ein Zeugnis auszustellen.
4. Nach Abschluss des Berufsausbildungsvertrags hat der Ausbildende unverzüglich die Eintragung in das Verzeichnis der Berufsausbildungsverhältnisse zu beantragen.
5. Der Ausbildende hat die für die Ausbildung geltende Ordnung zu beachten.

▶ ☐

---

281. Aufgabe

Die Zahnärztekammer hat festgelegte Aufgaben.
Welche der folgenden Punkte gehört nicht zu den Aufgaben der Zahnärztekammer?

1. Durchführung der Abschlussprüfungen
2. Kontrolle der zahnärztlichen Leistungsabrechnung
3. Durchführung der Erste-Hilfe-Schulungen einschließlich einer Prüfung
4. Überwachung der Einhaltung der Berufspflicht
5. Registrierung der Ausbildungsverträge

▶ ☐

▶ ☐

---

282. Aufgabe

Dr. Springer bittet seine Auszubildende Agnes (17 Jahre), heute 8,5 Stunden zu arbeiten.
Geben Sie an, welche der folgenden Aussagen zutreffend ist.

1. Die Ausbildungszeit ist ausnahmslos auf täglich acht Stunden begrenzt.
2. Jugendliche dürfen maximal neun Stunden arbeiten.
3. Agnes muss die eine halbe Stunde zusätzlich vergütet bekommen.
4. Agnes muss in der selben Woche einen Freizeitausgleich von einer halben Stunde bekommen.

▶ ☐

---

283. Aufgabe

Was versteht man unter einer Ausbildung nach dem dualen System?
Geben Sie an, welche der folgenden Aussagen zutreffend ist.

1. die Ausbildung durch zwei Ausbilder
2. die gleichzeitige Ausbildung in der Zahnarztpraxis und der Berufsschule
3. Es sind mindestens zwei Auszubildende in der Praxis.
4. Die Ausbildung findet in zwei unterschiedlichen Facharztpraxen statt.

▶ ☐

---

284. Aufgabe

Durch Rationalisierung konnten die Kosten in der Verwaltung einer Krankenversicherung um 6,25 % auf 521.062,50 EUR gesenkt werden.

a) Wie viel Euro betrug die Kostensenkung? (EUR | Komma | Ct.) ☐

b) Wie viel Euro betrugen die Kosten vor der Rationalisierung? (EUR | Komma | Ct.) ☐

---

285. Aufgabe

Eine Zahnmedizinische Fachangestellte erhält entsprechend dem Tarifvertrag ein Gehalt von 1.844,50 EUR brutto. Zu berücksichtigen sind nachfolgende Angaben.

> Lohnsteuer: 186,00 EUR, Kirchensteuer: 9 %, Solidaritätszuschlag: 5,5 %, Sozialversicherung (insgesamt): 20,175 %, Vermögenswirksame Leistungen 78,00 EUR je Monat, davon übernimmt der Arbeitgeber 26,00 EUR. Die 22-jährige Arbeit-nehmerin erhält auf die vermögenswirksamen Leistungen 23 % Arbeitnehmersparzulage.

Ermitteln Sie

a) die Kirchensteuer, (EUR | Komma | Ct.) ☐

b) den Arbeitnehmeranteil zur gesetzlichen Sozialversicherung (auf zwei Stellen nach dem Komma runden), (EUR | Komma | Ct.) ☐

c) die Arbeitnehmersparzulage (auf volle 10 Cent aufrunden), (EUR | Komma | Ct.) ☐

d) den auszuzahlenden Betrag. (EUR | Komma | Ct.) ☐

---

286. Aufgabe

Ergänzen Sie unten stehende Satzteile durch Einsetzen der folgenden Begriffe zu richtigen Aussagen über die gesetzliche Sozialversicherung.

Begriffe

1. Krankenversicherung
2. Pflegeversicherung
3. Rentenversicherung
4. Arbeitslosenversicherung
5. Unfallversicherung

Tragen Sie die Ziffer vor der jeweils zutreffenden Ergänzung in das Kästchen ein.

Satzteile

In der ... wird eine Einteilung in verschiedene Pflegegrade durch den medizinischen Dienst vorgenommen.	☐
Für die ... muss der Arbeitgeber den Beitrag allein tragen.	☐
Träger der ... ist die Bundesagentur für Arbeit in Nürnberg.	☐
Die ... zahlt nach Beendigung der gesetzlich vorgeschriebenen Lohn- und Gehaltsfortzahlungsfrist Krankengeld.	☐
Träger der ... sind die Berufsgenossenschaften.	☐
Aus der ... können Angestellte austreten, wenn ihr monatliches Bruttoeinkommen die Pflichtversicherungsobergrenze überschreiten.	☐

287. Aufgabe

Welche der folgenden Sozialversicherungszweige sind in unten stehenden Fällen für die Leistungsansprüche der Versicherten zuständig?
Tragen Sie die Ziffer vor dem jeweils zutreffenden Sozialversicherungszweig in das Kästchen ein.

Sozialversicherungszweige

1. Krankenversicherung
2. Pflegeversicherung
3. Rentenversicherung
4. Arbeitslosenversicherung
5. Unfallversicherung

Fälle	
Eine 75-jährige alleinstehende Frau bedarf der täglichen einmaligen Betreuung durch eine Sozialstation.	☐
Eine Angestellte einer Arztpraxis verliert aufgrund betrieblicher Änderungen ihren Arbeitsplatz und findet nicht sofort einen neuen.	☐
Der Personalchef einer Klinik scheidet mit 65 Jahren aus der Unternehmung aus. Er hat mehr als 180 Kalendermonate Beiträge zur Sozialversicherung gezahlt.	☐
Eine Auszubildende einer Apotheke muss im Krankenhaus am Blinddarm operiert werden.	☐
Eine Angestellte stürzt in der Praxis bei der Einlagerung von Unterlagen von der Leiter. Sie muss sich einem längeren Aufenthalt in einer Rehabilitationsklinik unterziehen.	☐
Eine schwangere Zahnmedizinische Fachangestellte erhält Mutterschaftsgeld.	☐
Eine Auszubildende lässt sich von der Berufsberatung über ihr berufliches Fortkommen beraten.	☐
Ein 50-jähriger Angestellter unterzieht sich einer Vorsorgeuntersuchung.	☐
Eine Angestellte stürzt auf dem Weg direkten Heimweg von der Arbeit und begibt sich in ärztliche Behandlung.	☐

288. Aufgabe

Welche der unten stehenden Bestimmungen sind im

1. Manteltarifvertrag,
2. Schwerbehindertengesetz,
3. Mutterschutzgesetz,
4. Kündigungsschutzgesetz,
5. Jugendarbeitsschutzgesetz,
6. Berufsbildungsgesetz,
7. Betriebsverfassungsgesetz

enthalten?

Tragen Sie die Ziffer vor der jeweils zutreffenden Rechtsgrundlage in das Kästchen ein.

Bestimmungen	
Die Kündigung eines Mitglieds der Jugend- und Auszubildendenvertretung ist unzulässig.	☐
Die berufliche Fortbildung soll es ermöglichen, die beruflichen Kenntnisse und Fertigkeiten zu erhalten, der technischen Entwicklung anzupassen oder beruflich aufzusteigen.	☐
Die Sitzungen des Betriebsrats finden in der Regel während der Arbeitszeit statt.	☐
Werdende und stillende Mütter dürfen zu schwerer körperlicher Arbeit, zu Mehrarbeit, Nacht- und Sonntagsarbeit nicht herangezogen werden.	☐
Jugendliche dürfen nicht in der Zeit von 20:00–06:00 Uhr beschäftigt werden.	☐

289. Aufgabe

Der Begriff „Probezeit" ist der Auszubildenden Agnes völlig unklar. Sie hat nur in dem Ausbildungsvertrag gelesen, dass eine Probezeit von vier Monaten vereinbart wurde.
Tragen Sie die Ziffer vor dem zutreffenden Sachverhalt in das Kästchen ein.

1. Die Probezeit ist auf mindestens sechs Monate gesetzlich festgelegt.
2. Während der Probezeit ist eine Kündigung nur mündlich möglich.
3. In der Probezeit kann vom Ausbildenden oder vom Auszubildenden ohne Angabe von Gründen jeder Zeit gekündigt werden. ▶ ☐

290. Aufgabe

Welche der unten stehenden Sachverhalte sind

1. im Entgelttarifvertrag,
2. im Manteltarifvertrag,
3. weder im Entgelt- noch im Manteltarifvertrag

geregelt?

Sachverhalt	
Entgelt nach Beendigung der Ausbildung	☐
Höhe der Ausbildungsvergütung	☐
Stellenbeschreibung	☐
Eingruppierung nach Tätigkeitsgruppen	☐
Urlaubsansprüche der Beschäftigten	☐
Beginn und Ende der Betriebsferien	☐

291. Aufgabe

In welchen der unten stehenden Fälle wird das Ausbildungsverhältnis

1. kraft Gesetz,
2. durch Kündigung,
3. nicht

beendet?

Tragen Sie die Ziffer vor der jeweils zutreffenden Antwort in das Kästchen ein.

Fälle	
Der Auszubildende hat seine Prüfung nach drei Ausbildungsjahren nicht bestanden und will das Ausbildungsverhältnis nicht fortführen.	☐
Der Ausbildungsbetrieb wird verkauft und weitergeführt.	☐
Die Auszubildende hat vor Ablauf der vereinbarten Ausbildungszeit ihre Abschlussprüfung bestanden.	☐
Die Ausbildende löst das Ausbildungsverhältnis wegen wiederholten groben Verstoßes der Auszubildenden gegen die Pflichten aus dem Ausbildungsvertrag.	☐

292. Aufgabe

Welche der folgenden Verhaltensweisen stellen keinen Grund für eine außerordentliche Kündigung dar?
Tragen Sie die Ziffer vor dem jeweils zutreffenden Verhalten in das Kästchen ein.

1. Tätlichkeit gegenüber einer anderen Mitarbeiterin
2. Verspäteter Arbeitsantritt an einem Tag innerhalb einer Woche um eine 1/2 Stunde
3. Grobe Beleidigung eines Vorgesetzten
4. Diebstahl von betriebseigenen Gegenständen
5. Verweigerung der Durchführung eines zulässigen Arbeitsauftrags

▶ ☐

293. Aufgabe

Kennzeichnen Sie unten stehende Angaben mit einer
1, wenn sie im Berufsausbildungsvertrag enthalten sein müssen,
9, wenn sie darin nicht enthalten sein müssen.

Angaben	
Höhe der Vergütung	☐
Ausbildungsmaßnahmen außerhalb der Ausbildungspraxis	☐
Vereinbarungen über Fahrtkostenerstattung	☐
regelmäßige tägliche Ausbildungszeit	☐
Dauer des Urlaubs	☐
Dauer der Probezeit	☐

294. Aufgabe

Die Kassenzahnärztliche Vereinigung hat festgelegte Aufgaben.
Welche der folgenden Punkte gehören nicht zu den Aufgaben der Kassenzahnärztlichen Vereinigung?

1. Information und Beratung der Zahnarztpraxen in Abrechnungsfragen
2. Führung des Zahnarztregisters
3. Aus-, Fort- und Weiterbildung der Zahnmedizinischen Fachangestellten
4. Sicherstellung der vertragszahnärztlichen Versorgung
5. Altersversorgung der Zahnärzte
6. Überprüfung der eingereichten Kassenabrechnung auf sachliche und rechnerische Richtigkeit

▶ ☐

▶ ☐

295. Aufgabe

Ermitteln Sie durch Eintragen der Ziffern 1 bis 8 die richtige Reihenfolge der folgenden Arbeitsschritte bei der Anschaffung eines Thermodesinfektors.

Eingangsrechnung prüfen und Zahlung veranlassen	☐
Angebot einholen	☐
Bedarfsmeldung entgegennehmen	☐
Thermodesinfektor auf Funktionstüchtigkeit testen	☐
Bestellung schreiben	☐
Bezugsquellen analysieren	☐
Auftragsbestätigung prüfen und Liefertermin notieren	☐
Preisvergleich durchführen	☐

296. Aufgabe

Stellen Sie fest, in welchen der folgenden Abteilungen einer großen Stadtklinik die unten stehenden Tätigkeiten ausgeführt werden.
Tragen Sie die Ziffer der jeweils zutreffenden Abteilung in das Kästchen ein.

1. Einkauf
2. Lager
3. Verkauf
4. Rechnungswesen
5. Personalwesen

Führen der Schuldnerlisten	☐
Schreiben von Mängelrügen	☐
Überprüfen des eintreffenden Materials	☐
Schreiben von Abmahnungen	☐
Vergleichen von Angeboten	☐

297. Aufgabe

Bei welchen der unten stehenden Arbeitsgänge handelt es sich um einen Vorgang im Rahmen der

1. Annahme,
2. Kontrolle,
3. Ausgabe von Material

in einer Stadtklinik?

Tragen Sie die Ziffer der jeweils zutreffenden Antwort in das Kästchen ein.

Arbeitsgänge	
Einteilen des Personals für die Durchführung der Inventur	☐
Quittieren eines Lieferscheins unter Vorbehalt	☐
Qualitätsprüfung von eingetroffenem Material	☐
Aussortieren von Lagerhütern	☐
Kontrolle der Anforderungsbelege für Material	☐

298. Aufgabe

Bestimmen Sie durch Eintragen der Ziffern 1 bis 7 die richtige Reihenfolge der folgenden Arbeiten beim Einkauf von Material.

Bedarf erfassen	☐
Bestellung schreiben	☐
Wareneingang prüfen (mit Lieferscheinkontrolle)	☐
Angebot(e) einholen	☐
Bezugsquellen ermitteln	☐
Eingangsrechnung prüfen	☐
Auftragsbestätigung prüfen	☐

299. Aufgabe

Ermitteln Sie durch Einsetzen der Ziffern 1 bis 8 die richtige Reihenfolge der folgenden Arbeitsschritte bei der Beschaffung von Material.

Zahlung durchführen	☐
Bedarfsmeldung abgeben	☐
Eingangsrechnung prüfen und Material lagern	☐
Waren prüfen	☐
Bezugsquellen analysieren	☐
Rechnung buchen	☐
Bestellung schreiben	☐
Angebote einholen	☐

300. Aufgabe

Die Monatsendbestände des Lagers der Zahnarztpraxis Dr. Spranger/Dr. Specht betrugen am:

31.12.2013	12.800,00 EUR
31.01.2014	12.400,00 EUR
28.02.2014	12.820,00 EUR
31.03.2014	13.100,00 EUR
30.04.2014	14.400,00 EUR
31.05.2014	14.500,00 EUR
30.06.2014	14.130,00 EUR

Ermitteln Sie den durchschnittlichen Lagerbestand.

Komma
EUR Ct.

301. Aufgabe

Im Laufe eines Jahre bezog eine Zahnarztpraxis die folgenden Mengen eines bestimmten Materials.

Datum	Menge (Stück)	EUR/Stück
10.02.	1.800	4,40
15.03.	2.000	4,20
16.05.	1.400	4,50
17.08.	1.500	4,60
10.10.	1.600	4,70
02.12.	1.200	4,80

Ein Anfangsbestand war nicht vorhanden. Der Endbestand laut Inventur betrug 800 Stück.
Ermitteln Sie

a) die während des Geschäftsjahres verkaufte Menge in Stück.

Stück

b) nach dem gewogenen Durchschnitt den Einkaufspreis in Euro je Stück (auf zwei Stellen nach dem Komma runden).

Komma
EUR Ct.

302. Aufgabe

Der Zahnarzt Dr. Eugen Schlawomir hat in seiner Stadtklinik ein monatliches Grundgehalt von 3.750,00 EUR. Er erhält außerdem eine Leistungszulage von 4 % auf dieses Grundgehalt sowie einen Arbeitgeberanteil von 48,00 EUR zu den vermögenswirksamen Leistungen. Es ist ein monatlicher Freibetrag von 200,00 EUR zu berücksichtigen.

Errechnen Sie

a) das steuerpflichtige Entgelt, (EUR, Komma, Ct.)

b) das sozialversicherungspflichtige Entgelt. (EUR, Komma, Ct.)

303. Aufgabe

Eine zuzahlungspflichtige zahnärztliche Leistung wurde bisher zu 115,70 EUR angeboten. Aufgrund von Kostensteigerungen muss sie in Zukunft zu 121,25 EUR angeboten werden.

Um wie viel Prozent wird der Preis erhöht (auf eine Stelle nach dem Komma runden)? (%, Komma)

304. Aufgabe

In einem Rechnungsbetrag von 754,00 EUR sind 19 % Umsatzsteuer enthalten.

a) Wie viel Euro beträgt der Warenwert? (EUR, Komma, Ct.)

b) Die Rechnung wird unter Abzug von 2 % Skonto beglichen.
Über wie viel Euro lautet der Überweisungsbetrag? (EUR, Komma, Ct.)

305. Aufgabe

Die Eingangsrechnung für eine Materiallieferung über 16.889,00 EUR einschließlich 19 % USt. wird unter Abzug von 2 % Skonto durch Banküberweisung beglichen.
Ermitteln Sie

a) den Überweisungsbetrag, (EUR, Komma, Ct.)

b) die im Überweisungsbetrag enthaltene Umsatzsteuer. (EUR, Komma, Ct.)

306. Aufgabe

Ein Dental-Depot bietet seine Produkte mit folgenden Zahlungsbedingungen an:
„... zahlbar innerhalb von zehn Tagen unter Abzug von 3 % Skonto, innerhalb von 30 Tagen netto".
Am Ende des Geschäftsjahres hat es insgesamt 64.170,00 EUR Kundenskonti gewährt. 62 % aller Ausgangsrechnungen wurden unter Abzug von Skonto bezahlt.
Ermitteln Sie in Tausend Euro (TEUR)

a) die Summe der Rechnungsbeträge, die unter Skontoabzug bezahlt wurden, (TEUR)

b) den Gesamtumsatz. (TEUR)

307. Aufgabe

Eine Zahnarztpraxis bezieht folgende Artikel in einer Sendung:

Artikel	Gewicht (kg)	Preis je kg
A	45	4,20 EUR
B	55	4,35 EUR
C	67	4,45 EUR

Die Frachtkosten betragen 156,80 EUR, die Transportversicherung beträgt 48,00 EUR.
Ermitteln Sie

a) die Gesamtmenge der Sendung in kg, Kg

b) den Gesamtwert der Sendung in Euro, Komma EUR Ct.

c) für Artikel C die anteiligen Frachtkosten, wenn das Gewicht Verteilungsgrundlage ist (auf zwei Stellen nach dem Komma runden), Komma EUR Ct.

d) für Artikel B die anteiligen Kosten an der Transportversicherung, wenn der Wert Verteilungsgrundlage ist (auf zwei Stellen nach dem Komma runden). Komma EUR Ct.

308. Aufgabe

Ihnen liegt folgende Rechnung vor:

3.000 Formularsätze „Lohnabrechnung“	630,00 EUR
5.000 Prospekte „Richtig Zähne putzen“	1.420,00 EUR
Fracht und Verpackung	41,00 EUR
	2.091,00 EUR
19 % Umsatzsteuer	397,29 EUR
	2.488,29 EUR

Wie viel Euro Bezugskosten entfallen auf die Formularsätze, wenn die Bezugskosten im Verhältnis der Warenwerte verteilt werden? Komma EUR Ct.

309. Aufgabe

Ein Lieferant für Dentalprodukte verabredet mit einer Zahnarztpraxis folgende Zahlungsbedingungen für eine Rechnung über 9.000,00 EUR: „30 Tage netto Kasse, bei Zahlung von 10 Tagen 2 % Skonto“.
Der Zahnarzt begleicht die Rechnung am 10. Tag, indem er den Überweisungsbetrag durch einen Kontokorrentkredit finanziert, für den die Bank 12 % Zinsen berechnet.
Ermitteln Sie

a) den erforderlichen Kreditbetrag, Komma EUR Ct.

b) den Kreditzeitraum in Tagen, Tage

c) die Zinsbelastung durch die Bank, Komma EUR Ct.

d) den Gewinn aus der Inanspruchnahme von Skonto. Komma EUR Ct.

310. Aufgabe

Eine Zahnarztpraxis will eine Datenverarbeitungsanlage im Wert von 12.000,00 EUR netto beschaffen. Ein Angebot sieht wahlweise Kauf oder Miete vor. Bei einem Kauf sind folgende Angaben zu berücksichtigen:

600,00 EUR Wartung je Jahr
300,00 EUR für Verzinsung für das eingesetzte Kapital je Jahr
25 % Wertverlust jährlich vom Anschaffungswert

Bei einer Miete sind einschließlich Wartung 2,8 % je Monat vom Anschaffungswert zu zahlen.
Ermitteln Sie die Jahreskosten für die Datenverarbeitungsanlage

a) bei einem Kauf (Wartungskosten, Kapitalverzinsung und Abschreibung),

Komma
EUR Ct.

b) bei Miete.

Komma
EUR Ct.

---

311. Aufgabe

Ein neues Gebäude für eine Zahnarztpraxis wird zum Festpreis von 646.000,00 EUR errichtet. 55 % der Kosten kann der Zahnarzt aus Eigenmitteln finanzieren.
Ermitteln Sie

a) den mit Fremdmittel zu finanzierenden Betrag,

Komma
EUR Ct.

b) den Betrag, der am Ende des ersten Jahres der Kreditlaufzeit insgesamt zu zahlen ist, wenn 8,75 % Zinsen und 8 % Tilgung vereinbart sind.

Komma
EUR Ct.

---

312. Aufgabe

Die Zahnarztpraxis Dr. Spranger/Dr. Specht möchte die Rechnung der Meile GmbH vorzeitig bezahlen, muss dafür aber bei der Sparkasse Gelsenkirchen einen Kredit aufnehmen (12 % p. a.). Die Rechnung ist am 18. 04. 20.. eingegangen.

MEILE GMBH
GELSENKIRCHEN

Zahnarztpraxis
Dr. Spranger/Dr. Specht
Goldbergstr. 60
45894 Gelsenkirchen

Da tu m
..-02-21

RECHNUNG

RechnungNr.: 9121/97 **20..-04-16**

Menge/Stück	Art.-Bez.	Einzelpreis	Gesamtpreis
2	Schreibtischkombinationen Modell ‚Emscher-Lippe' zu	1.500,00 EUR	3.000,00 EUR
2	Schreibtischstühle ‚Weser-Ems' zu 600,00 EUR		1.200,00 EUR
	./. 10 % Rabatt		420,00 EUR
			3.780,00 EUR
	+ 19 % USt.		718,20 EUR
			4.498,20 EUR

Lieferung erfolgt frei Haus.
Erfüllungsort für beide Teile ist Gelsenkirchen.
Zahlung innerhalb von 30 Tagen nach Rechnungserhalt netto,
innerhalb von 10 Tagen abzüglich 3 % Skonto

Bankverbindung:
SparkasseGelsenkirchen
IBAN:
DE31420500010000000200
BIC: WELADED1GEK
USt.-Id.: DE 72915346
St.-Nr.: 587/558/1495

Ermitteln Sie

a) das Datum (TT.MM.), an dem die Scheller OHG spätestens bei Wahrnehmung von Skontoabzug zahlen muss (bankübliche Bearbeitungszeit vom Auftrag bis zur Gutschrift: zwei Tage), Tag | Monat

b) die Laufzeit des Bankkredits unter den gegebenen Zahlungsbedingungen, Tage

c) den Skontoabzug, EUR | Komma | Ct.

d) den Finanzierungsvorteil unter den gegebenen Bedingungen. EUR | Komma | Ct.

313. Aufgabe

Vervollständigen Sie unten stehende Sätze durch folgende Ergänzungen zu richtigen Aussagen.

1. Geschäftsunfähigkeit
2. Geschäftsfähigkeit
3. Beschränkte Geschäftsfähigkeit
4. Rechtsfähigkeit

Tragen Sie die Ziffer der jeweils zutreffenden Ergänzung in das Kästchen ein.

Mit der Vollendung des siebten Lebensjahres endet die ...	☐
... liegt vor, wenn die Willenserklärung grundsätzlich der Zustimmung des gesetzlichen Vertreters bedarf.	☐
Bei einer natürlichen Person beginnt die ... mit der Vollendung der Geburt.	☐
Die Nichtigkeit einer Willenserklärung kann ihre Ursachen u. a. in der ... einer natürlichen Person haben	☐
Die ... einer natürlichen Person kann zur Folge haben, dass ihre Willenserklärung schwebend unwirksam ist.	☐

314. Aufgabe

Ein sechsjähriges Mädchen kauft ohne Wissen seiner Eltern im benachbarten Drogeriemarkt von seinem ersparten Geld eine Zahnbürste. Da das Kind bereits zahlreiche Zahnbürsten besitzt, verlangen die Eltern vom Drogisten die Rücknahme der bereits benutzten Zahnbürste und die Erstattung des Kaufpreises.

Muss der Drogist unter Beachtung der gesetzlichen Bestimmungen die Zahnbürste zurücknehmen und den Kaufpreis erstatten?
Tragen Sie die Ziffer der zutreffenden Lösung in das Kästchen ein.

1. Nein, denn die Bürste ist bereits benutzt worden und daher nicht mehr verkäuflich.
2. Nein, mit sechs Jahren ist das Mädchen bereits beschränkt geschäftsfähig und kann im Rahmen des Taschengeldes ohne Einwilligung der Erziehungsberechtigten rechtswirksam Rechtsgeschäfte abschließen.
3. Nein, denn die Eltern hätten im Rahmen ihrer Sorgfaltspflicht verhindern müssen, dass das Kind allein den Drogeriemarkt aufsucht.
4. Ja, denn es ist kein Kaufvertrag abgeschlossen worden.
5. Ja, denn erst ab sieben Jahren ist man geschäftsfähig.
6. Ja, denn Kinder unter sieben Jahren sind noch nicht rechtsfähig.

▶ ☐

315. Aufgabe

Ein 15-jähriger Schüler erhält von seinem Vater 200,00 EUR, die er auf sein Sparbuch einzahlen soll. Der Junge kauft von dem Geld jedoch das Dentalcenter „Zahnclean" für zu Hause. Beim Heimtransport fällt dem Schüler das Dentalcenter zu Boden und wird erheblich beschädigt. Der Vater verlangt vom Verkäufer die Zurücknahme des beschädigten Dentalcenters und die Erstattung des Kaufpreises.
Muss der Verkäufer unter Beachtung der gesetzlichen Bestimmungen das Dentalcenter zurücknehmen und den Kaufpreis erstatten?

1. Nein, denn das Dentalcenter ist erheblich beschädigt und daher nicht mehr verkäuflich.
2. Nein, denn der Vater hätte aufgrund seiner Sorgfaltspflicht bei einem so hohen Geldbetrag seinen Sohn zur Bank begleiten müssen und die Einzahlung auf ein Sparkonto kontrollieren müssen.
3. Nein, denn mit 15 Jahren ist der Sohn bereits geschäftsfähig.
4. Ja, denn Jugendliche unter 18 Jahren sind noch nichts rechtsfähig.
5. Ja, denn zwischen dem Verkäufer und dem Schüler ist kein rechtsverbindlicher Kaufvertrag abgeschlossen worden.

▶ ☐

316. Aufgabe

Stellen Sie fest, ob es sich bei unten stehenden Rechtssubjekten um eine
1. natürliche Person,
2. juristische Person

handelt.

Tragen Sie die Ziffer der jeweils zutreffenden Lösung in das Kästchen ein.

Stadtsparkasse Gelsenkirchen	☐
Zahnarzt Joseph Maya	☐
Stadtklinik „Med-O-Med GmbH“	☐
Einkaufsgenossenschaft Mixkauf eG.	☐
Sportverein Münster e. V.	☐
Dr. Karl Müller, Rechtsanwalt	☐

317. Aufgabe

Ein 17-jähriger Schüler kauft ein Dentalcenter zum Preis von 200,00 EUR. Der Verkäufer erfährt erst später, dass der Kunde 17 Jahre alt ist.
Welche der folgenden Aussagen über die Gültigkeit des Kaufvertrages trifft hier zu?
Tragen Sie die Ziffer der zutreffenden Antwort in das Kästchen ein.

Der Kaufvertrag

1. ist nichtig, weil der Kunde erst 17 Jahre alt ist.
2. ist gültig, weil der Verkäufer erst nach dem Kauf erfährt, dass der Kunde 17 Jahre alt ist.
3. wird im Nachhinein gültig, sofern der Erziehungsberechtigte dem Kauf nicht widerspricht.
4. ist gültig, weil die Kaufsumme das durchschnittliche Taschengeld eines 17-jährigen Schülers nicht übersteigt.
5. ist gültig, weil der Schüler älter als sieben Jahre ist.

▶ ☐

318. Aufgabe

Ergänzen Sie die unten stehenden Sätze durch Einsetzen der folgenden Begriffe zu richtigen Aussagen:

1. geschäftsfähig
2. beschränkt geschäftsfähig
3. geschäftsunfähig

Tragen Sie die Ziffer vor dem jeweils zutreffenden Begriff in das Kästchen ein.

Sätze	
Ein sechsjähriges Kind ist ...	☐
Wenn eine Person ... ist, so sind ihre Willenserklärungen grundsätzlich schwebend unwirksam.	☐
Jugendliche sind bis zur Vollendung ihres 18. Lebensjahres ...	☐
Ist die Willenserklärung einer natürlichen Person nichtig, so kann dies darauf zurückzuführen sein, dass die Person ... ist.	☐
Wenn ein sechsjähriges Schulkind mit seinem Taschengeld Süßigkeiten kaufen will, so ist es in diesem Fall ...	☐

319. Aufgabe

Kennzeichnen Sie die unten stehenden Rechtsgeschäfte mit einer
1, wenn sie trotz beschränkter Geschäftsfähigkeit eines Vertragspartners wirksam sind,
2, wenn sie wegen beschränkter Geschäftsfähigkeit eines Vertragspartners schwebend unwirksam sind,
3, wenn sie trotz der Geschäftsunfähigkeit eines Kindes wirksam sind,
4. wenn sie wegen Geschäftsunfähigkeit eines Vertragspartners unwirksam sind.

Rechtsgeschäfte

Rechtsgeschäfte	
Die 17-jährige Martina kauft ohne Wissen ihrer Eltern von ihren Ersparnissen einen Motorroller für 495,00 EUR.	☐
Der Großvater schenkt seiner zehnjährigen Enkelin Ramona ohne Rücksprache mit deren Eltern eine Armbanduhr. Die Eltern sind damit nicht einverstanden.	☐
Die sechsjährige Chantal kauft eine Spielzeugpuppe. Sie zahlt mit dem Geld, das ihr ihre Eltern als Taschengeld überlassen haben.	☐
Der sechsjährige Kevin kauft am Kiosk mit abgezähltem Geld eine Fernsehzeitschrift. Der Verkäufer weiß, dass Kevin im Auftrag seiner Mutter handelt.	☐
Die 17-jährige Ayse kündigt ihre Arbeitsverhältnis, das sie mit Zustimmung ihres gesetzlichen Vertreters abgeschlossen hatte.	☐

320. Aufgabe

Die fünfjährige Frieda legt dem Einzelhändler Brause den Einkaufszettel ihrer Mutter vor und erhält daraufhin eine Flasche Limonade. Auf dem Nachhauseweg lässt Frieda die Einkaufstasche fallen, sodass die Flasche zerbricht. Die Mutter von Frieda verlangt daraufhin von Brause den Kaufpreis zurück mit der Begründung, Frieda hätte noch keinen Kaufvertrag abschließen können.
Welche der folgenden Aussagen gibt die Rechtslage zutreffend wieder?

Brause muss den Kaufpreis ...
1. erstatten, weil kein Kaufvertrag abgeschlossen wurde.
2. erstatten, weil Frieda nicht rechtsfähig ist.
3. nicht erstatten, weil ein rechtsgültiger Kaufvertrag abgeschlossen wurde, den Brause bereits erfüllt hat.
4. nicht erstatten, weil die Mutter die Flasche nicht in unversehrtem Zustand zurückgeben kann.

▶ ☐

321. Aufgabe

Ein 17-jähriger Auszubildender kauft ohne Wissen seiner Erziehungsberechtigten von seinen Ersparnissen einen neuen Computer zu 900 Euro in einem Fachgeschäft. Nach der Lieferung teilen die Erziehungsberechtigten dem Fachhändler mit, dass sie mit dem Kauf nicht einverstanden sind.
Welche der unten stehenden Aussagen über die Gültigkeit des Kaufvertrags trifft zu?

Der Kaufvertrag ist ...
1. gültig, weil der 17-Jährige ihn mit seinen eigenen Ersparnissen erfüllt.
2. gültig, weil der Auszubildende eine regelmäßige monatliche Ausbildungsvergütung erhält.
3. nichtig, weil der Auszubildende minderjährig ist.
4. unwirksam, weil die Erziehungsberechtigten nachträglich ihre Genehmigung verweigert haben.
5. nichtig, weil der Auszubildende den Kaufvertrag nicht im Beisein seiner Erziehungsberechtigten ab geschlossen hat.

▶ ☐

322. Aufgabe

Stellen Sie fest, ob es sich bei den nachstehenden Rechtsgeschäften um ein
1. einseitiges, nicht empfangsbedürftiges Rechtsgeschäft,
2. einseitiges, empfangsbedürftiges Rechtsgeschäft,
3. zweiseitiges Rechtsgeschäft mit einseitig verpflichtender Wirkung,
4. zweiseitiges Rechtsgeschäft mit zweiseitig verpflichtender Wirkung

handelt.

Tragen Sie die Ziffer der zutreffenden Lösung in das Kästchen ein.

Bürgschaft	☐
Testament	☐
Kündigung	☐
Pacht	☐
Miete	☐

323. Aufgabe

Welcher der nachstehenden Sachverhalte stellt ein rechtlich verbindliches Angebot des Einzelhändlers dar? Tragen Sie die Ziffer des zutreffenden Sachverhalts in das Kästchen ein.

1. Ein Drogeriemarkt inseriert: „Zahnpasta Zahn-O-Med für nur 0,99 EUR".
2. Ein Geschäft für Dentalprodukte legt an der Kasse Prospekte über neue Zahnputzgeräte aus.
3. Bei einer Werbeveranstaltung werden den Kunden mehrere technische Geräte vorgeführt.
4. Eine Auszubildende eines Drogeriemarktes schlägt einem Kunden während eines Verkaufsgespräches vor, das Zahnputzgerät zu 120,00 EUR zu nehmen.
5. Ein Drogeriemarkt präsentiert seine Waren so, dass jeder Kunde sich selbst bedienen kann.

▶ ☐

324. Aufgabe

Kennzeichnen Sie unten stehende Erklärungen zwischen Verkäufer und Käufer mit einer
1, wenn durch sie ein Kaufvertrag zustande kommt,
9, wenn durch sie ein Kaufvertrag nicht zustande kommt.

Erklärungen des Verkäufers	*Erklärungen des Käufers*	
Angebot: Pullover, reine Wolle je Stück 20,00 EUR	Bestellung: 100 Pullover reine Wolle 1.920,00 EUR	☐
Angebot „ohne Gewähr"	Bestellung: 100 Artikel	☐
Telefonisches Angebot am 10.05.	Telefonische Bestellung am 11.05.	☐
Schriftliches Angebot am 20.05., das am 21.05. beim Käufer eintrifft	Bestellung am 23.05. Widerruf des Angebots am 22.05.	☐
Unverbindliches Angebot am 10.04. Auftragsbestätigung am 10.05.	Bestellung am 02.05.	☐

325. Aufgabe

Stellen Sie in unten stehenden Fällen fest, welche Person
1. nur Eigentümer,
2. nur Besitzer,
3. Eigentümer und Besitzer,
4. weder Eigentümer noch Besitzer ist.

Tragen Sie die Ziffer der jeweils zutreffenden Lösung in das Kästchen ein.

a) Ein Kfz-Händler verkauft einen vom Hersteller unter Eigentumsvorbehalt gelieferten Pkw an einen gutgläubigen Kunden. Der Kaufvertrag zwischen Kfz-Händler und Kunde ist bereits erfüllt.

Kfz-Händler ist	☐
Hersteller ist	☐
Kunde ist	☐

b) Ein Elektrohändler hat ein Videogerät gegen Ratenzahlung unter Eigentumsvorbehalt an einen Kunden verkauft. Der Kunde hat inzwischen die vorletzte Rate beglichen.

Elektrohändler ist	☐
Kunde ist	☐

c) Eine Auszubildende zur Zahnmedizinischen Fachangestellten kauft in einem Textilfachgeschäft ein Halstuch. Auf dem Nachhauseweg verliert sie das Halstuch, ein Spaziergänger findet es.

Textilhändler ist	☐
Auszubildende ist	☐
Spaziergänger ist	☐

326. Aufgabe

In welchem der unten stehenden Fälle geht der Antrag auf Abschluss eines Kaufvertrages vom Unternehmer (Händler) aus?

1. Ein Händler schickt einem Kunden ein schriftliches freibleibendes Angebot über Sommerkleider. Der Kunde bestellt daraufhin.
2. Ein Zahnarzt bestellt schriftlich zehn Kisten Mundspülung zu 12,00 EUR je Flasche. Der Händler schickt dem Zahnarzt daraufhin eine Auftragsbestätigung über zehn Kisten Mundspülung zu 16,00 EUR je Flasche.
3. Ein Händler stellt in seinem Schaufenster eine elektrische Zahnbürste zu 89,00 EUR aus. Ein Kunde bittet, sie aus dem Schaufenster zu holen.
4. Ein langjähriger Kunde bestellt drei Kisten Desinfektionsflüssigkeit „wie gehabt". Der Händler liefert daraufhin ohne Auftragsbestätigung.
5. Ein Drogeriemarkt (Händler) präsentiert Zahnpasta in Form der Selbstbedienung. Eine Kundin nimmt eine Tube Zahnpasta aus dem Regal und legt sie in den Einkaufswagen.

▶ ☐

327. Aufgabe

Welche der unten stehenden Aussagen über den Eigentumserwerb trifft zu?

1. Eigentumserwerb erfolgt durch Besitzerwerb.
2. Eigentumserwerb an unbeweglichen Sachen erfolgt nur durch einen notariell beurkundeten Vertrag.
3. Eigentumserwerb an unbeweglichen Sachen erfolgt durch Einigung und Übergabe.
4. Eigentumserwerb an einer beweglichen Sache erfolgt bei einer Zwangsversteigerung durch Zuschlag.

▶ ☐

328. Aufgabe

Welche der folgenden Aussagen über den Begriff „Besitz" ist zutreffend?

1. Besitz kann unrechtmäßig erworben werden.
2. Wer eine Sache rechtmäßig veräußern darf, muss Besitzer sein.
3. Besitz bedeutet die rechtliche Verfügungsgewalt über eine Sache.
4. Der Finder einer beweglichen Sache wird Besitzer und zugleich Eigentümer.

▶ ☐

329. Aufgabe

Bei welcher der nachstehenden Vertragsarten handelt es sich um ein einseitig verpflichtendes Rechtsgeschäft?

1. Berufsausbildungsvertrag
2. Kaufvertrag
3. Mietvertrag
4. Bürgschaftsvertrag
5. Pachtvertrag

▶ ☐

330. Aufgabe

Prüfen Sie, ob die Beschreibungen auf den

1. Kaufvertrag,
2. Mietvertrag,
3. Leihvertrag,
4. Pachtvertrag,
5. Schenkungsvertrag,
6. Gesellschaftsvertrag

zutreffen.

Tragen Sie die Ziffer der jeweils zutreffenden Vertragsart in das Kästchen ein.

Durch den Vertrag wird ein Vertragspartner verpflichtet, dem anderen den Gebrauch der Sache während der vereinbarten Zeit gegen Entgelt zu gestatten.	☐
Durch den Vertrag wird ein Vertragspartner verpflichtet, die Sache nach Ablauf der vereinbarten Frist ohne Entgelt zurückzugeben.	☐
Durch den Vertrag wird ein Vertragspartner verpflichtet, die Sache anzunehmen und das vereinbarte Entgelt zu zahlen.	☐
Durch den Vertrag werden dem Vertragspartner gegen Entgelt Sachen zum Gebrauch und Fruchtgenuss zur Verfügung gestellt	☐

331. Aufgabe

Stellen Sie bei unten stehenden Angaben fest, ob es sich um einen

1. Pachtvertrag,
2. Mietvertrag,
3. Leihvertrag,
4. Kaufvertrag,
5. Werkvertrag,
6. Vertrag zur Lieferung herzustellender beweglicher Sachen (ehem. Werklieferungsvertrag)

handelt.

Tragen Sie die Ziffer der jeweils zutreffenden Vertragsart in das Kästchen ein.

Unentgeltliche Überlassung von Sachen mit der Vereinbarung der späteren Rückgabe	☐
Überlassung von Sachen zum Gebrauch und zum Fruchtgenuss gegen Entgelt	☐
Vertrag über die Herstellung eines Werkes, zu dem der Besteller/die Besteller die Werkstoffe zur Verfügung stellt	☐
Vereinbarung nach der die Übereignung von Sachen gegen Entgelt erfolgt	☐

332. Aufgabe

Kennzeichnen Sie zutreffende Aussagen aus dem Bereich des Vertragsrechts mit einer 1, nicht zutreffende Aussagen mit einer 9.

Telefonische Angebote sind nur mit schriftlicher Bestätigung verbindlich.	☐
Stillschweigen auf eine nicht bestellte Warensendung durch einen unbekannten Lieferer gilt unter Kaufleuten als Annahme des Antrages.	☐
Rechtsgeschäfte sind nichtig, wenn sie der durch Gesetz vorgeschriebenen Form nicht entsprechen.	☐
Arglistig verschwiegene Mängel können bis zu sechs Monaten nach dem Wareneingang gerügt werden.	☐
Der Käufer einer Sache wird immer Eigentümer, wenn er diese im guten Glauben erworben hat.	☐
Eine unter Eigentumsvorbehalt gelieferte Ware kann in jedem Fall bis zur vollständigen Bezahlung durch den Lieferer zurückgeholt werden.	☐

333. Aufgabe

Prüfen Sie die nebenstehenden Aussagen zum Vertragsrecht. Kennzeichnen Sie zutreffende Aussagen mit einer 1, nicht zutreffende Aussagen mit einer 9.

Ein Rechtsgeschäft ist nichtig, wenn es der durch Gesetz vorgeschriebenen Form nicht entspricht.	☐
Stillschweigen bedeutet in jedem Fall Zustimmung.	☐
Telefonische Angebote sind nur mit schriftlicher Bestätigung verbindlich.	☐
Gutgläubiger Erwerb ist immer möglich.	☐
Arglistig verschwiegene Mängel können auch nach der sechsmonatigen Gewährleistungspflicht noch gerügt werden.	☐

334. Aufgabe

Ein Zahnarzt erhält von einem Lieferer, mit dem er seit Jahren in ständiger Geschäftsverbindung steht, einen Posten preisgünstiger Ware unaufgefordert mit Rechnung zugesandt.
Stellen Sie fest, welche der folgenden Aussagen unter Beachtung der gesetzlichen Bestimmungen zutrifft.

Wenn der Zahnarzt die Ware ...
1. nicht kaufen will, muss er sie unverzüglich zurücksenden.
2. kaufen will, muss er den Lieferer benachrichtigen.
3. kaufen will, bezahlt er die Rechnung.
4. nicht kaufen will, ist weder die Benachrichtigung des Lieferers noch eine Rücksendung der Ware erforderlich.

▶ ☐

335. Aufgabe

Ein Zahnarzt bestellt telefonisch bei einem Möbeleinzelhändler ein Regal. Die Bestellung wird von einem Auszubildenden angenommen, der die Lieferung binnen drei Wochen frei Haus zusagt. Eine Woche später kommt der Zahnarzt persönlich in das Geschäft und erklärt, dass er an dem Regal kein Interesse mehr habe. Außerdem sei kein Kaufvertrag zustande gekommen, weil der Auszubildende die Bestellung angenommen habe.
Ist der Kaufvertrag zustande gekommen?

1. Nein, denn Auszubildende sind nicht geschäftsfähig.
2. Nein, denn Kaufverträge müssen schriftlich abgeschlossen werden.
3. Ja, da der Auszubildende das Rechtsgeschäft im Rahmen seines Ausbildungsvertrages abschließt.

▶ ☐

336. Aufgabe

Stellen Sie fest, ob für die nachstehend genannten Verträge

1. Schriftform
   oder
2. notarielle Beurkundung

erforderlich ist oder ob

3. Formfreiheit besteht.

Tragen Sie die Ziffer vor der jeweils zutreffenden Lösung in das Kästchen ein.

Bürgschaftsvertrag zwischen zwei Nichtkaufleuten	☐
Kaufvertrag über einen Personal-Computer im Wert von 1.100,00 EUR	☐
Berufsausbildungsvertrag	☐
Grundstückskaufvertrag	☐
Arbeitsvertrag	☐

337. Aufgabe

Ein Lieferant für Dentalprodukte liefert seine Waren unter Eigentumsvorbehalt.
Welche der folgenden Aussagen ist in diesem Zusammenhang zutreffend?

1. Solange der Eigentumsvorbehalt besteht, darf der Zahnarzt das Material nicht verarbeiten.
2. Der Zahnarzt darf das Material frühestens nach einer Teilzahlung verarbeiten.
3. Wenn der Zahnarzt nicht zahlt, kann der Verkäufer das Material zurückverlangen, soweit es noch nicht verarbeitet ist.
4. Bei Insolvenzeintritt der Zahnarztpraxis hat der Verkäufer ein Absonderungsrecht.

▶ ☐

338. Aufgabe

In welchen der folgenden Fälle handelt es sich im Rahmen des Kaufvertrags

1. um einen Antrag,
2. um eine Annahme,
3. weder um einen Antrag noch um die Annahme eines Antrags?

Tragen Sie die Ziffer vor der jeweils zutreffenden Antwort in das Kästchen ein.

Fall 1	
a) Der Käufer bestellt aufgrund von Prospektinformationen.	☐
b) Der Verkäufer lehnt die Lieferung ab.	☐
Fall 2	
a) Der Verkäufer sendet unbestellte Ware zu.	☐
b) Der Käufer nimmt sie in Gebrauch.	☐
Fall 2	
a) Der Verkäufer macht ein bindendes Angebot.	☐
b) Der Käufer bestellt daraufhin zu geänderten Bedingungen.	☐

339. Aufgabe

Kennzeichnen Sie die folgenden Aussagen im Rahmen von Rechtsgeschäften mit einer
1, wenn sie zutreffen,
9, wenn sie nicht zutreffen.

Ein Rechtsgeschäft ist nichtig, wenn es der gesetzlich vorgeschriebenen Form nicht entspricht.	☐
Stillschweigen bedeutet in jedem Fall Zustimmung.	☐
Telefonische Angebote sind ohne schriftliche Bestätigung unwirksam.	☐
Der Käufer wird immer Eigentümer einer Ware, wenn er im guten Glauben gekauft hat.	☐

340. Aufgabe

Welche der folgenden Unterscheidungsmerkmale kennzeichnen die unten stehenden Kaufvertragsarten? Tragen Sie die Ziffer des jeweils zutreffenden Unterscheidungsmerkmals ein.

Unterscheidungsmerkmale

1. Art, Beschaffenheit und Güte der Ware
2. Zeitpunkt der Lieferung
3. Zeitpunkt der Zahlung
4. Erfüllungsort

Kaufvertragsarten	
Versendungskauf	☐
Ratenkauf	☐
Fixkauf	☐
Spezifikationskauf	☐
Kauf zur Probe	☐
Stückkauf	☐
Kauf auf Abruf	☐
Zielkauf	☐

341. Aufgabe

Welche der nachstehenden Sachverhalte stellen
1. ein einseitiges Rechtsgeschäft
2. ein mehrseitiges Rechtsgeschäft
3. kein Rechtsgeschäft

dar?
Tragen Sie die Ziffer der jeweils zutreffenden Antwort in das Kästchen ein.

Sachverhalte	
Ausbildungsvertrag	☐
Kündigung	☐
Anfrage	☐
Kaufvertrag	☐
Testament	☐
Leihvertrag	☐

342. Aufgabe

In welchem der unten stehenden Fälle ist der Zahnarzt Eigentümer der Ware?

Der Zahnarzt

1. bestellt eine Hi-Fi-Anlage für das Wartezimmer in einem Warenhaus. Er leistet eine Anzahlung von 50%.
2. bestellt telefonisch eine Hi-Fi-Anlage für das Wartezimmer bei einem Radio-TV-Fachgeschäft. Sie wird wunschgemäß ausgeliefert. Es wurde kein Eigentumsvorbehalt vereinbart. Der Zahnarzt zahlt nicht.
3. kauft eine Hi-Fi-Anlage für das Wartezimmer auf Raten. Es wird Eigentumsvorbehalt vereinbart. Der Zahnarzt überweist die erste Rate.
4. stellt nach acht Monaten fest, dass sein ordnungsgemäß bezahltes Radiogerät für das Wartezimmer aus einem Diebstahl stammt. ▶ ☐

343. Aufgabe

Stellen Sie fest, ob die Handlungen in unten stehendem Fall

1. einen Antrag des Zahnarztes,
2. einen Antrag des Händlers,
3. eine Annahmeerklärung des Zahnarztes,
4. eine Annahmeerklärung des Händlers,
5. weder einen Antrag noch eine Annahmeerklärung

darstellen.

Tragen Sie die Ziffer der jeweils zutreffenden Lösung in das Kästchen ein.

Fall	
Ein Zahnarzt bestellt im Geschäft des Händlers eine Einbauküche zu 5.500,00 EUR.	☐
Der Einzelhändler bestätigt dem Zahnarzt die Bestellung.	☐
Nach drei Tagen teilt der Händler dem Zahnarzt den Liefertermin mit.	☐
Der Zahnarzt leistet eine Anzahlung von 2.000,00 EUR.	☐
Nach einer Woche teilt der Händler dem Zahnarzt mit, dass der Hersteller die gewünschte Küche nicht mehr liefern könne. Der Händler fragt bei dem Zahnarzt an, ob er mit der Lieferung des Nachfolgemodells zu dem besonders günstigen Preis von 4.500,00 EUR einverstanden sei.	☐
Der Zahnarzt erklärt dem Händler telefonisch, dass er mit dem Nachfolgemodell zu 4.500,00 EUR einverstanden sei.	☐
Der Händler liefert die neue Küche zum vereinbarten Liefertermin.	☐

344. Aufgabe

Kennzeichnen Sie unten stehende Aussagen zum Eigentumsvorbehalt mit einer
1, wenn sie zutreffen,
9, wenn sie nicht zutreffen.

Aussagen	
Beim einfachen Eigentumsvorbehalt wird der Käufer zunächst nur Besitzer der Ware, während der Verkäufer bis zur vollständigen Zahlung des Kaufpreises Eigentümer bleibt.	☐
Der einfache Eigentumsvorbehalt bleibt auch wirksam, wenn ein gutgläubiger Dritter die Waren erwirbt.	☐
Wird beim Käufer eine unter Eigentumsvorbehalt stehende Ware gepfändet, so kann der Verkäufer die Herausgabe verlangen.	☐
Soll eine Ware unter Eigentumsvorbehalt geliefert werden, genügt der Vermerk auf der Rechnung.	☐

345. Aufgabe

Stellen Sie bei den unten stehenden Fällen fest, um welche der folgenden Vertragsarten es sich handelt und welche der nachstehenden Vertragsarten vorgeschrieben sind.
Tragen Sie die Ziffer der jeweils zutreffenden Vertragsart in das Kästchen der Spalte A, der Vertragsform in das Kästchen der Spalte B ein.

Vertragsarten (A)	*Vertragsformen (B)*
1. Kaufvertrag	5. Formfreiheit
2. Mietvertrag	6. Schriftform
3. Pachtvertrag	7. Öffentliche Beglaubigung
4. Bürgschaftsvertrag	8. Notarielle Beurkundung

Fälle	A	B
Herr Matuschewski verpflichtet sich, Herrn Gorth ein Grundstück gegen Entgelt zu übereignen.	☐	☐
Herr Scholk überlässt seinem Nachbarn für vier Jahre ein Grundstück zum Abstellen seines Pkw gegen Entgelt.	☐	☐
Herr Brunse verpflichtet sich, eine bewegliche Sache Frau Glim auf Dauer gegen Entgelt zu übereignen.	☐	☐

346. Aufgabe

Ordnen Sie die folgenden Formen des Kaufvertrags den unten stehenden Aussagen zu.

1. Kauf auf Probe
2. Kauf zur Probe
3. Kauf nach Probe
4. Kauf auf Abruf
5. Deckungskauf

Tragen Sie die Ziffer der jeweils zutreffenden Form des Kaufvertrags in das Kästchen ein.

Der Zahnarzt

kauft mit dem Recht auf Rückgabe innerhalb einer vereinbarten Frist.	☐
vereinbart mit dem Lieferer, ihm an noch festzulegenden Terminen die Ware zuzustellen.	☐
kauft eine kleine Warenmenge mit dem Hinweis, bei Gefallen weitere Mengen zu bestellen.	☐
verpflichtet den Verkäufer, die Ware gemäß dem vorgelegten Muster zu liefern.	☐
kauft aufgrund des Lieferungsverzugs[1] von Lieferer A nun bei Lieferer B.	☐

347. Aufgabe

Welche der folgenden Aussagen zu unter Eigentumsvorbehalt geliefertem Material trifft zu?

1. Der Zahnarzt darf das Material frühestens nach einer Teilzahlung verarbeiten.
2. Bei Insolvenz des Zahnarztes hat der Verkäufer ein Absonderungsrecht.
3. Solange der Eigentumsvorbehalt besteht, darf der Zahnarzt das Material nicht verarbeiten.
4. Wenn der Zahnarzt nicht zahlt, kann der Verkäufer das Material zurückverlangen, soweit es noch nicht verarbeitet ist.

▶ ☐

[1] Auch Nicht-Rechtzeitg-Lieferung

348. Aufgabe

Welche der folgenden Aussagen zum Vertragsrecht trifft zu?
Tragen Sie die Ziffer der zutreffenden Aussage in das Kästchen ein.

1. Stillschweigen auf eine nicht bestellte Warenlieferung durch einen unbekannten Lieferer gilt unter Kaufleuten als Antragsannahme.
2. Rechtsgeschäfte sind nichtig, wenn sie der durch Gesetz vorgeschriebenen Form nicht entsprechen.
3. Telefonische Angebote sind nur mit schriftlicher Bestätigung verbindlich.
4. Der Käufer einer Sache wird immer Eigentümer, wenn er diese im guten Glauben erwirbt.

▶ ☐

---

349. Aufgabe

Welche der folgenden Aussagen beschreibt den Begriff „Vertragsfreiheit“?
Tragen Sie die Ziffer vor der zutreffenden Aussage in das Kästchen ein.

Vertragsfreiheit heißt, dass ...

1. die Vertragspartner Inhalte und Formen der Rechtsgeschäfte frei, d. h. ohne Berücksichtigung gesetzlicher Regelungen, vereinbaren können.
2. die Vertragspartner ihre Willenserklärungen jederzeit widerrufen können.
3. eine voll geschäftsfähige Person Vertragspartner, Formen und Inhalte von Rechtsgeschäften frei wählen kann, sofern gesetzliche Regelungen dem nicht entgegenstehen.
4. nur voll geschäftsfähige Personen Verträge frei abschließen können.
5. alle natürlichen Personen Verträge frei abschließen können.

▶ ☐

---

350. Aufgabe

Um welche der folgenden Kaufvertragsarten handelt es sich bei den unten stehenden Texten aus Auftragsbestätigungen?

1. Fixkauf
2. Terminkauf
3. Kauf auf Abruf
4. Spezifikationskauf
5. Kauf nach Probe

Tragen Sie die Ziffer der jeweils zutreffenden Kaufvertragsart in das Kästchen ein.

Texte aus Auftragsbestätigungen	
„Die Lieferung wird in Teilmengen erfolgen, deren Umfang Sie uns spätestens drei Wochen vor dem jeweils gewünschten Liefertermin bekannt geben.“	☐
„Wir bestätigen Ihre Bestellung vom 15. März wie folgt: 3.000 Packungen Wattepads, Preis laut gültiger Liste. Lieferung: 2.000 Packungen in der 32. Woche, 1.000 Packungen in der 34. Woche, Farben werden von Ihnen drei Wochen vor Lieferung bekannt gegeben.“	☐
„Liefertermin (fest): 20. 10. 20.., 15:00 Uhr, Lager Goldbergstraße.“	☐
„Wir bestätigen Ihre nach Mustervorlage durch unseren Herrn Heiner aufgegebene Bestellung vom 02. 10. 20...“	☐
„Wir bestätigen Ihre Bestellung. Liefertermin in der 48. Woche.“	☐

351. Aufgabe

Welche der unten stehenden Aussagen über den Widerruf trifft unter Beachtung der gesetzlichen Bestimmungen zu?

Der Widerruf

1. muss spätestens gleichzeitig mit dem Angebot eintreffen.
2. muss vor Eingang des Angebots erfolgen.
3. ist innerhalb von sechs Tagen nach Eingang des Angebots möglich.
4. eines Angebots durch den Lieferer ist nicht möglich.

▶ ☐

352. Aufgabe

Welcher der folgenden Aussagen beschreibt zutreffend den Begriff „Vertragsfreiheit" im Zusammenhang mit Kaufverträgen?

Vertragsfreiheit bedeutet, dass

1. alle natürlichen Personen Kaufverträge frei abschließen können.
2. abgesehen von einigen Ausnahmen jeder seinen Vertragspartner frei wählen kann.
3. die Vertragsparteien ihre Willenserklärung binnen einer Woche nach Vertragsabschluss widerrufen können.
4. es den Vertragsparteien freigestellt ist, wann sie ihre eingegangenen Vertragsverpflichtungen erfüllen.

▶ ☐

---

353. Aufgabe

Ein Zahnarzt entscheidet sich in einer Modeboutique für einen Smoking für den Silvester-Ball der Kieferorthopäden „Lächelnd ins neue Jahr!" Da die passende Größe nicht vorhanden ist, bittet er den Verkäufer, diese zu bestellen. Der Verkäufer sagt fest zu, dass der Smoking in der gewünschten Größe binnen 14 Tagen im Geschäft abgeholt werden kann. Der Zahnarzt holt den Smoking jedoch nicht ab.
Muss der Zahnarzt den Smoking abnehmen?

1. Ja, denn es ist ein Kaufvertrag zustande gekommen.
2. Nein, denn es liegen keine zwei übereinstimmenden Willenserklärungen vor.
3. Nein, denn der Zahnarzt hat keine Anzahlung geleistet.

▶ ☐

---

354. Aufgabe

In welchem der unten stehenden Fälle wird der Zahnarzt unmittelbar nach Abschluss des Kaufvertrags Eigentümer der Ware?

Der Zahnarzt

1. schließt mit einem Möbeleinzelhändler einen Kaufvertrag über einen Bürodrehstuhl zum Preis von 1.000,00 EUR ab. Er bezahlt den vollen Betrag unter Abzug von 3 % Rabatt bar. Die Lieferung des Stuhls wird für die folgende Woche fest zugesagt.
2. kauft bei einem Radio- und TV-Fachhändler unter Eigentumsvorbehalt eine Hi-Fi-Anlage für das Wartezimmer und nimmt diese sofort mit. Er vereinbart mit dem Verkäufer die Zahlung des Kaufpreises in drei Raten.
3. probiert in einer Herrenboutique ein neues Sakko für den Silvester-Ball der Zahnärzte an und entschließt sich zum Kauf. Der Verkäufer packt das Sakko ein, übergibt es dem Zahnarzt und nimmt einen Verrechnungsscheck entgegen.
4. kauft einen Kleiderschrank in besonderer Farbausführung zum Preis von 2.000,00 EUR. Die Lieferung wird binnen 14 Tagen in Aussicht gestellt. Der Zahnarzt zahlt 50 % des Preises mit Kreditkarte an.

▶ ☐

---

355. Aufgabe

In welchen der unten stehenden Fälle ist die Zahnmedizinische Fachangestellte

1. Besitzer, aber nicht Eigentümer
2. Eigentümer, aber nicht Besitzer
3. Eigentümer und Besitzer
4. weder Eigentümer noch Besitzer?

Tragen Sie die Ziffer der jeweils zutreffenden Antwort in das Kästchen ein!

Eine Zahnmedizinische Fachangestellte

nutzt ein gemietetes Fahrzeug in ihrem Urlaub auf Mallorca.	☐
nimmt einen bezahlten Blue-Ray-Player in Betrieb.	☐
findet in den Praxisräumen eine Geldbörse mit 1.000,00 EUR. Sie meldet sofort telefonisch den Fund der Polizei.	☐
hat zurzeit nicht benötigte CDs an eine Freundin ausgeliehen.	☐

356. Aufgabe

Der Geschäftsführer eines Shops für Zahnpflegeprodukte erhält von einem Lieferer, mit dem er seit Jahren in ständiger Geschäftsbeziehung steht, einen Posten preisgünstiger Ware mit Rechnung zugesandt. Der Geschäftsführer hatte diese Ware nicht bestellt.

Welche der folgenden Aussagen trifft nach den gesetzlichen Bestimmungen zu?

Wenn der Geschäftsführer

1. die Ware nicht kaufen will, muss er sie unverzüglich zurückschicken.
2. die Ware kaufen will, muss er den Lieferer benachrichtigen.
3. nichts unternimmt, kommt ein Kaufvertrag zustande.
4. die Ware nicht kaufen will, ist weder eine Benachrichtigung des Lieferers noch eine Rücksendung der Ware erforderlich.

▶ ☐

357. Aufgabe

Kennzeichnen Sie unten stehende Fälle mit einer
1, wenn es sich um den Besitzer
9, wenn es sich um den Eigentümer der Sache
handelt.

	A	B
A findet eine Brieftasche, die B verloren hat.	☐	☐
A entwendet dem B einen Stift.	☐	☐
A verkauft Ware unter Eigentumsvorbehalt an B.	☐	☐
A fährt einen Geschäftswagen seines Arbeitgebers B.	☐	☐
A mietet eine Wohnung von B.	☐	☐

358. Aufgabe

Für welche der unten stehenden Sachverhalte besteht im Hinblick auf ihre Rechtsgültigkeit nach den gesetzlichen Bestimmungen

1. Notwendigkeit der Schriftform,
2. Notwendigkeit der Beglaubigung,
3. Notwendigkeit der Beurkundung,
4. Formfreiheit?

Tragen Sie die Ziffer der jeweils zutreffenden Antwort in das Kästchen ein.

Abschluss eines Dienstvertrags	☐
Abschluss eines Werklieferungsvertrags[1]	☐
Anmeldung zur Eintragung in das Handelsregister	☐
Kauf einer Eigentumswohnung	☐
Bürgschaft eines Nichtkaufmanns	☐
Abschluss eines Mietvertrags für fünf Jahre	☐

[1] Lieferung herzustellender beweglicher Sachen

359. Aufgabe

Großhändler Achterhaven macht dem Zahnarzt Gutahn bei einem zufälligen Treffen mündlich ein Angebot: Wattepads für 5,60 EUR je Packung. Am nächsten Tag schreibt Gutahn an Achterhaven: „Ich beziehe mich auf unsere gestrige Unterhaltung und bestelle 300 Packungen Wattepads zu je 5,60 EUR."
Ist Achterhaven noch an sein Angebot vom Vortag gebunden?

1. Nein, dieses Angebot gilt nicht als rechtswirksamer Antrag.
2. Nein, Gutahn hätte noch während des Gesprächs bei dem Treffen bestellen müssen.
3. Ja, bis er eine Preiserhöhung vornimmt.
4. Ja, und zwar so lange, wie er bei normalem Postverkehr eine Antwort von Gutahn erwarten kann.

▶ ☐

360. Aufgabe

Stellen Sie bei unten stehenden Willenserklärungen fest, ob sie

1. von Anfang an wirksam sind,
2. schwebend unwirksam sind, solange die Zustimmung des gesetzlichen Vertreters fehlt,
3. von Anfang an unwirksam sind.

Tragen Sie die Ziffer vor der jeweils zutreffenden Lösung in das Kästchen ein.

Ein fünfjähriger Junge kauft ein Spielzeugauto. Er zahlt den Kaufpreis mit Mitteln, die ihm von den Eltern zur freien Verfügung überlassen wurden.	☐
Ein 14-jähriges Mädchen nimmt von ihrer Tante ein Geldgeschenk an.	☐
Eine 16-jährige Schülerin schließt mit einem Unternehmen einen Berufsausbildungsvertrag ab.	☐
Eine 18-jährige Auszubildende zur Zahnmedizinischen Fachangestellten beantragt ein Kleindarlehen zur Anschaffung einer Dolby-Surround-Anlage.	☐
Eine 17-Jährige schließt nach bestandener Prüfung einen Arbeitsvertrag ab.	☐
Ein Elfjähriger kauft von seinem Taschengeld eine CD.	☐

361. Aufgabe

Stellen Sie fest, welche der unten aufgeführten Aussagen über die Bindung an das Angebot zutrifft.

1. Die gesetzliche Bindungsfrist bei einem Angebot beträgt für den Anbietenden acht Werktage.
2. Freizeichnungsklauseln können die Bindung an ein Angebot einschränken oder ganz ausschließen.
3. Die Bindung an ein Angebot erlischt nicht, wenn es vom Empfänger abgeändert wird.
4. Ein Angebot kann spätestens drei Werktage nach Eintreffen beim Empfänger widerrufen werden.

▶ ☐

362. Aufgabe

Ein Möbeleinzelhändler macht einem Zahnarzt ein briefliches Angebot über sechs Wartezimmerstühle „Comfort" zu 580,00 EUR je Stück. Der Zahnarzt bestellt unmittelbar nach Erhalt des Angebots per Telefax zwölf Wartezimmerstühle „Comfort" zu 522,00 EUR. Der Möbelhändler liefert die zwölf Stühle und berechnet 522,00 EUR je Stuhl. Welche der folgenden Aussagen über das Zustandekommen des Kaufvertrags trifft zu?

Es ist ein Kaufvertrag

1. zustande gekommen, weil der Zahnarzt rechtzeitig bestellt hat und damit den Antrag des Möbelhändlers angenommen hat.
2. zustande gekommen, weil der Möbeleinzelhändler den Antrag des Zahnarztes angenommen hat, indem er entsprechend geliefert hat.
3. zustande gekommen, weil auf das Angebot des Möbeleinzelhändlers eine Bestellung erfolgt ist.
4. nicht zustande gekommen, weil die Bestellung des Zahnarztes vom Angebot des Möbeleinzelhändlers abweicht.

▶ ☐

363. Aufgabe

Welche der folgenden Aussagen zum Kaufvertrag trifft unter Beachtung der gesetzlichen Bestimmungen zu?

1. Der Käufer ist verpflichtet, die bestellte Ware, die termingerecht und mängelfrei geliefert wird, anzunehmen und zu bezahlen.
2. Bei Lieferungsverzug trägt der Käufer die Gefahr des zufälligen Unterganges der gekauften Ware.
3. Im Kaufvertrag wird als Liefertermin „ab Mitte Juli" vereinbart. Der Käufer kann bei Nichtlieferung einen Monat später ohne Mahnung vom Kaufvertrag zurücktreten.
4. Beim Lieferungsverzug muss der Verkäufer einen entgangenen Gewinn des Käufers nicht ausgleichen.
5. Die Kosten der Versandverpackung trägt der Verkäufer.

▶ ☐

---

364. Aufgabe

Welche der folgenden Vereinbarungen in einem Kaufvertrag entspricht in der vorliegenden Form nicht der gesetzlichen Regelung?

1. Der Käufer hat das Recht auf unverzügliche Lieferung.
2. Die Lieferung erfolgt unfrei.
3. Der Verkäufer trägt die Kosten für die Versendung der Ware.
4. Der Käufer trägt das Transportrisiko.

▶ ☐

---

365. Aufgabe

In welchem der unten stehenden Fälle geht der Antrag auf Abschluss eines Kaufvertrags vom Verkäufer aus?

1. Ein Gartencenter schickt einem Zahnarzt ein schriftliches freibleibendes Angebot über Blumenschmuck. Der Zahnarzt bestellt daraufhin.
2. Eine Verkäuferin legt einer Zahnmedizinischen Fachangestellten drei Blusen zur Auswahl vor. Die Zahnmedizinische Fachangestellte begutachtet die Modelle, kann sich aber nicht zu einem Kauf entschließen.
3. Im Schaufenster ist ein Dentalcenter als Einzelstück zu 180,00 EUR ausgezeichnet. Ein Kunde bittet den Verkäufer, das Dentalcenter aus dem Schaufenster zu holen.
4. Ein langjähriger Kunde eines Dental-Depots bestellt zehn Packungen Wattepads „Superzwo" „wie gehabt". Das Depot liefert daraufhin ohne Auftragsbestätigung.
5. In einem Selbstbedienungsgeschäft nimmt ein Zahnarzt medizinische Sandalen vom Ständer und legt sie in den Einkaufswagen.

▶ ☐

---

366. Aufgabe

Kennzeichnen Sie folgende Mittel mit einer

1, wenn sie zur Erschließung neuer Bezugsquellen geeignet,
9, wenn sie zur Erschließung neuer Bezugsquellen nicht geeignet

sind.

Messen und Ausstellungen	☐
Wareneingangsbuch	☐
Lagerkartei	☐
Fachzeitschriften	☐
Bestellkartei	☐
Branchenadressbuch	☐

367. Aufgabe

Bringen Sie die folgenden Arbeitsschritte bei einem Bestellvorgang durch Eintragen der Ziffern 1 bis 5 in die richtige Reihenfolge.

das günstigste Angebot auswählen	☐
Bezugsquellen ermitteln	☐
Angebote vergleichen	☐
Angebote einholen	☐
nach Angebot bestellen	☐

368. Aufgabe

Bringen Sie durch Einsetzen der Ziffern 1 bis 5 die folgenden Tätigkeiten beim Auspacken einer Warensendung in die richtige Reihenfolge.

Ware aus der Transportverpackung nehmen und mit den Angaben in den Begleitpapieren vergleichen	☐
mangelhafte Ware aussortieren	☐
einwandfreie Ware erfassen und einordnen	☐
Transportverpackung sorgfältig öffnen	☐
Ware auf Mängel untersuchen	☐

369. Aufgabe

Welche der folgenden Tätigkeiten müssen in Gegenwart des Überbringers der Ware durchgeführt werden?

1. Prüfen der Anschrift auf den Warenbegleitpapieren
2. Prüfen der Verkaufsverpackung auf Beschädigungen
3. Vergleichen der Angaben auf Lieferschein und Rechnung
4. Vergleichen der Anzahl der Versandstücke mit den Angaben auf dem Lieferschein
5. Reklamieren festgestellter Mängel beim Lieferer
6. Auszeichnen der Ware

▶ ☐

▶ ☐

370. Aufgabe

Welche der unten stehenden Tätigkeiten ist nach Annahme der Ware vorzunehmen?

1. Kontrolle der Versandverpackung auf Beschädigungen
2. Annahme des Lieferscheins vom Spediteur
3. Vergleich der Anzahl der Versandstücke mit den Angaben auf dem Lieferschein
4. Kontrolle der Verkaufsverpackung auf Beschädigungen

▶ ☐

371. Aufgabe

Kennzeichnen Sie die unten stehenden Vereinbarungen in einem Kaufvertrag mit einer
1, wenn sie den gesetzlichen Regelungen entsprechen,
9, wenn sie den gesetzlichen Regelungen nicht entsprechen.

Der Verkäufer trägt das Transportrisiko.	☐
Die Kosten der Versandpackung trägt der Verkäufer.	☐
Erfüllungsort ist der Geschäftssitz des Schuldners.	☐
Der Verkäufer hat die Ware unverzüglich zu liefern.	☐
Die Lieferung erfolgt frei Bahnhof dort.	☐

372. Aufgabe

Durch welche der unten stehenden Angebotsklauseln wird die Verbindlichkeit des Angebots

1. ausgeschlossen,
2. eingeschränkt,
3. nicht berührt?

Tragen Sie die Ziffer der jeweils zutreffenden Antwort in das Kästchen ein.

Zahlbar netto Kasse	☐
Angebot freibleibend	☐
Erfüllungsort und Gerichtsstand für beide Teile ist Gelsenkirchen	☐
Preisänderung vorbehalten	☐
Lieferung unfrei	☐

373. Aufgabe

Welche der nachfolgenden vertraglichen Vereinbarungen werden unten erläutert?
Tragen Sie die Ziffer der jeweils zutreffenden Vereinbarung in das Kästchen ein.

1. „fix“
2. auf Abruf
3. brutto für netto
4. ab Werk
5. frei Haus
6. frachtfrei
7. unfree

Die Lieferung hat zu einem bestimmten Zeitpunkt zu erfolgen.	☐
Der Käufer bestimmt den jeweiligen Zeitpunkt von Teillieferungen.	☐
Die Verpackung wird wie die Ware selbst berechnet.	☐
Der Käufer trägt die Transportkosten ab Bestimmungsbahnhof.	☐
Der Käufer trägt sämtliche Transportkosten.	☐
Der Verkäufer trägt die Transportkosten bis zum Versandbahnhof.	☐

374. Aufgabe

Bei einem Vertragsabschluss wird von einem Lieferanten und einem Zahnarzt folgende Zahlungsbedingung für die Lieferung einer neuen Wartezimmermöblierung vereinbart: „... Ziel 60 Tage, bei Zahlung innerhalb von zehn Tagen 3 % Skonto“.
Welchem Jahreszinssatz entspricht der gewährte Skonto?

1. 1,8 %
2. 10,8 %
3. 18 %
4. 21,6 %

▶ ☐

375. Aufgabe

Prüfen Sie die unten stehenden Aussagen über Preisnachlässe. Kennzeichen Sie zutreffende Aussagen mit einer 1, nicht zutreffende Aussagen mit einer 9.

Skonto ist ein Preisnachlass für vorzeitige Zahlung.	☐
Rabatt wird ohne Rücksicht auf den Zeitpunkt der Zahlung gewährt.	☐
Der Kunde ermittelt den Skontoabzug in Prozent vom Bareinkaufspreis.	☐
Der Lieferer kalkuliert den Rabatt in Prozent vom Listenpreis.	☐
Bonus ist ein nachträglicher Preisnachlass.	☐

376. Aufgabe

Kennzeichnen Sie zutreffende Aussagen über den Erfüllungsort mit einer 1, nicht zutreffende Aussagen mit einer 9.

Der gesetzliche Erfüllungsort für die Lieferung ist der Wohn- oder Geschäftssitz des Verkäufers.	☐
Der Erfüllungsort kann gleichzeitig auch der Gerichtsstand sein, um bei Streitigkeiten aus dem Kaufvertrag die Klage bei dem für den Erfüllungsort zuständigen Gericht einzureichen.	☐
Von der gesetzlichen Regelung über den Erfüllungsort darf nicht abgewichen werden.	☐
Der gesetzliche Erfüllungsort für die Zahlung ist der Wohn- oder Geschäftssitz des Käufers.	☐
Der Erfüllungsort wird bei verderblicher Ware vom Verkäufer bestimmt.	☐
In einem Angebot muss der Erfüllungsort angegeben sein.	☐
Die gesetzliche Regelung über den Erfüllungsort bestimmt, dass der Verkäufer die Ware dem Käufer „frei Haus“ zu liefern hat.	☐

377. Aufgabe

Welche der unten stehenden Lagerarbeiten erfolgen im Rahmen der

1. Wareneinlagerung,
2. Warenpflege,
3. Lagerkontrolle?

Tragen Sie die Ziffer der jeweils zutreffenden Antwort in das Kästchen ein.

Aufnehmen der Bestände	☐
Einsortieren neuen Materials in Regale	☐
Reinigen des Materials und der Fächer, in denen das Material lagert	☐
Ermitteln fehlender Ware	☐

378. Aufgabe

Prüfen Sie bei den unten stehenden Kosten, ob es sich um

1. Kosten für Lagerräume,
2. Kosten für Lagerbestände,
3. Kosten der Lagerverwaltung,
4. andere Kosten

handelt.

Tragen Sie die Ziffer der jeweils zutreffenden Lösung in das Kästchen ein.

Bezugskosten des lagernden Materials	☐
Zinsen für das in dem Material gebundene Kapital	☐
Beleuchtungs- und Reinigungskosten	☐
Verluste durch Diebstahl von Material	☐
Gehälter für das Personal, das im Lager arbeitet	☐
Druckkosten für Lagerkarten	☐

379. Aufgabe

Welche der unten stehenden Aussagen über die Lagerkosten ist zutreffend?

Die Lagerkosten

1. bleiben unverändert, wenn die Einkaufspreise des einzulagernden Materials sinken.
2. steigen infolge einer höheren Umschlagshäufigkeit.
3. sind abhängig von der Zahl der im Lager beschäftigten Personen.
4. werden in der Bezugskalkulation berücksichtigt.
5. erhöhen sich durch eine Verringerung der durchschnittlichen Lagerdauer.

▶ ☐

380. Aufgabe

Welche der unten stehenden Aussagen über Lagerhaltung ist richtig?

1. Lagerhaltung ermöglicht die Inanspruchnahme von Skonto.
2. Materialpflege ist im Reservelager nicht nötig, da das Material bei der Entnahme kontrolliert wird.
3. Beschaffungsengpässe können durch Lagerhaltung vermieden werden.

▶ ☐

381. Aufgabe

Eine Zahnarztpraxis erhält durch einen Spediteur eine Lieferung. Prüfen Sie, welche der nachstehenden Tätigkeiten die Zahnmedizinische Fachangestellte unter Beachtung der gesetzlichen Bestimmungen

1. sofort bei der Warenannahme,
2. unverzüglich nach dem Wareneingang,
3. zu einem späteren Zeitpunkt nach dem Wareneingang

vornehmen muss.

Tragen Sie die Ziffer der jeweils zutreffenden Lösung in das Kästchen ein.

Offene Mängel rügen.	☐
Verpackung auf ihre Unversehrtheit prüfen.	☐
Mangelhafte Artikel an den Lieferer, der seinen Geschäftssitz an einem anderen Ort hat, zurücksenden.	☐
Anzahl der Packstücke mit der entsprechenden Angabe auf dem Empfangsschein vergleichen.	☐
Verpackte Ware auf Art, Güte und Beschaffenheit prüfen.	☐
Versteckte Mängel rügen.	☐

382. Aufgabe

Kennzeichnen Sie unten stehende Tatbestände mit einer
1, wenn sie sich anhand der Eingangsrechnung prüfen lassen,
9, wenn sie sich anhand der Eingangsrechnung nicht prüfen lassen.

Die Sendung ist beschädigt.	☐
Die Rechnung enthält Rechenfehler.	☐
Die berechnete Ware ist eingetroffen.	☐
Die Lieferzeit wurde überschritten.	☐
Die Ware unterliegt dem ermäßigten Steuersatz.	☐

383. Aufgabe

Bei der Kontrolle einer Materiallieferung über Zahnseide für den der Zahnarztpraxis angeschlossenen Dental-Shop wurden erhebliche Mängel festgestellt.

Wie verhält sich die Zahnmedizinische Fachangestellte richtig, wenn für den Fall mangelhafter Lieferung vertraglich nichts vereinbart wurde?

1. Sie sendet unverzüglich die mangelhafte Ware zurück und fordert Schadenersatz wegen Nichterfüllung.
2. Sie bietet das mangelhafte Material ihren Kunden zum ermäßigten Preis an und macht die Differenz bei dem Lieferer geltend.
3. Sie reklamiert unverzüglich die mangelhafte Lieferung und veranlasst die Lieferung einwandfreier Ware.
4. Sie bewahrt die Ware abholbereit auf und reklamiert beim nächsten Vertreterbesuch.

▶ ☐

384. Aufgabe

Welche Aussagen zur Sachmängelhaftung (Schlechtleistung) sind richtig?

Kennzeichnen Sie zutreffende Aussagen mit einer 1, nicht zutreffende Aussagen mit einer 9.

Ein Mangel liegt insbesondere vor, wenn im Zeitpunkt der Übergabe die Sache nicht die vereinbarte Beschaffenheit aufweist.	☐
Von einem Verbrauchsgüterkauf spricht man, wenn Güter gekauft oder verkauft werden, die in einem Konsumakt untergehen und nicht für die dauernde Verwendung geeignet sind.	☐
Beim Verbrauchsgüterkauf gilt in den ersten sechs Monaten die sogenannte Beweislastumkehr.	☐
Unter der Garantie versteht man ein gesetzlich verankertes Recht des Käufers.	☐
Die Zuweniglieferung und die Falschlieferung gehören in den Bereich der Schlechtlieferung	☐
Nicht zutreffende, in der Werbung gemachte Äußerungen des Verkäufers führen zu keinerlei Rechten des Käufers.	☐
Bei neuer Ware beträgt die Verjährungsfrist für Mängel zwei Jahre.	☐
Die Verjährungsfrist für Neuware kann auf sechs Monate verkürzt werden.	☐

385. Aufgabe

Welche Aussagen zu den Rechten des Käufers mangelhafter Ware sind richtig?
Kennzeichnen Sie zutreffende Aussagen mit einer 1,
nicht zutreffende Aussagen mit einer 9.

Der Käufer kann Nacherfüllung verlangen.	☐
Der Käufer kann generell die Lieferung einer mangelfreien Ware verlangen..	☐
Bereits nach einem erfolglosen Versuch der Nacherfüllung kann der Käufer vom Vertrag zurücktreten.	☐
Schadenersatz kann man nur verlangen, wenn u. a. den Verkäufer ein Verschulden trifft.	☐

386. Aufgabe

Stellen Sie fest, welche der folgenden Zahlungsvereinfachungen in den unten aufgeführten Fällen beschrieben werden.

Tragen Sie die Ziffer der jeweils zutreffenden Lösung in das Kästchen ein.

1. Sammelüberweisung
2. Dauerauftrag
3. Einzugsermächtigung
4. Abbuchungsauftrag
5. Kreditkarte

Der Zahnarzt gibt seinem Kreditinstitut eine schriftliche Erklärung, alle in den nächsten 18 Monaten eintreffenden Rechnungen eines Dental-Depots zu begleichen.	☐
Für die Zahlung der Gehälter an seine Angestellten listet der Zahnarzt deren Namen, Geldinstitute, IBAN-Nummern und Nettoverdienste auf einem Formular auf und gibt dieses unterschrieben seiner Bank.	☐
Der Zahnarzt beauftragt sein Kreditinstitut, die monatliche Praxismiete regelmäßig zu überweisen.	☐
Der vom Patienten für zuzahlungspflichtige Behandlungen zu zahlende Betrag wird vom Zahnarzt mit der jeweiligen Organisation abgerechnet.	☐

387. Aufgabe

Stellen Sie fest, welche der folgenden Zahlungsmöglichkeiten in nachstehenden Fällen genutzt werden sollten. Tragen Sie die Ziffer der jeweils zutreffenden Zahlungsmöglichkeit in das Kästchen ein.

1. Wertbrief
2. Zahlschein
3. Überweisung

Der Gläubiger hat ein Bankgirokonto, der Schuldner hat kein Girokonto.	☐
Der Gläubiger hat ein Bankgirokonto, der Schuldner hat ein Postgirokonto.	☐
Der Gläubiger hat ein Postgirokonto, der Schuldner hat kein Girokonto.	☐

388. Aufgabe

Stellen Sie fest, ob die nachstehenden Zahlungen eine

1. Barzahlung,
2. halbbare Zahlung,
3. bargeldlose Zahlung

darstellen.

Tragen Sie die Ziffer vor der jeweils zutreffenden Aussage in das Kästchen ein.

Zahlung mittels	
Zahlschein	☐
Banküberweisung	☐
Dauerauftrag	☐
Einzugsermächtigung	☐
Banknoten	☐
Kreditkarte	☐

389. Aufgabe

€uro-Überweisung
SPUEDE2U XXX
Nur für Überweisungen in Deutschland, in andere EU-/EWR-Staaten und in die Schweiz in Euro.
Bitte Meldepflicht gemäß Außenwirtschaftsverordnung beachten!

Kreditinstitut
Überall

Angaben zum Begünstigten: Name, Vorname/Firma (max. 27 Stellen, bei maschineller Beschriftung max. 35 Stellen)
KOROSINSKI GmbH
IBAN
DE99700545678912345879
BIC des Kreditinstituts (8 oder 11 Stellen)
NOLIDE44HAL
Betrag: Euro, Cent
1440,95
Kunden-Referenznummer - Verwendungszweck, ggf. Name und Anschrift des Überweisenden - (nur für Begünstigten)
56473883 KD6784395
noch Verwendungszweck (insgesamt max. 2 Zeilen à 27 Stellen, bei maschineller Beschriftung max. 2 Zeilen à 35 Stellen)

Angaben zum Kontoinhaber: Name, Vorname/Firma, Ort (max. 27 Stellen, keine Straßen- oder Postfachangaben)
Dr. Spranger/Dr. Specht
IBAN
DE 48422600010123456700
16
Datum
Unterschrift(en)
SEPA

Welche der folgenden Aussagen über den vorstehenden Vordruck ist zutreffend?

Die Zahnarztpraxis Dr. Spranger/Dr. Specht

1. erhält auf ihrem Konto bei der Volksbank Ruhr Mitte eG eine Gutschrift von 1.112,19 EUR.
2. hat die Korosinski GmbH ermächtigt, fällige Forderungen von ihrem Konto einzuziehen.
3. überweist von ihrem Konto bei der Volksbank Ruhr Mitte eG 1.112,19 EUR auf das Konto der Korosinski GmbH.
4. begleicht die Rechnung der Korosinski GmbH mittels Dauerauftrag.

▶ ☐

390. Aufgabe

Welche der unten stehenden Zahlungsvereinfachungen werden in den weiter unten aufgeführten Fällen beschrieben?

1. electronic cash
2. Dauerauftrag
3. Einzugsermächtigung
4. Abbuchungsauftrag
5. Kreditkarte

Tragen Sie die Ziffer der jeweils zutreffenden Zahlungsvereinfachung in das Kästchen ein.

Ein Zahnarzt beauftragt seine Hausbank, alle Lastschriften, die von einem bestimmten Dental-Depot ausgestellt wurden, von seinem Konto abzubuchen.	☐
Bei der Bezahlung einer Liquidation tippt der Patient seine PIN (Persönliche Identifikationsnummer) in ein Gerät ein.	☐
Ein Zahnarzt beauftragt seine Hausbank, die monatliche Praxismiete regelmäßig zu überweisen.	☐
Die Vertragsorganisation schreibt einem Zahnarzt den vom Patienten zu zahlenden Betrag nach Abzug von 5 % gut.	☐

391. Aufgabe

Welche der unten stehenden Aussagen über den Zahlungsverkehr treffen

1. auf den Dauerauftrag,
2. auf die Einzugsermächtigung,
3. weder auf den Dauerauftrag noch auf die Einzugsermächtigung

zu?

Tragen Sie die Ziffer vor der zutreffenden Antwort in das Kästchen ein.

Ein Zahnarzt

berechtigt die Telekom, den fälligen Rechnungsbetrag von seinem Konto abbuchen zu lassen.	☐
weist seine Bank an, mit einem Überweisungsträger die Gehälter an die Angestellten zu überweisen.	☐
beauftragt sein Geldinstitut, Lastschriften eines bestimmten Dental-Depots ohne vorherige Rückfrage abzubuchen.	☐
beauftragt seine Bank, regelmäßig zu einem bestimmten Zeitpunkt die Miete für die Praxisräume auf das Konto des Vermieters zu überweisen.	☐

392. Aufgabe

Zur Finanzierung eines geplanten Praxisumbaus nimmt der Zahnarzt einen Kredit auf. Das Kreditinstitut verlangt dingliche Sicherung.
Welche der unten stehenden Kreditarten wird von den Vertragspartnern gewählt?

1. Bürgschaftskredit
2. Zessionskredit
3. Sicherungsübereignungskredit
4. Blankokredit

▶ ☐

393. Aufgabe

Vervollständigen Sie die unten stehenden Satzteile aus dem Bereich der Kreditsicherung durch die folgenden Ergänzungen zu richtigen Aussagen.

1. Pfandkredit
2. Bürgschaftskredit
3. Sicherungsübereignungskredit
4. Eigentumsvorbehalt
5. Hypothekenkredit

Tragen Sie die Ziffer der jeweils zutreffenden Ergänzung in das Kästchen ein.

Beim ... verpflichtet sich eine dritte Person gegenüber dem Kreditgeber, für die Erfüllung der Verbindlichkeiten des Kreditnehmers einzustehen.	☐
Beim ... erfolgt die Kreditsicherung durch bewegliche Sachen. Der Kreditgeber wird dabei Eigentümer der Sache, Kreditnehmer bleibt Besitzer.	☐
Beim ... bleibt der Verkäufer bis zur vollständigen Bezahlung der Ware Eigentümer, der Käufer wird zunächst nur Besitzer.	☐
Beim ... erfolgt die Eintragung eines Pfandrechtes ins Grundbuch.	☐

394. Aufgabe

Welche der unten stehenden Aussagen trifft auf „Leasing“ zu?

1. Durch Vertrag erwirbt der Zahnarzt das Recht, Waren unter Verwendung von Namen, Warenzeichen und Verkaufskonzept gegen Entgelt in seinem Dental-Shop zu verkaufen.
2. Durch Vertrag erwirbt der Zahnarzt das Recht, Praxisanlagen gegen Entgelt für eine bestimmte Zeit zu nutzen. Nach Ablauf der Frist kann der Zahnarzt die Anlage möglicherweise kaufen.
3. Durch Vertrag mit einem Kreditinstitut über den Verkauf einer Kundenforderung an das Kreditinstitut erhält der Zahnarzt den Liquidationsbetrag vor Fälligkeit der Forderung.
4. Durch Vertrag mit einem Hersteller erwirbt der Zahnarzt das Recht, Waren in seinem eigenen Namen für eine bestimmt Zeit für Rechnung des Herstellers in seinem Dental-Shop zu verkaufen und dafür eine Vergütung zu erhalten.

▶ ☐

395. Aufgabe

Ergänzen Sie die unten stehenden Sätze durch Einsetzen der folgenden Begriffe zu richtigen Aussagen über Kreditmöglichkeiten.

1. Kontokorrentkredit
2. Liefererkredit
3. Patientenkredit (Ratenzahlung)

Tragen Sie die Ziffer der jeweils zutreffenden Ergänzung in das Kästchen ein.

Die wichtigsten Kosten für einen ... sind Sollzinsen und Kreditprovision.	☐
Für den Zahnarzt als Kreditnehmer stellt der entgangene Skontoertrag die Kosten für den ... dar.	☐
Der ... wird durch den Ausgleich einer Ausgangsrechnung zurückgezahlt.	☐
Für den Zahnarzt als Kreditnehmer ist der ... in der Regel der teuerste Kredit.	☐

396. Aufgabe

Bei welchen der nebenstehenden Sachverhalte handelt es sich aus der Sicht einer Einzelhandelsunternehmung um einen

1. Vorteil von Leasing,
2. Nachteil von Leasing,
3. Vorteil von Factoring,
4. Nachteil von Factoring,
5. Vorteil sowohl von Leasing als auch von Factoring?

Der Kapitalbedarf wird verringert.	☐
Auf eine Mahnabteilung kann verzichtet werden.	☐
Eine schnelle Anpassung an die technische Entwicklung ist möglich.	☐
An eine Bank sind Zinsen und Provision für Dienstleistungen zu zahlen.	☐

397. Aufgabe

Ordnen Sie die unten stehenden Pflichten aus dem Behandlungsvertrag den entsprechenden Erläuterungen zu.

1. Sorgfaltspflicht
2. Aufklärungs- bzw. Einwilligungspflicht
3. Dokumentations- pflicht
4. Schweigepflicht
5. Haftpflicht

Der Zahnarzt muss den Patienten über den Verlauf und die Risiken der Behandlung aufklären und sich dessen Einwilligung holen.	☐
Der Zahnarzt bildet sich regelmäßig fort und delegiert Tätigkeiten nur an entsprechend qualifizierte Mitarbeiterinnen.	☐
Der Zahnarzt sowie das Praxispersonal dürfen keine Informationen von Patienten an Dritte weitergeben.	☐
Der Arzt muss Aufzeichnungen über seine Behandlungen führen.	☐
Liegt ein Behandlungsfehler vor, hat der Patient einen Anspruch auf Schadenersatz.	☐

398. Aufgabe

Welche Aussage zum Behandlungsvertrag ist zutreffend?

1. Beim Behandlungsvertrag handelt sich um eine Sonderform des Dienstvertrages.
2. Beim Behandlungsvertrag verpflichtet sich der Zahnarzt, gegen entsprechende Bezahlung einen bestimmten Erfolg zu erbringen.
3. Ein Behandlungsvertrag wird immer schriftlich oder mündlich abgeschlossen.
4. Ist ein Patient, der zahnärztliche Hilfe benötigt, nicht in der Lage, einen Behandlungsvertrag abzuschließen (z. B. bei Bewusstlosigkeit), so kann kein Behandlungsvertrag zustande kommen. Man spricht in diesem Fall von Nothilfe.

▶ ☐

399. Aufgabe

Ermitteln Sie in den unten stehenden Fällen den Tag, mit dem die genannte Forderung verjährt. Tragen Sie das jeweils zutreffende Datum in die Kästchen ein.

	Tag	Monat	Jahr
Ein Zahnarzt kauft am 11.06.2016 bei einem Dental-Depot Material. Der Gläubiger versäumt, seine Forderung gerichtlich oder außergerichtlich geltend zu machen.			
Ein Zahnarzt hat aufgrund einer Behandlung eines Patienten eine Forderung, die am 25.06.2015 fällig war. Der Patient leistet eine erste Teilzahlung am 04.07.2016. Weitere Zahlungen erfolgen nicht.			
Am 19.12.2016 erhält eine Patientin eine Rechnung für ihren Zahnersatz. Da sie mit der zahnärztlichen Arbeit nicht einverstanden ist, wendet sie sich am 02.01.2017 an den Gutachterausschuss der Zahnärztekammer, der am 02.02.2017 entscheidet, dass der Zahnersatz in Ordnung ist.			

400. Aufgabe

Welche der nachfolgenden Aussagen gehören zum

1. kaufmännischen Mahnverfahren,
2. gerichtlichen Mahnverfahren,
3. Klageverfahren?

Kennzeichnen Sie falsche Aussagen mit einer 9.

Bei der Mahnung können bereits 5 % Verzugszinsen genommen werden.	☐
Bei einem Widerspruch kommt es zum Gerichtsverfahren.	☐
Beschimpfungen und Drohungen markieren den letzten Schritt.	☐
Das Bundesverfassungsgericht ist ab Beträgen von 1.000.000,00 EUR zuständig.	☐
Das Gericht prüft nicht die Rechtmäßigkeit, sondern nur die formale Richtigkeit des Mahnbescheids.	☐
Die Zahlungserinnerung weist höflich auf die ausstehende Bezahlung hin.	☐
Formulare für Mahnbescheide erhält man ausschließlich beim zuständigen Amtsgericht.	☐
Örtlich ist das Gericht zuständig, in dessen Bezirk der Beklagte wohnt.	☐
Säumige Schuldner werden durch Drohanrufe zur Zahlung gebracht.	☐
Zeugenaussagen, Gutachten und sonstige Beweise kommen zum Einsatz.	☐

Praxisorganisation und -verwaltung – gebundene Aufgaben

401. Aufgabe

Bestimmen Sie durch Einsetzen der Ziffern 1 bis 5 die richtige Reihenfolge der folgenden Arbeiten beim Eingang von Briefsendungen.

Arbeiten	
Weiterbearbeitung	☐
Entgegennehmen der Briefsendungen	☐
Öffnen der verbleibenden Briefsendungen	☐
Aussortieren von Privatpost	☐
Anbringen des Eingangsstempels auf den Briefen	☐

402. Aufgabe

Arbeitsplätze sollen nach ergonomischen Gesichtspunkten gestaltet werden. Kennzeichnen Sie unten stehende Sachverhalte mit einer

1, wenn sie Gegenstand ergonomischer Entscheidung,
9, wenn sie nicht Gegenstand ergonomischer Entscheidung sind.

Sachverhalte	
Verstellbarkeit der Sitzhöhe, der Sitzneigung und der Rückenlehne am Bürostuhl	☐
Verlängerung der Pausenzeiten	☐
Bremsen der Rollen von Arbeitsstühlen	☐
Erhöhung des Gehaltes	☐
Höhenverstellbarkeit der Tastaturebene am Bildschirmplatz	☐

403. Aufgabe

Bringen Sie die unten stehenden Arbeitsschritte bei der Bearbeitung der ausgehenden Post durch Eintragen der Ziffern 1 bis 6 in die richtige Reihenfolge.

Arbeitsschritte	
Anlagenkontrolle	☐
Einkuvertieren	☐
Frankieren	☐
Falzen	☐
Wiegen	☐
Unterschriftskontrolle	☐

404. Aufgabe

In welchen der unten stehenden Fälle haben die Betroffenen gemäß Bundesdatenschutzgesetz (BDSG) das Recht auf

1. Auskunft,
2. Änderung,
3. Löschung,
4. Sperrung?

Tragen Sie die Ziffer vor dem jeweils zutreffenden Recht in das Kästchen ein.

Fälle	
Das gespeicherte Geburtsdatum ist nachweislich falsch.	☐
Die Angabe „Insolvenzantrag der Einzelunternehmung liegt vor" wird bestritten.	☐
Die Ergebnisse des Einstellungstests einer ehemaligen Mitarbeiterin liegen mehr als zehn Jahre zurück.	☐
Der Kunde eines Versandhauses glaubt, daß bei der Schufa GmbH Daten über ihn gespeichert sind, die er nicht kennt.	☐
Bei den Personaldaten ist die Parteizugehörigkeit eines Mitarbeiters gespeichert.	☐

405. Aufgabe

Das Bundesdatenschutzgesetz schützt vor Missbrauch personenbezogener Daten bei der Datenverarbeitung. Auf welches der folgenden Rechte hat eine natürliche Person keinen Anspruch?
Tragen Sie die Ziffer vor dem zutreffenden Recht in das Kästchen ein.

1. Berichtigung von unrichtigen Daten
2. Sperrung von Daten, wenn weder deren Richtigkeit noch deren Unrichtigkeit nachgewiesen werden kann.
3. Löschung unzulässig gespeicherter Daten
4. Entgelt für die Speicherung seiner Daten
5. Auskunft über die Speicherung von Daten

▶ ☐

406. Aufgabe

Was bedeutet der Begriff „Pufferzeit"?

1. die Zeit vor der Öffnung der Praxis für die Patienten
2. Zeiten im Terminplan, die für Notfälle offen gehalten werden
3. Pausenzeiten der einzelnen Mitarbeiterinnen
4. die Wartezeit des Patienten

▶ ☐

407. Aufgabe

Was versteht man unter chronologischer Ordnung in der Ablage?

1. Ordnung nach Farben
2. Ordnung nach der alphabethischen Reihenfolge
3. Ordnung nach der zeitlichen Reihenfolge
4. Ordnung nach Buchstaben und Zahlen
5. Ordnung nach Sachgebieten

▶ ☐

408. Aufgabe

Welche der folgenden Zusammenstellungen enthält alle Angaben für eine Gesprächsnotiz? Tragen Sie die Ziffer vor der zutreffenden Zusammenstellung in das Kästchen ein.

1. Wichtig. – Datum – Wohnort/Sitz der Unternehmung – Grund des Anrufs – Erledigungs-/ Veranlassungsvermerk
2. Gesprächsnotiz – Datum – Uhrzeit – Name/Firma – Wohnort/Sitz der Unternehmung – Vollmacht des Anrufers – Grund des Anrufs – persönlicher Kommentar
3. Gesprächsnotiz – Datum – Uhrzeit – Name/Firma – Wohnort/Sitz der Unternehmung – Telefon-/Telefaxnummer – Grund des Anrufs – Erledigungs-/Veranlassungsvermerk

▶ ☐

409. Aufgabe

Was versteht man unter dekadischer Ordnung in der Ablage?

1. Ordnung nach Zehnerstaffeln
2. Ordnung nach der alphabethischen Reihenfolge
3. Ordnung nach der zeitlichen Reihenfolge
4. Ordnung nach Buchstaben und Zahlen
5. Ordnung nach Farben

▶ ☐

410. Aufgabe

Welche Aussage zur liegenden Ablage ist richtig?

1. Die liegende Ablage ist übersichtlich.
2. Die Anschaffungskosten für die liegende Ablage sind vergleichsweise gering.
3. Organisiert man die ganze Ablage der Praxis als liegende Ablage, ist die Suche nach einem Dokument sehr schnell möglich.
4. Bei der liegenden Ablage wird nach dem Alphabet sortiert.

▶ ☐

411. Aufgabe

Um die Registratur nicht über die Erfordernisse hinaus anwachsen zu lassen, ordnet man das Schriftgut nach folgenden Wertstufen:

1. Tageswert
2. Prüfwert
3. Gesetzeswert
4. Dauerwert

Welche der vorstehenden Wertstufen treffen auf das unten stehende Schriftgut zu? Tragen Sie die Ziffer vor der jeweils zutreffenden Wertstufe in das Kästchen ein.

Schriftgut	
Infopost	☐
Jahresabschlüsse	☐
Bewerbungsunterlagen	☐
Inventare	☐
Mietvertrag der Praxis	☐
Angebote ohne Auftragsfolge	☐
Karteikarten	☐

Praxisorganisation und -verwaltung
Gebundene Aufgaben

412. Aufgabe

Welche der nachstehenden Aufbewahrungsfristen gelten nach den gesetzlichen Bestimmungen für die unten stehenden Unterlagen?

Aufbewahrungsfristen

1. drei Jahre
2. zehn Jahre
3. keine der genannten Fristen

Tragen Sie die Ziffer vor der jeweils zutreffenden Antwort in das Kästchen ein.

Unterlagen	
Gutachten	☐
Kassenbücher	☐
Inventar	☐
Einladung zu einem Vortrag	☐
Planungsmodelle	☐
Durchschriften der Arbeitsunfähigkeitsbescheinigungen	☐

413. Aufgabe

Welche der folgenden Aussagen zur digitalen/elektronischen Kartei sind richtig?

1. Die Gefahr von Datenverlusten kann durch Maßnahmen der Datensicherung reduziert werden.
2. Das Aufrufen der Patientendaten ist mit erheblich höherem Zeitaufwand verbunden als bei der herkömmlichen Kartei in Schriftform.
3. In einer digitalen Karte können auch Röntgenbilder gespeichert werden.

▶ ☐

▶ ☐

414. Aufgabe

Was versteht man unter dem Begriff „Wiedervorlage“?

1. Schriftgut ist dauerhaft aufzubewahren.
2. Schriftgut muss kopiert werden.
3. Schriftgut ist zehn Jahre aufzubewahren.
4. Schriftgut unterliegt der Terminüberwachung.
5. Schriftgut wird unbearbeitet zurückgesandt.

▶ ☐

415. Aufgabe

Kennzeichnen Sie die unten stehenden Tätigkeiten mit einer
1, wenn es sich um typische Aufgaben an einem Büroarbeitsplatz in der Verwaltung einer Zahnarztpraxis,
9, wenn es sich um Aufgaben andersartiger Arbeitsplätze handelt.

Verwendung eines Texthandbuchs	☐
Erledigung der Korrespondenz	☐
Warenkontrolle und Einlagerung	☐
Bedienung eines Kopiergerätes	☐
Reinigen der Patiententoilette	☐
Führen eines Terminkalenders	☐
Desinfizieren und Sterilisieren der zahnärztlichen Instrumente	☐

416. Aufgabe

Bestimmen Sie durch Einsetzen der Ziffern 1 bis 5 die richtige Reihenfolge der notwendigen Arbeiten beim Eingang von Briefsendungen in der Zahnarztpraxis.

Weiterleiten an zuständige Stellen	☐
Abholen/Entgegennehmen der Briefsendungen	☐
Öffnen der verbleibenden Briefsendungen	☐
Aussortieren von Irrläufern	☐
Anbringen des Eingangsstempels auf den Briefen	☐

417. Aufgabe

Ordnen Sie die Abfälle den genannten Kategorien zu.

1. Hausmüll 2. Sondermüll 3. Sonstiger Müll

Tragen Sie die Ziffer der jeweils zutreffenden Kategorie in die Kästchen ein.

Ag-Kapseln	☐	Leuchtstoffröhren	☐
Altfilme	☐	Mundspülbecher	☐
Batterien	☐	Patientenumhänge	☐
Bleifolien	☐	quecksilberhaltige Stopfreste	☐
Druckerpatronen	☐	Reinigungsfilme	☐
Einmalhandtücher	☐	Röntgenlösungen	☐
Energiesparlampen	☐	Skalpelle	☐
Filmverpackungen	☐	Speicheltests	☐
gebrauchte Filtersiebe aus Absauganlagen	☐	Speichelzieher	☐
gebrauchter Mundschutz	☐	Spritzen	☐
Gefüllte Ag-Abscheider-Töpfe	☐	Tupfer	☐
Handschuhe	☐	verfallene Arzneimittel	☐
Kanülen	☐	Watterollen	☐

418. Aufgabe

Stellen Sie fest, welche der folgenden Institutionen die Arbeitsstättenverordnung und die Sicherheitsregeln für Büroarbeitsplätze erlassen hat.

1. Bundesversicherungsanstalt
2. Berufsgenossenschaft
3. Arbeitgeberverband
4. Gewerkschaft

▶ ☐

---

419. Aufgabe

In einer kleineren Zahnarztpraxis wird Schriftgut bisher nur oberflächlich geordnet abgelegt. Stellen Sie fest, welcher der unten stehenden Verbesserungsvorschläge für eine Umorganisation am besten geeignet ist.

1. Patientenrechnungen sollten in einer Ordnerablage (stehend) chronologisch abgelegt werden.
2. Kopien eigener Bestellungen sollten in einer Flachablage (liegend) chronologisch abgelegt werden.
3. Die gesamte Ablage sollte in einer Hängeregistratur – geografisch geordnet – abgelegt werden.
4. Bereits versendete Patientenrechnungen sollten in einer Hängeregistratur mit Monatsregister und Tageskennzeichnung in einer Arbeitsplatzablage bis zur Bezahlung gelagert werden.

▶ ☐

---

420. Aufgabe

Welche der folgenden Anforderungen gehört zu den Mindestanforderungen für Bildschirmarbeitsplätze?

1. Mindestschriftgröße 6,0 mm
2. Bildschirm dreh- und neigbar
3. Tastatur in fester Verbindung mit dem Bildschirm
4. Darstellung heller Zeichen auf dunklem Grund (Negativdarstellung)

▶ ☐

---

421. Aufgabe

Welche der unten stehenden Aufgaben ist
1, Bestandteil einer Stellenbeschreibung,
9, nicht Bestandteil einer Stellenbeschreibung?

Tragen Sie die Ziffer der jeweils zutreffenden Antwort in das Kästchen ein.

Stellenbezeichnung	☐
Kompetenzen des Stelleninhabers	☐
Urlaubsanspruch des Stelleninhabers	☐
Anforderungen an den Stelleninhaber	☐

---

422. Aufgabe

Mit welcher der folgenden Telefonnummern kann eine Nebenstelle bei einem Hauptanschluss mit Durchwahlfunktion direkt erreicht werden (Angabe nach DIN 5008 bzw. amtlichem Fernsprechbuch)?

1. 52 85 96
2. @ 78 85 96
3. 7 24-8 46
4. ⟨29 31 32⟩
5. 01 30 64 32 16

▶ ☐

Praxisorganisation und -verwaltung
Gebundene Aufgaben

423. Aufgabe

Welche der unten stehenden Sachverhalte sind auf

1. organisatorische Maßnahmen,
2. Hardwaremaßnahmen,
3. Softwaremaßnahmen

zurückzuführen?

Tragen Sie die Ziffer der jeweils zutreffenden Antwort in das Kästchen ein.

Sachverhalte	
Der Zugang zum Rechenzentrum ist nur einem begrenzten Personenkreis gestattet.	☐
Das Aktivieren des Schreibschutzes der Diskette verhindert irrtümliches Überschreiben.	☐
Erst die Eingabe eines Passwortes ermöglicht die Nutzung eines Programms.	☐
Durch das Großvater-Vater-Sohn-Prinzip kann auf verloren gegangene Daten zurückgegriffen werden.	☐
Der 31. April eines Jahres wird als nicht mögliches Eingabedatum abgewiesen.	☐

424. Aufgabe

Welche der unten stehenden Geräte werden in großen Stadtkliniken bei der Bearbeitung des
1, Posteingangs,
9, Postausgangs
verwendet?

Tragen Sie die Ziffer der jeweils zutreffenden Antwort in das Kästchen ein.

Freistempler	☐
Brieföffner(maschine)	☐
Adressiermaschine	☐
Falzautomat	☐
Kuvertiermaschine	☐

425. Aufgabe

Moderne Telefonanlagen in Zahnarztpraxen verfügen über zahlreiche Funktionen. Auf welche der folgenden Funktionen treffen die untenstehenden Beschreibungen zu?

Funktionen

1. Freisprechen
2. Wahlwiederholung
3. Stummschaltung

Beschreibungen	
Das Mikrofon im Hörer wird abgeschaltet. Der Gesprächspartner hört nicht, was im Raum gesprochen wird.	☐
Durch das Drücken dieser Taste wird die zuletzt gewählte Nummer erneut gewählt.	☐
Das Mikrofon im Telefon wird angeschaltet, sodass man nicht mehr den Hörer benutzen muss.	☐

426. Aufgabe

Fotografien eines Patienten mit hyperplastischer Gingivitis sollen von Hamburg nach München schnellstmöglich übermittelt werden.
Welches der folgenden Kommunikationsmittel ist dazu geeignet?

1. Boten
2. Telefax
3. Telefon
4. E-Mail

▶ ☐

---

427. Aufgabe

Welche der unten stehenden Sendungen darf <u>nicht</u> von der Zahnmedizinischen Fachangestellten an der Rezeption geöffnet werden?

Tragen Sie die Ziffer der zutreffenden Sendung/Adresse in das Kästchen ein.

1. Einschreiben
   Stadtklinik Zahngesund GmbH
   Postfach 20 24
   Abt. Einkauf
   47137 Duisburg
2. Herrn Dr. G. Kalmoni
   Stadtklinik Zahngesund GmbH
   Postfach 20 24
   47137 Duisburg
3. DHL-Expressbrief
   Stadtklinik Zahngesund GmbH
   z. H. Herrn Dr. G. Kalmoni
   Postfach 20 24
   47137 Duisburg
4. Einschreiben
   Stadtklinik Zahngesund GmbH
   z. H. Herrn Dr. G. Kalmoni
   Postfach 20 24
   47137 Duisburg
5. Stadtklinik Zahngesund GmbH
   z. H. Herrn Dr. G. Kalmoni
   Postfach 20 24
   47137 Duisburg

▶ ☐

---

428. Aufgabe

Welche der folgenden Funktionen werden bei der Nutzung der unten stehenden Bestandteile eines EDV-Systemes erfüllt?
Tragen Sie die Ziffer vor der jeweils zutreffenden Funktion in das Kästchen ein.

Funktionen

1. Eingabe
2. Verarbeitung
3. Ausgabe

Bestandteile eines EDV-Systems	
Tastatur	☐
Drucker	☐
Scanner	☐
Rechenwerk	☐
Standard-CD-ROM-Laufwerk	☐
Zentraleinheit	☐
Send-Fax-Modem	☐

429. Aufgabe

Ermitteln Sie für die folgenden Briefe das Briefporto entsprechend der nachfolgenden Entgeltvorschriften der Deutschen Post (Quelle: Deutsche Post AG: Leistungen und Preise, veröff. am 01.01.2018 unter: www.deutschepost.de/preise). Tragen Sie die das jeweilige Gesamtporto in das Kästchen ein.

a) DIN-A 4-Brief, 45 g — Komma EUR | Ct. ☐

b) DIN-A 5-Brief, 200 g Einschreiben mit Rückschein — Komma EUR | Ct. ☐

c) Maxibrief, 300 g — Komma EUR | Ct. ☐

Standardbrief	**0,70 EUR**

Mindestmaße: Länge 140 mm x Breite 90 mm***
Höchstmaße: Länge 235 mm x Breite 125 mm x Höhe 5 mm***
Höchstgewicht: 20 g

Kompaktbrief	**0,85 EUR**

Mindestmaße: Länge 100 (EU/W: 140) x Breite 70 (EU/W: 90) mm***
Höchstmaße: Länge 235 mm x Breite 125 mm x Höhe 10 mm***
Höchstgewicht: 50 g

Großbrief	**1,45 EUR**

Mindestmaße: Länge 100 mm x Breite 70 mm
Höchstmaße: Länge 353 mm x Breite 250 mm x Höhe 20 mm (B4)
Höchstgewicht: 500 g

Maxibrief National	**2,60 EUR**

Mindestmaße: Länge 100 mm x Breite 70 mm
Höchstmaße: Länge 353 mm x Breite 250 mm x Höhe 50 mm (B4)
Höchstgewicht: 1.000 g

Postkarte	**0,45 EUR**

Eine Postkarte ist eine einteilige Karte aus Papier oder Karton in Rechteckform. Andere Formen versenden Sie bitte im Umschlag als Brief.

Mindestmaße: Länge 140 mm x Breite 90 mm
Höchstmaße: Länge 235 mm x Breite 125 mm
Flächengewicht: zwischen 150 g/m² und 500 g/m²

Eigenhändig	**+ 2,15 EUR**

Die Sendung wird nur an den Empfänger persönlich oder an einen besonders Bevollmächtigten übergeben.

Rückschein	**+ 2,15 EUR**

Der Absender erhält ein vorbereitetes Dokument mit der Bestätigung durch Unterschrift eines Empfangsberechtigten, dass die Sendung abgeliefert wurde.

Einschreiben Einwurf	**+ 2,15 EUR**

Die Deutsche Post dokumentiert, dass Briefe, Postkarten oder Blindensendungen in Briefkasten oder Postfach des Empfängers eingeworfen wurden.

Einschreiben	**+ 2,50 EUR**

Der Empfänger oder ein anderer Empfangsberechtigter quittiert den Erhalt eines Briefes, einer Postkarte, Blindensendung oder Blindensendung Schwer sowie im internationalen Versand auch eines Aerogramms oder einer Sendung Presse und Buch International.

---

430. Aufgabe

Welche der folgenden Erläuterungen trifft auf Telefax zu?

Übertragen von

1. Texten über ein spezielles Netz; es entstehen für beide Partner beweisfähige Unterlagen
2. Informationen durch kombinierten Einsatz von Telefon, Fernseher, und DV-Systemen
3. Texten, Zeichnungen und Bildern durch kombinierten Einsatz von Telefon und Kopiergerät
4. Texten durch kombinierten Einsatz von Schreibmaschine und Telefon über ein spezielles Netz

▶ ☐

---

431. Aufgabe

Stellen Sie fest, welche der folgenden Versendungsformen auf unten stehende Postsendungen zutreffen. Tragen Sie die Ziffer der jeweils zutreffenden Versendungsform in das Kästchen ein.

Versendungsformen

1. Infopost
2. Einschreiben
3. Einschreiben mit Rückschein
4. DHL-Expressbrief mit Transportversicherung

Postsendungen	
Dokument, Wert 1.200,00 EUR	☐
Urkunde, deren Erhalt der Empfänger bestätigt	☐
Fünf Briefe mit je einem Gutschein über 35,00 EUR	☐
50 fotokopierte Einladungen zu der Neueröffnung der Praxis	☐

432. Aufgabe

Eine Anfrage über die Anschaffung, die Lieferung und den Anschluss eines Thermodesinfektors soll heute noch mehrere Lieferer erreichen. Eine Zeichnungskopie soll beiliegen.
Welche der folgenden Arten der Übermittlung ist sowohl am schnellsten als auch am kostengünstigsten?

1. eingescannte Kopie per E-Mail
2. Telefax
3. Brief mit Eilzustellung

▶ ☐

▶ ☐

---

433. Aufgabe

Wegen einer unklaren Textformulierung in einem per Post versendeten Brief sind Sie von einer befreundeten Zahnarztpraxis auf Mallorca in Spanien um umgehende schriftliche Klarstellung gebeten worden.
Welche der folgenden Möglichkeiten ist die schnellste und kostengünstigste?

1. Sie übergeben den Text Ihrer Auszubildenden zur Zahnmedizinischen Fachangestellten, die noch heute zu der Insel fliegt.
2. Sie übermitteln den Text per Fax.
3. Sie übermitteln den Text per E-Mail.
4. Sie geben den Text direkt in Ihren PC ein und suchen im Internet in einem Chat-Room nach einem Chatpartner auf Mallorca.

▶ ☐

---

434. Aufgabe

Welche der folgenden Hinweise der Deutschen Post AG für das Ausfüllen des Anschriftenfeldes bei Briefpost werden in den unten stehenden Beispielen nicht beachtet?

Hinweise

1. Achten Sie darauf, dass die Anschrift im Fenster des Briefumschlags nicht verrutscht und immer voll sichtbar ist.
2. Bringen Sie keine adressfremden Angaben im Fenster unter.
3. Schreiben Sie die Anschrift immer linksbündig und ohne Leerzeile zwischen Straße/Postfach und Ort.
4. Senden Sie Briefe an Postfach-Inhaber immer an die Postfach-Anschrift.
5. Verwenden Sie für die Adressen auf Ihren Briefen eine Schrift, die unsere Maschinen lesen können, also z. B. keine Zierschriften, Kursivschriften, Schreibschriften.
6. Bitte Postleitzahl und Ort nicht unterstreichen.

Tragen Sie die Ziffer des jeweils nicht beachteten Hinweises in das Kästchen ein. Tragen Sie eine 7 in das Kästchen ein, falls kein Verstoß vorliegt.

Beispiele

Herrn
Walter v. d. Auenheide
Bahnhofallee 8
44267 Dortmund ☐

Herrn
Volker Krafft

Germeinenweg 7
45894 Gelsenkirchen ☐

Herrn
Max Moritz
Pat.-Nr. 125894
Garibaldiweg 5
45891 Gelsenkirchen ☐

Herrn
Daniel Neumann
Postfach 42 14 15
45892 Gelsenkirchen ☐

Frau
Sabine Illuminata
Querweg 5
45897 Gelsenkirchen ☐

Frau
Lieselotte Kugel
Haldestr. 9
45894 Gelsenkirchen ☐

---

435. Aufgabe

Aus welcher der unten stehenden Anschriften geht hervor, dass der Brief ungeöffnet an den Adressaten weitergeleitet werden muss?

1. Übergabe-Einschreiben
   Stadtklinik Zahngesund GmbH
   Postfach 20 24
   47137 Duisburg
2. Herrn
   Dr. G. Kalmoni
   Stadtklinik Zahngesund GmbH
   Postfach 20 24
   47137 Duisburg
3. DHL-Expressbrief
   Stadtklinik Zahngesund GmbH
   Herrn Dr. G. Kalmoni
   Postfach 20 24
   47137 Duisburg
4. Einschreiben
   Stadtklinik Zahngesund GmbH
   Abt. Verwaltung
   Frau Gerlo
   Postfach 20 24
   47137 Duisburg
5. Stadtklinik Zahngesund GmbH
   Herrn Dr. G. Kalmoni
   Postfach 20 24
   47137 Duisburg

▶ ☐

436. Aufgabe

Das Bundesdatenschutzgesetz schützt Patienten vor Missbrauch personenbezogener Daten bei der Datenverarbeitung.
Welche der folgenden Rechte darf ein Patient für sich in Anspruch nehmen?

Kennzeichnen Sie zutreffende Rechtsansprüche mit einer 1,
nicht zutreffende Rechtsansprüche mit einer 9.

Rechtsansprüche

Der betroffene Patient hat das Recht auf ...

Berichtigung von unrichtigen Daten.	☐
die Sperrung von Daten, wenn weder deren Richtigkeit noch deren Unrichtigkeit nachgewiesen werden kann.	☐
die Löschung unzulässiger Daten.	☐
ein Entgelt für die Speicherung seiner Daten.	☐
Auskunft über die Speicherung von Daten.	☐
die Benennung der Informationsquelle für die speichernde Stelle.	☐

437. Aufgabe

Bei welchen der unten stehenden Beispiele handelt es sich um

1. hardwaremäßige,
2. softwaremäßige,
3. organisatorische

Maßnahmen der Datensicherung?

Tragen Sie die Ziffer der jeweils zutreffenden Antwort in das Kästchen ein.

Nach Arbeitsende wird das Diskettenlaufwerk eines PC mit einem Schloss versehen.	☐
Sobald ein/e Mitarbeiter/-in die zentrale Rechenanlage einer Unternehmung benutzen will, wird seine/ihre Identität durch ein Passwort überprüft.	☐
Eine Zahnarztpraxis speichert am Ende des Arbeitstages ihren gesamten Datenbestand auf unterschiedlichen Magnetbändern ab und bewahrt diese jeweils mehrere Tage auf.	☐
Bei der Eingabe eines Datums in eine Bildschirmmaske wird der 31.02. als fehlerhaft abgewiesen.	☐
Vor der Installation eines neuen Textverarbeitungsprogrammes werden alle Datenträger kopiert.	☐
Der Schreibschutz von Speicherkarten wird aktiviert.	☐

438. Aufgabe

Für welche der unten stehenden Sachverhalte gilt nach dem Bundesdatenschutzgesetz das Recht auf/die Pflicht zur

1. Benachrichtigung,
2. Sperrung von Daten,
3. Berichtigung von Daten,
4. Löschung von Daten?

Tragen Sie die Ziffer der jeweils zutreffenden Antwort in das Kästchen ein.

Personenbezogene Daten wurden fehlerhaft gespeichert.	☐
Die Speicherung der Daten ist unzulässig.	☐
Personenbezogene Daten werden erstmals gespeichert.	☐
Der Patient bestreitet die Richtigkeit der über ihn gespeicherten Daten.	☐

439. Aufgabe

Welche der unten stehenden Datensicherungsmaßnahmen sind

1. gerätebedingt,
2. programmbedingt,
3. organisatorisch?

Tragen Sie die Ziffer der jeweils zutreffenden Antwort in das Kästchen ein.

Den Erstellern von Programmen wird der Zutritt zum DV-Raum verwehrt.	☐
Datenträger werden in geschützten Schränken aufbewahrt.	☐
Durch Plausibilitätskontrollen wird die Richtigkeit von Eingabedaten geprüft.	☐
Als letzte Ziffer einer Materialnummer ist eine Prüfziffer eingeführt.	☐
Der Personalcomputer ist abschließbar.	☐

440. Aufgabe

In welchen der unten stehenden Fälle haben die Betroffenen gemäß Bundesdatenschutzgesetz (BDSG) das Recht auf

1. Auskunft,
2. Änderung,
3. Löschung,
4. Sperrung?

Tragen Sie die Ziffer des jeweils zutreffenden Recht in das Kästchen ein.

Das gespeicherte Geburtsdatum ist nachweislich falsch.	☐
Die Angabe „Insolvenzantrag der Einzelunternehmung liegt vor" wird bestritten.	☐
Die Ergebnisse des Einstellungstests einer ehemaligen Mitarbeiterin liegen mehr als zehn Jahre zurück.	☐
Der Kunde eines Versandhauses glaubt, dass bei der Schufa Holding AG (SCHUFA) Daten über ihn gespeichert sind, die er nicht kennt.	☐
Bei den Personaldaten ist die Parteizugehörigkeit eines Mitarbeiters gespeichert.	☐

441. Aufgabe

Bei welchen der unten stehenden Aktivitäten handelt es sich

1. um eine Datensicherungsmaßnahme,
2. um eine Datenschutzmaßnahme,
3. weder um eine Datensicherungs- noch um eine Datenschutzmaßnahme?

Tragen Sie die Ziffer der jeweils zutreffenden Antwort in das Kästchen ein.

Aktivitäten	
regelmäßige Übertragung von Daten von einer Festplatte auf DVDs	☐
Löschen von personenbezogenen Daten aus einer Datenbank aufgrund des Anspruchs eines Betroffenen	☐
Austauschen einer Festplatte gegen eine andere, größere Platte	☐
Sperren bestrittener Daten nach Beschwerde eines Kunden	☐

442. Aufgabe

Stellen Sie fest ob die unten stehenden Hardware-Komponenten

1. Elemente der Zentraleinheit,
2. Eingabegeräte,
3. Ausgabegeräte,
4. externe Speicher

sind.

Tragen Sie die Ziffer der jeweils zutreffenden Lösung in das Kästchen ein.

Scanner	☐
Plotter	☐
Drucker	☐
Steuerwerk, Rechenwerk, Arbeitsspeicher	☐
CD	☐
Maus	☐

443. Aufgabe

Stellen Sie fest, mit welchen der folgenden Software-Produkte die unten stehenden Aufgaben zweckmäßigerweise gelöst werden.

1. Datenbank
2. Tabellenkalkulation
3. Textverarbeitung
4. Grafikprogramm

Tragen Sie die Ziffer des zutreffenden Software-Produkts in das Kästchen ein.

Alle Kunden des der Praxis angeschlossenen Shops „Zahn-*O*-med“ für Zahnpflegeprodukte sollen Einladungsschreiben zur Jubiläumsfeier erhalten.	☐
Die Patientendaten sollen z. B. nach Berufen und Wohnbezirken ausgewertet werden.	☐
Zur Vereinfachung des Angebotsvergleichs soll ein Berechnungsschema entwickelt werden.	☐
Zur Darstellung der Höhe der Quartalsabrechnung für Privatpatienten soll ein Balkendiagramm erstellt werden.	☐

444. Aufgabe

Welche der folgenden Begriffe treffen auf die unten stehenden Teile der Hardware eines Computers zu? Tragen Sie die Ziffer des jeweils zutreffenden Begriffs in das Kästchen ein.

Begriffe

1. Zentraleinheit
2. Eingabegerät
3. Ausgabegerät
4. externer Speicher

Hardware-Teile	
Tastatur	☐
Drucker	☐
Festplatte	☐
Prozessor	☐
Arbeitsspeicher	☐
Maus	☐

445. Aufgabe

Ordnen Sie die folgenden Hardwareeinrichtungen einer DV-Anlage den unten stehenden Anwendungssituationen zu.

Hardwareeinrichtungen

1. Nadeldrucker
2. Tintenstrahldrucker
3. Plotter
4. Scanner

Anwendungssituationen	
Es sollen Bilder eingelesen werden.	☐
Für einen Arbeitsplatz mit einem PC wird ein preiswerter Arbeitsplatzdrucker benötigt, der geräuscharm und schnell arbeiten soll. Der Drucker wird vor allem für Statistiken, interne Berichte und Auswertungen eingesetzt. Es werden keine Durchschläge benötigt.	☐
Es wird ein Ausgabegerät für technische Zeichnungen benötigt.	☐
In einer Versandabteilung sollen im Durchschreibeverfahren Endlosformulare ausgedruckt werden.	☐

446. Aufgabe

Welche der folgenden Datenarten liegen in den unten stehenden Beispielen vor?

Datenarten

1. alphabetische Daten
2. numerische Daten
3. alphanumerische Daten

Beispiele	
Spalt AG	☐
24 °C	☐
ISDN 77 02 30	☐
0 24 41	☐

447. Aufgabe

Kennzeichnen Sie die nachfolgenden Begriffe mit einer

1, wenn sie die Hardware,
2, wenn sie die Systemsoftware,
3, wenn sie die Anwendersoftware

betreffen.

Festplatte	☐
Scanner	☐
Befehl zur Diskettenformatierung	☐
Lohnprogramm	☐
Konfiguration	☐
Peripherie	☐

448. Aufgabe

Ordnen Sie die nachstehend dargestellten Tasten einer MFII-PC-Tastatur nach DIN 2137 den unten stehenden Bezeichnungen zu.

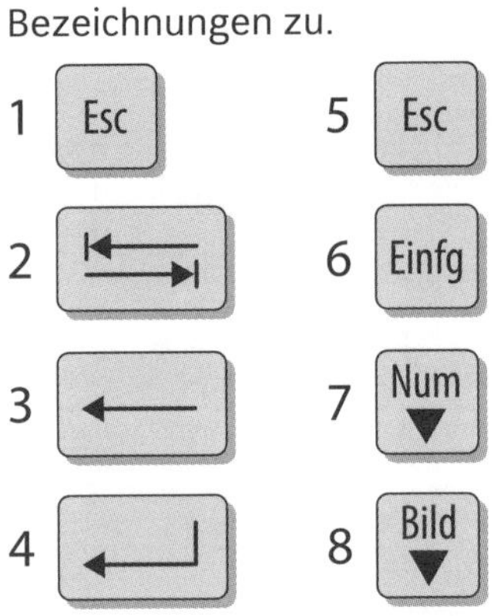

Bezeichnungen

Rückschritt-Taste	☐
Tabulator-Taste	☐
Taste „Umschalten des Zehnerblocks“	☐
vom Programm definierte Funktion	☐
Taste „Seitenweise Blättern“	☐
Abbruchtaste	☐
Löschtaste	☐
Taste „Bestätigung einer Eingabe“ (Return-Taste)	☐

449. Aufgabe

Bringen Sie durch Einsetzen der Ziffern 1 bis 6 die Namen in die alphabetisch richtige Reihenfolge.

Namen	
Jansen	☐
Jahn	☐
Johnen	☐
Joest	☐
Juergens	☐
Jaeger	☐

450. Aufgabe

Der tatsächliche Stand von Umbauarbeiten der Zahnarztpraxis Dr. Spranger/Dr. Specht soll den vorausberechneten Terminvorgaben in anschaulicher Weise gegenübergestellt werden.
Welches der unten stehenden Organisationsmittel ist dazu am besten geeignet?

1. Terminordner
2. Terminkalender
3. Plantafel
4. Terminkartei
5. Terminmappe

▶ ☐

451. Aufgabe

In welchen der unten stehenden Fälle der Ablage sollte
1, ein Ordner
9, eine Hänge-Registratur
gewählt werden?
Tragen Sie die Ziffer der jeweils zutreffenden Registraturform in das Kästchen ein.

Ablage von ...	
umfangreichen Einzelakten	☐
losen Blättern als Zwischenablage	☐
umfangreichen Sammelakten	☐
Massenbelegen	☐
Handakten am Arbeitsplatz	☐

452. Aufgabe

Welche der folgenden Buchstabierungen für das Wort „Diagramm" ist nach der postalischen Buchstabiertabelle (Inland) richtig?

1. Doris – Ida – Anton – Gustav – Richard – Anton – Martha – Martha
2. Doris – Ida – Albert – Gustav – Richard – Albert – Martha – Martha
3. Doris – Ida – Anton – Gustav – Robert – Anton – Martha – Martha
4. Dora – Ida – Anton – Gustav – Richard – Anton – Martha – Martha
5. Dora – Ida – Anton – Gustav – Richard – Anton – zweimal Martha

▶ ☐

453. Aufgabe

Welche der unten aufgeführten Briefstücke haben

1. Tageswert
2. Prüfwert
3. Dauerwert?

Tragen Sie die Ziffer vor der jeweils zutreffenden Antwort in das Kästchen ein.

zu bearbeitendes Angebot	☐
Gesellschaftsvertrag	☐
Beilage eines Praxisausstatters in einer Fachzeitschrift	☐
Jahres-/Rechnungsabschluss	☐
Mahnung	☐
Postwurfsendung	☐

454. Aufgabe

Für Eintragungen in den Telefonbüchern der Deutsche Telekom AG gelten die unten stehenden Sortierregeln. Bringen Sie die folgende Lieferantengruppe „Müller“ durch Einsetzen der Ziffern 1 bis 8 entsprechend der Regeln in die richtige Reihenfolge.

Alphabetische Sortierung
Wir sortieren Einträge nach den Regeln für namensalphabetische Verzeichnisse der Deutschen Telekom.

Namenssortierung
Firmennamen, Doppelnamen und Privatnamen behandeln wir gleich, d. h., alle Namen sortieren wir in alphabetischer Reihenfolge (bei Privatnamen Zu- und Vorname), und zwar wie folgt: zuerst den ersten Namensteil bis zur Leerstelle, danach den nächsten Namensteil wieder bis zur Leerstelle usw.

Mehrteilige Firmenteile

Auf Wunsch platzieren wir Firmennamen, die aus mehreren Namensteilen bestehen, unter dem gewünschten Suchwort der Ansetzungsform (Veränderung der Reihenfolge der Namensteile).

Sortierregeln

Wir halten uns außerdem an folgende Sortierregeln:
- Buchstaben vor Ziffern
- Gesprochene grafische Zeichen wie & (und), + (plus), % (Prozent), das Wort „und“ sowie dessen Abkürzung „u.“ erzeugen eine Leerstelle zwischen den einzelnen Namensteilen; alle anderen Abkürzungen von Wörtern sortieren wir in der abgekürzten Form.
- Die Umlaute ä, ö, ü werden zu ae, oe, ue und ß zu ss; Buchstaben mit diakritischen Zeichen wie à, ñ werden zu einfachen Buchstaben a, n.

Lieferantengruppe „Müller“	
Müller 4-Korn-Vertriebsgesellschaft mbH	☐
Müller-Quirin Gregor von	☐
Müller Paul	☐
Müller A.	☐
Müller-Moden GmbH	☐
Müller Rudolf Maschinenfabrik GmbH	☐
Müller Veronika u. Sebastian	☐
Müller-Berg Friedrich	☐

455. Aufgabe

Stellen Sie fest, welche der folgenden Gründe für unten stehende Entscheidungen maßgeblich waren.

1. ausschließlich ökonomische Gründe
2. ausschließlich ökologische Gründe
3. sowohl ökonomische als auch ökologische Gründe

Ein Zahnarzt verwendet Umweltpapier, obwohl das Papier teurer ist als normales Papier.	☐
Ein Getränkehersteller stellt seinen Abfüllbetrieb von Pfandflaschen auf billigere Einwegflaschen um.	☐
Ein Büromöbelhersteller erhöht den Anteil von wieder verwertbarem Kunststoff in seinen Produkten und erklärt sich zu einer freiwilligen Rücknahme der Altmöbel bereit.	☐

456. Aufgabe

Kennzeichnen Sie unten stehende Sendungen mit einer
1, wenn sie bei der Deutsche Bahn AG,
9, wenn sie bei der Post

abzuliefern sind.

Päckchen	☐
Stückgut/Stückfracht	☐
Expressgut	☐
Frachtgut	☐

457. Aufgabe

Ordnen Sie die verschiedenen Abfallarten den angegebenen Behälterarten zu.

1. sicher verschlossener Abfallsack/Tüten
2. 30-l-Kanister
3. dicht und stichfest verschlossener Kunststoffbehälter bzw. Kanister mit Eingipsung
4. 13-l-Behälter/Weithalsbehälter
5. 0,5-l-Behälter inkl. Konservierungsmittel
6. sicher verschlossener Abfallsack

Einmalhandtücher	☐
Gebrauchte Filtersiebe aus Absauganlagen	☐
infektiöser Müll	☐
Quecksilberhaltige Stopfreste	☐
Röntgenlösungen	☐
Speicheltests	☐
Spritzen, Kanülen, Skalpelle	☐
Zähne mit Ag-Füllung	☐

458. Aufgabe

Bei der Postabfertigung sind ggf. Zusatzleistungen zu berücksichtigen.
Welche der folgenden Zusatzleistungen/besonderen Versendungsformen treffen auf die unten genannten Merkmale zu?

1. Einschreiben
2. Eigenhändig
3. Rückschein
4. Eilzustellung

Tragen Sie die Ziffer der jeweils Zutreffenden Zusatzleistung/ besonderen Versendungsform in das Kästchen ein.

Dem Absender wird die Original-Empfangsbestätigung des Empfängers zugestellt.	☐
Die Einlieferung wird bescheinigt. Die Sendung wird nur gegen Empfangsbestätigung Tragen Sie die und nur an den Empfänger persönlich ausgeliefert.	☐
Die Sendung wird in jedem Fall unmittelbar nach Eingang am Bestimmungsort dem Empfänger gesondert zugestellt.	☐
Bei der Einlieferung wird eine Bescheinigung als Beweis für das Einliefern der Sendung ausgehändigt. Die Sendung wird nur gegen Empfangsbestätigung und nur an bestimmte Empfangsberechtigte ausgehändigt. Bei Verlust einer Sendung haftet die Post.	☐

459. Aufgabe

Was versteht man unter dekadischer Ordnung?

Ordnung nach

1. Buchstaben
2. Sachgebieten
3. Zehnerstaffeln
4. Buchstaben und Zahlen

▶ ☐

460. Aufgabe

Ein Abfüllanlage für Desinfektionslösung, die aus fünf baugleichen Elementen besteht, wird im Dreischichtbetrieb sechs Stunden je Schicht eingesetzt. Die Anlage füllt je Arbeitstag 150.000 Einheiten. Wegen hoher Lärmbelästigung soll die Anlage auf Vierschichtbetrieb mit je drei Stunden Einsatz je Schicht umgestellt werden und die Tagesleistung auf 200.000 Einheiten erhöht werden.

Wie viele Abfüllelemente müssen zusätzlich in die Anlage eingebaut werden?

Elemente ☐

461. Aufgabe

Die Stadtklinik „Zahngesund AG“ führt eine umfangreiche Neubaumaßnahme durch. Die Transportunternehmung benötigt für die Abfuhr von Bauschutt bei einem Einsatz von 4 Fahrzeugen und einer Arbeitszeit von zwölf Stunden je Tag 25 Arbeitstage. Im nächsten Bauabschnitt soll die dreifache Schuttmenge in 30 Arbeitstagen abgefahren werden. Dabei dürfen die Fahrzeuge täglich nur zehn Stunden eingesetzt werden.

Wie viele Fahrzeuge muss die Unternehmung im zweiten Bauabschnitt einsetzen?

Fahrzeuge ☐☐

462. Aufgabe

Die Statistik der Zahnklinik „Zahngesund GmbH" für privat abgerechnete Leistungen bestimmter Art enthält folgende Angaben:

	2016	2017
Absatz (Mengeneinheiten)	6.450	7.095
Umsatz (EUR)	5.160.000,00	5.817.900,00

Ermitteln Sie

a) die Absatzsteigerung in Prozent, %

b) die Preisänderung in Euro je Mengeneinheit, Komma EUR ↓ Ct.

c) die Preisänderung in Prozent. Komma % ↓

---

463. Aufgabe

Ein Zahnarzt erwartet in diesem Jahr eine Gehaltserhöhung von 3 %. Im vorvergangenen Jahr erhielt er bereits eine Gehaltserhöhung von 5 %. Zurzeit bezieht er ein Monatsgehalt von 3.780,00 EUR.

Berechnen Sie

a) das Gehalt im Vorjahr, Komma EUR ↓ Ct.

b) die zu erwartende Gehaltserhöhung. Komma EUR ↓ Ct.

---

464. Aufgabe

Drei Zahnärzte A, B und C einer Stadtklinik zahlen insgesamt 24.000,00 EUR für die Anlage eines gemeinsamen Parkplatzes gemäß folgender Vereinbarung: 40 % der Kosten werden zu gleichen Teilen von den Beteiligten aufgebracht. Der Rest ist im Verhältnis der Anzahl der Patientenbesuche des vergangenen Jahres zu verteilen.

Die Patientenbesuche beliefen sich auf:
A: 7.000 Patientenbesuche
B: 4.000 Patientenbesuche
C: 5.000 Patientenbesuche

a) Wie viel Euro müssen von jeder Unternehmung zunächst zu gleichen Teilen aufgebracht werden? Komma EUR ↓ Ct.

b) Wie viel Euro der restlichen Kosten entfallen auf die Praxis C (Ergebnis je nach Rechenweg gegebenenfalls auf volle Euro runden)? Komma EUR ↓ Ct.

c) Wie viel Euro hat die Unternehmung C insgesamt zu tragen? Komma EUR ↓ Ct.

d) Wie viel Prozent der Gesamtkosten hat die Unternehmung C zu übernehmen (Ergebnis je nach Rechenweg gegebenenfalls auf volle Euro runden)? Komma % ↓

---

465. Aufgabe

Eine Zahnarztpraxis kauft eine neue DV-Anlage zum Gesamtpreis von 240.000,00 EUR (einschl. USt.). Der Lieferer gewährt bei sofortiger Zahlung 2,5 % Skonto. Der Zahnarzt verfügt über 82.000,00 EUR Eigenmittel.
Um den Skontoabzug wahrnehmen zu können, hat die Verwaltungsangestellte der Zahnarztpraxis zwei Kreditangebote zur Auswahl:

- Institut A gewährt ein Darlehen, Laufzeit 36 Monate, zu 7,5 % Zinsen bei einer Auszahlung von 95 %.
- Institut B verlangt 12,5 % Zinsen bei einer Auszahlung von 100 %.

Ermitteln Sie in Euro

a) den Auszahlungsbetrag des erforderlichen Kredits, (EUR | Komma | Ct.)

b) die Kreditsumme, über die bei Institut A ein Kredit aufgenommen werden müsste, (EUR | Komma | Ct.)

c) den im ersten Monat zu zahlenden Zinsaufwand, den das Darlehen bei Institut A erfordert, (EUR | Komma | Ct.)

d) den monatlichen Disagioanteil (Auszahlungsverlust) beim Darlehen des Instituts A (auf zwei Stellen nach dem Komma runden), (EUR | Komma | Ct.)

e) den im ersten Monat zu zahlenden Zinsaufwand, den der Kredit bei Institut B erfordert (auf zwei Stellen nach dem Komma runden). (EUR | Komma | Ct.)

Praxisorganisation und -verwaltung
Gebundene Aufgaben

466. Aufgabe

Ordnen Sie zu. Geben Sie für die Krankenkassengruppen die zugehörigen Krankenkassen an.

1. Primärkasse
2. Ersatzkasse VdAK
3. Ersatzkasse AEV
4. sonstige Kostenträger

Allgemeine Ortskrankenkasse AOK	☐
Barmer Ersatzkasse BEK	☐
Berufsgenossenschaften	☐
Betriebskrankenkasse BKK	☐
Braunschweiger Kasse BK	☐
Brühler Krankenkasse BRÜHLER	☐
Buchdrucker Krankenkasse	☐
Bundesgrenzschutz	☐
Bundesknappschaft Bkn	☐
Bundeswehr	☐
Deutsche Angestellten-Krankenkasse DAK	☐
Freie Heilfürsorge (Polizei)	☐
Hamburgische Zimmerer-Krankenkasse für Bau- und Holzberufe HZK	☐
Hamburg-Münchener-Krankenkasse HaMü	☐
Handelskrankenkasse HKK	☐
Hanseatische Ersatzkasse HEK	☐
Innungskrankenkasse IKK	☐
Kaufmännische Krankenkasse Halle KKH	☐
Krankenkasse der Arbeiter „Eintracht" KEH	☐
Landwirtschaftliche Krankenkasse LKK	☐
„Neptun" Berufskrankenkasse für die Binnenschifffahrt NEK	☐
Schwäbisch-Gmünder Ersatzkasse GEK	☐
Seekrankenkasse SeeKK	☐
Sozialamt, Jugendamt	☐
Techniker Krankenkasse TK	☐
Versorgungsämter, Kriegsopferversorgung	☐

467. Aufgabe

Ordnen Sie die nachfolgenden Artikelgruppen den Lagerorten

1. Kühlschrank,
2. Vorratsraum,
3. Vorratsschränke

zu, indem Sie die richtige Zahl in die Kästchen eintragen.

Geben Sie danach jeweils zwei Beispiele aus der nachfolgenden Liste und tragen Sie ebenfalls die Ziffern in die Kästchen ein.

1. Allgemeines Instrumentarium
2. Aufkleber
3. Becher
4. Bleistifte
5. Calciumhydroxid-Präparate
6. Chemikalien
7. chirurgische Instrumente
8. Computerpapier
9. Desinfektionsmittel für Instrumente, Flächen, Hände, Absauganlage etc.
10. Devitalisationspasten
11. Einmalhandtücher
12. Filme (intra- und extraoral)
13. Fluoride
14. Formulare
15. Füllungsinstrumente
16. Handschuhe
17. Hebel
18. Hydrokoloide
19. Hygieneartikel
20. Hypochlorite
21. Kanülen
22. Kugelschreiber
23. Küretten
24. Lokalanästhetika
25. Mundschutz
26. Papier
27. Papierservietten
28. PAR-Instrumente
29. Polyäther
30. Praxiswäsche aller Art
31. Putzmittel
32. Radiergummi
33. Retraktionsflüssigkeit
34. Scaler
35. Scharfer Löffel
36. Scheren
37. Silikone
38. Skalpelle und Klingen
39. Sonde
40. Spiegel
41. thermoplastische Materialien
42. Tray- und Filterpapier
43. Wattepads
44. Watterollen
45. Wurzelkanalinstrumente
46. Zangen
47. ZNO-Präparate

Artikelgruppe	Lagerort	Artikel (Beispiele)
1. Abformmaterialien	☐	☐ ☐
2. Büroartikel	☐	☐ ☐
3. Desinfektionsmittel	☐	☐ ☐
4. Einmalartikel für die Patientenbehandlung	☐	☐ ☐
5. Einmalartikel für die Rezeption	☐	☐ ☐
6. Instrumente und Kleinmaterial	☐	☐ ☐
7. Medikamente und Anästhetika	☐	☐ ☐
8. Röntgen	☐	☐ ☐
9. Wäsche	☐	☐ ☐

468. Aufgabe

Kennzeichnen Sie unten stehende Daten mit einer
1, wenn es sich um Bewegungsdaten,
9, wenn es sich um Stammdaten
handelt.

Patientennummer	☐
Lieferernummer	☐
Stückzahl	☐
Artikelnummer	☐
Rechnungsnummer	☐

469. Aufgabe

Welche der unten stehenden Daten können

1. nur vom Menschen
2. nur von der Maschine
3. sowohl vom Menschen als auch von der Maschine

gelesen werden?

Tragen Sie die Ziffer der jeweils zutreffenden Antwort in das Kästchen ein.

EAN-Strichcode auf einer Getränkedose	☐
OCR-Schrift auf einem Überweisungsträger	☐
Patientendatei auf einem externen Datenträger	☐
Markierungsfelder auf einem Lieferschein	☐
Datenbankprogramm auf einer Festplatte	☐
handschriftliche Preisangabe auf einem Etikett	☐

470. Aufgabe

Stellen Sie fest, welche der folgenden Begriffe durch unten stehende Angaben erläutert werden.

1. Bit
2. Byte
3. Datei
4. Datensatz
5. Hardware
6. Software

Tragen Sie die Ziffer des jeweils zutreffenden Begriffs in das Kästchen ein.

Geräte einer Datenverarbeitungsanlage	☐
kleinste Informationseinheit	☐
Zusammenfassung verschiedener Datenfelder zu einer Einheit	☐
in einer Datenverarbeitungsanlage einsetzbare Programme	☐

471. Aufgabe

Ordnen Sie die folgenden Datenarten den unten stehenden Sätzen zu, sodass zutreffende Aussagen entstehen.

1. Numerische oder alphabetische Daten
2. Rechen- oder Ordnungsdaten
3. Eingabe- oder Ausgabedaten
4. Stamm- oder Bewegungsdaten

Tragen Sie die Ziffer der jeweils zutreffenden Datenart in das Kästchen ein.

Nach der Häufigkeit ihrer Veränderung unterscheidet man ...	☐
Nach der Aufgabe, die die Daten im DV-Prozess übernehmen, unterscheidet man ...	☐
Nach der Art der verwendeten Zeichen unterscheidet man ...	☐
Nach der Stellung im Arbeitsprozess unterscheidet man ...	☐

472. Aufgabe

Welcher der unten angegebenen Arbeitsabläufe entspricht dem Grundprinzip der Datenverarbeitung?

1. Eine Zahl, z. B. 192, wird in den Computer eingelesen und anschließend durch ein Programm weiterverarbeitet.
2. Eine Zahl wird errechnet, z. B. 12 ×16 = 192.
3. Eine im Computer errechnete Zahl, z. B. 192, wird auf dem Bildschirm angezeigt.
4. Zwei Zahlen werden gelesen, z. B. 12 und 16, das Produkt wird errechnet und ausgedruckt.

▶ ☐

473. Aufgabe

Welche der unten stehenden Kombinationen bilden eine arbeitsfähige Datenverarbeitungsanlage?

1. Rechenwerk – Steuerwerk – Arbeitsspeicher
2. Prozessor – Arbeitsspeicher – Drucker
3. Tastatur – Zentraleinheit – Bildschirm
4. Magnetbandstation – Hauptspeicher – Drucker

▶ ☐

474. Aufgabe

Welche der unten stehenden Begriffe beziehen sich auf

1. Software,
2. Zentraleinheit,
3. Peripherie?

Tragen Sie die Ziffer der jeweils zutreffenden Antwort in das Kästchen ein.

Scanner	☐
Prozessor	☐
Betriebssystem	☐
Kalkulationsprogramm	☐
RAM-Speicher	☐
Display	☐
Tastatur	☐
Festplatte	☐

475. Aufgabe

Bei welchen der unten stehenden Hardware-Elemente handelt es sich

1. um einen Datenträger mit direktem Zugriff,
2. um einen Datenträger mit sequentiellem Zugriff,
3. nicht um einen Datenträger?

Tragen Sie die Ziffer der jeweils zutreffenden Antwort in das Kästchen ein.

CD	☐
Magnetplatte	☐
Monitor	☐
Magnetband	☐
Scanner	☐

476. Aufgabe

Stellen Sie fest, ob bei unten stehenden Maßnahmen eine

1. geräteinterne,
2. programmbedingte,
3. organisatorische Datensicherung

vorliegt.

Tragen Sie die Ziffer der jeweils zutreffenden Art der Datensicherung in das Kästchen ein.

Die Datenträger werden in geschützten Schränken aufbewahrt.	☐
Durch Plausibilitätskontrollen wird die Zulässigkeit von Eingabedaten überprüft.	☐
Jede Materialnummer erhält an ihrer letzten Stelle eine Prüfziffer.	☐

477. Aufgabe

Innerhalb von sechs Wochen wurden in einem Dental-Shop 192 Zahnbürsten „Dent-O-San" verkauft, im Lager befinden sich noch 256 Stück.

Für wie viele Wochen reicht der Bestand, wenn in der Folgezeit durchschnittlich je Woche dieselbe Stückzahl wie bisher verkauft wird?

Wochen ☐

478. Aufgabe

In einer Zahnarztpraxis soll der Aufenthaltsraum für die Zahnmedizinischen Fachangestellten tapeziert werden. Verwendet man eine Tapete von 60 cm Breite, werden 21 Rollen benötigt. Das Team der Praxis entscheidet sich für eine Tapete von 70 cm Breite.

Wie viele Tapetenrollen werden benötigt?

Rollen ☐

479. Aufgabe

Ein Zahnarzt benötigt 50.000,00 EUR Kredit für acht Monate. Seine Hausbank unterbreitet ihm folgendes Angebot:

1 % Bearbeitungsgebühr von der Kreditsumme (sie wird bei Auszahlung des Kredits einbehalten)
9 % Zinsen, fällig bei Rückzahlung des Kredits
130,00 EUR Auslagen, fällig bei Rückzahlung des Kredits

a) Wie viel Euro werden bei Kreditaufnahme ausgezahlt? — Komma, EUR ↓ Ct. [ ]

b) Wie viel Euro Zinsen sind zu zahlen? — Komma, EUR ↓ Ct. [ ]

c) Wie viel Euro sind am Ende der Kreditlaufzeit insgesamt zurückzuzahlen? — Komma, EUR ↓ Ct. [ ]

---

480. Aufgabe

Der Kredit einer Zahnmedizinischen Fachangestellten mit einer Laufzeit von drei Monaten wird mit 5.880,00 EUR ausgezahlt. Vor der Auszahlung werden die Zinsen abgezogen. Der Jahreszinssatz beträgt 8 %.

Wie viel Euro beträgt die beantragte Kreditsumme? — Komma, EUR ↓ Ct. [ ]

---

481. Aufgabe

Kennzeichnen Sie zutreffende Aussagen mit einer 1, nicht zutreffende Aussagen mit einer 9.

Zur Aufbauorganisation gehören Überlegungen über geeignete Leitungs- und Entscheidungssysteme.	[ ]
Ein Vorteil des Mehrliniensystems ist das Fehlen von Weisungskonflikten.	[ ]
Beim Stabliniensystem übernehmen Stabsstellen die Geschäftsführung.	[ ]
Als Stelle bezeichnet man die Zusammenfassung von Arbeiten zum Aufgabenbereich einer Person.	[ ]
Ein wichtiges Instrument der Ablauforganisation ist die Netzplantechnik.	[ ]

---

482. Aufgabe

Die Wirkung einer Farbe kann unterschiedliche Hintergründe haben. Ordnen Sie zu.

1. psychologische Wirkung
2. kulturelle Wirkung
3. politische Wirkung
4. traditionelle Wirkung

Der historische Hintergrund erklärt diese Wirkungen.	[ ]
Farben können automatisch unbewusste Reaktionen und Assoziationen auslösen.	[ ]
Farben können eine besondere Symbolik besitzen und werden daher von verschiedenen gesellschaftlichen Gruppen genutzt.	[ ]
Unterschiedliche Lebensweisen bedingen unterschiedliche Farbwirkungen.	[ ]

483. Aufgabe

Welche Aussagen zu Führungsstilen sind zutreffend?
Kennzeichnen Sie zutreffende Aussagen mit einer 1, nicht zutreffende Aussagen mit einer 9.

Beim autoritären Führungsstil entscheidet das Praxisteam immer gemeinsam.	☐
Beim autoritären Führungsstil informiert der Zahnarzt das Team nur über das Notwendigste.	☐
Beim kooperativen Führungsstil kooperieren mehrer Zahnarztpraxen miteinander.	☐
Beim kooperativen Führungsstil ist der Zahnarzt dankbar für Kritik und Anregungen.	☐

484. Aufgabe

Unterscheiden Sie generelle Patiententypen, indem Sie den jeweils zutreffenden Typ den nachfolgenden Aussagen zuordnen.

1. Angstpatienten
2. Schmerzpatienten
3. Kinder
4. Behinderte

Manche Patienten werden leicht aufbrausend und laut, obwohl sie sonst sehr umgängliche Menschen sind.	☐
Behandeln Sie diese Patienten nicht wie Unmündige. Reden Sie auch bei einer Begeleitung nicht über Sie, sondern mit ihnen.	☐
Bei diesen Patienten darf die verständige Zahnmedizinische Fachangestellte auch einmal „Händchen halten", ohne vorher zu fragen.	☐
Die unverzügliche Behandlung gebietet sich bei diesen Patienten schon aus medizinisch-ethischen Gründen.	☐

485. Aufgabe

Was versteht man unter Praxismarketing?

1. den Verkauf von Zahnbürsten und Zubehör
2. die Ausrichtung der Zahnarztpraxis in allen Bereichen auf die individuellen Erfordernisse des Patienten
3. die Werbeanzeigen für eine Zahnarztpraxis in der Tageszeitung
4. eine Patientenbefragung über deren Einsatz unterschiedlicher Zahnbürsten

▶ ☐

Lösungen

Behandlungsassistenz

1 Nährstoffe: Eiweiß, Fett, Kohlenhydrate, Wasser, Mineralstoffe, Spurenelemente, Vitamine.
Ballaststoffe, Geschmacksstoffe
2 Kohlenhydrate, Eiweiß, Fett
3 4, 6
4 3
5 2, 3
6 4
7 9, 5, 11, 3, 15
8 4, 1, 16, 2, 8
9 7, 13, 6, 14, 12
10 2
11 2
12 3, 5
13 6
14 Wenn möglich, Behandlungen auf die Zeit nach der Schwangerschaft verlegen, Röntgenaufnahmen nur anfertigen, wenn sie unbedingt notwendig sind.
Bei der Verordnung von Arzneimitteln zurückhaltend sein und Kontraindikationen beachten.
Behandlungsstress vermeiden: z. B. keine langen Wartezeiten, schmerzfreie Behandlung.
Bei fortgeschrittener Schwangerschaft Behandlung nur im Sitzen durchführen, da beim Liegen die Gefahr besteht, dass die Gebärmutter auf die untere Hohlvene drückt und das Vena-Cava-Syndrom auslöst.
15 3
16 1
17 5
18 1 – Der Mund kann nicht geschlossen werden, weil das Gelenkköpfchen aus der Gelenkgrube über den Gelenkhöcker geglitten ist, z. B. durch extrem weites Öffnen des Mundes beim Gähnen, Nüsse knacken, Abdruck nehmen usw.
2 – Der Mund kann nur leicht geöffnet werden, z. B. beim erschwerten Durchbruch eines unteren Weisheitszahnes.
19 2, 5
20 4, 1, 2, 5, 3
21 2, 1, 4
22 5, 6, 1
23 5, 6
24 5
25 4
26 3, 4
27 4, 6
28 6
29 3, 4
30 2
31 3, 6
32 4
33 5
34 1, 5, 6
35 Es sind künstliche Zahnwurzeln, die zur Verankerung von Kronen, Brücken oder Prothesen in den Kieferknochen eingesetzt werden.
36 Titan, auch solche mit Beschichtungen im Knochenbereich aus Hydroxylapatit
37 5
38 5
39 2, 1, 4, 3
40 5
41 2, 5
42 3
43 2, 4
44 1
45 5, 4, 1, 3, 2
46 Ausstelllungsdatum,
Name, Menge und Arzneimittelform des Medikamentes, Name und Anschrift des Arztes und Berufsbezeichnung,
Name und Anschrift des Patienten,
Unterschrift und evtl. Stempel des Arztes
47 1, 3, 2, 4
48 2, 4
49 2
50 Hygienische Reinigung der Prothese, Funktionsabformung mit der Prothese, Unterfütterung der Prothese im Labor, Wiedereingliederung der Prothese nach Überprüfung von Randschluss, Okklusion und Artikulation
51 2
52 1
53 2
54 Speichelfließrate, Pufferkapazität des Speichels, Keimzahl
55 Kaufunktion, Sprachentwicklung, Platzhalterfunktion, regelrechte Gebissentwicklung
56 1 – Krankenvorgeschichte, 2 – Krankheitszeichen, 3 – Erkennung und Benennung einer Krankheit, 4 – Behandlung einer Krankheit, 5 – Vorhersage über den Verlauf einer Krankheit oder einer Gesundung, 6 – Wiederherstellung nach einer Krankheit, 7 – Vorbeugung, Verhütung von Krankheiten
57 2
58 1, 3, 6
59 2
60 Kauflächen putzen,
Außenflächen putzen, indem bei zusammengebissenen Zähnen Kreise auf diese „gemalt" werden,
Innenflächen putzen.
61 3
62 3
63 6
64 3
65 4
66 Karies, Gingivitis, Parodontitis
67 6
68 Das Gebiss wird in Sextanten eingeteilt. Nach Taschensondierung an allen Zähnen wird der höchste Code eines jeden Sextanten dokumentiert. Es gibt Code 0–4.
69 2
70 2, 3, 6
71 2, 5
72 Soll Gewebe nicht reizen, einfache Handhabung; unlöslich, steril, bakteriendicht, röntgensichtbar
73 1 – Rötung der Gingiva und Blutung bei Sondierung, keine Taschenbildung und Zahnlockerung
2 – Taschenbildung, Blutung bei Sondierung, Knochenabbau, Zahnlockerung
74 6
75 3
76 1, 4, 6, 5, 2
77 5
78 3
79 Systemisch: mit der Nahrung (Trinkwasser, Fluoridsalz, Fluortabletten)
Lokal: mit Zahnpaste, Mundspüllösungen, Gel oder Lack
80 Schmelz wird widerstandsfähiger gegenüber Säuren.
Die Remineralisation von entkalktem Schmelz wird beschleunigt.

Durch Hemmung des Bakterienstoffwechsels wird die Plaquebildung verringert.

81 3

82 4

83 3

84 3

85 Horizontale Schrubbtechnik, vertikale Rot-nach-Weiß-Methode, Rotationsmethode nach Fones, KAI-Technik, Zahnputztechniken nach Bass, nach Charter, nach Stillman

86 1 – KAI-Technik, 2 – Technik nach Bass, 3 – Technik nach Charters

87 2

88 Zahnseide, Interdentalbürsten, Einbüschelbürsten, medizinische Zahnhölzer, Mundduschen, Stimulatoren, Sulkus-Zahnbürste, Superfloss

89 1, 5, 6, 4, 3, 2

90 6, 2, 4, 8, 1, 3, 5, 7

91 dünn fließendes Komposite-Material

92 4

93 Es ist ein strukturierter Zahnbelag aus Nahrungsresten und Bakterien, nicht abspülbar, nur noch mechanisch zu entfernen, z. B. mit Zahnbürste und Zahnseide

94 6

95 1 – Approximalraum-Plaque-Index (API), Plaqueindex nach Quigley und Hein, Visible-Plaque-Index (VPI)
2 – Papillen-Blutungs-Index (PBI), Sulkus-Blutungs-Index (SBI)

96 Man stellt fest, in wie vielen Zahnzwischenräumen Plaque vorhanden ist, und setzt diese ins Verhältnis zur Gesamtzahl der Zwischenräume.

97 abrutschsicherer, handlicher Griff, kurzer abgerundeter Kopf, viel büschlig angeordnete, mittelharte Kunsstoffborsten (multi-tufted), planes Borstenfeld mit abgerundeten und polierten Borstenenden

98 6

99 5

100 Korrekturabformung, Doppelmischabformung, Sandwichabformung, Einphasenabformung, Ringabformung

101 A- und C-Silikone, Hydrokolloid, Polyäther, Polysulfide

102 5

103 2, 4, 1, 3

104 Kalzium und Phosphat, Vitamin D, Fluorid

105 1 – Magen, 2 – Zwölffingerdarm, 3 – Mundhöhle

106 Tast- und Temperaturempfindung, Geschmacksempfindung,
Unterstützung beim Kauen und Schluckvorgang

107 Absolute Trockenlegung: Kofferdam
Relative Trockenlegung: Watterolle, Sauger

108 1 Vakuum
2 Glaskolbem
3 Schutzmantel
4 Anode
5 Strahlenaustrittsfenster
6 Elektronenfluss
7 Glühkathode

109 2

110 1 Röhrenspannung
2 Stromstärke
3 Einschaltdauer

111 2

112 1. Karies, Zyste, Pulpenkavum
2. Metallkrone, röntgendichte Wurzelfüllung, Wurzelstift

113 Trägerschicht aus Polyester, jeweils beidseits Haftschicht, Fotoschicht, Schutzschicht

114 Gelatine und darin befindliche Silberbromidteilchen

115 4, 5

116 2, 5

117 3

118 Zahnschmelz, Dentin, Wurzelzement, Knochenrinde und Knochenbälkchen

119 1 – Technik nach Le Master,
2 – UK-Aufbissaufnahmetechnik,
3 – OK-Aufbissaufnahmetechnik,
4 – Rechtwinkeltechnik,
5 – Halbwinkeltechnik

120 2

121 Die Belehrung hat einmal im Jahr stattzufinden,
die Protokolle darüber sind fünf Jahre aufzubewahren.

122 Röntgenbilder und Aufzeichnungen: bei Erwachsenen zehn Jahre; bei Kindern und Jugendlichen bis zur Vollendung des 28. Lebensjahres

123 3

124 2

125 1, 3

126 1 Erbanlagen sind betroffen, die sich erst in der nächsten Generation auswirken
2 Körperzellen sind betroffen, die Schäden machen sich direkt bei der betreffenden Person bemerkbar durch Krankheiten wie z. B. Krebs
3 Der heranwachsende Embryo wird geschädigt, es können z. B. Missbildungen entstehen

127 2

128 2

129 3, 4

130 3

131 4

132 3, 6, 2, 1, 5

133 2, 4

134 2

135 1

136 4, 5

137 2

138 alle fünf Jahre

139 2, 1, 5, 3, 4

140 4

141 1, 2, 4

142 2, 3, 1, 5, 4

143 6

144 2, 5

145 1, 2, 4

146 4, 5

147 1 – mesialexzentrisch, 2 – orthoradial, 3 – distalexzentrisch

148 3, 5

149 2, 3, 5

150 Sie haben die gleiche Ausbreitungsgeschwindigkeit, sie belichten fotografische Filme, sie bringen fluoreszierende Schichten zum Aufleuchten, sie werden reflektiert, sie breiten sich gradlinig aus.

151 1 Stufe des Graukeils
2 ± 2 mm

152 Strahlenminderung für den Patienten, Wegfall der Entwicklungschemikalien, schnelle Bildverfügbarkeit, Platz sparende Archivierung, Bilder können vervielfältigt werden, Möglichkeit der Datenübertragung

153 3

154 3, 6

155 5, 4, 1, 3, 2, 6

156 Bei intraoralen Aufnahmen muss die Schürze dicht am Hals abschließen,
bei OPG-Aufnahmen ist eine Schutzschürze mit Rückenschutz zu verwenden.

157 Hängend, weil sonst die Schutzschicht brechen könnte.

158 Befragung nach Schwangerschaft und früherer Anwendung von Röntgenstrahlen,

Entfernen von Prothesen und Schmuck aus dem Gesichtsbereich,

Anlegen der Strahlenschutzschürze und richtige Kopflagerung

159 5

160 2, 4, 5, 1, 3

161 4

162 Bei der Rechtwinkeltechnik wird mit einem rechtwinkligen, starr mit dem Röntgengerät verbundenen Filmhalter gearbeitet.

163 Nach dem Fixieren

164 1 – Zentralstrahl, 2 – Zahnachse, 3 – Winkelhalbierende, 4 – Filmebene

165 1, 6

166 6, 3, 1, 2, 4, 5

167 3

168 5, 2, 4, 1, 3

169 Die Hohlseite der Delle zeigt nach hinten, die Vorwölbung zum Betrachter.

170 4

171 2

172 im Überwachungsbereich

173 1, 4

174 3, 5

175 1, 3, 5

176 z. B. eine entzündliche Veränderung oder eine Zyste, die dem Auge als dunkle Veränderung erscheint

177 Auftragen eines Lokalanästhetikums durch den Zahnarzt, durch die Nase atmen, Schläfen massieren, Druck auf den Kinnpunkt

178 2, 4

179 5

180 ± 0,5 °C

181 der Geburtsort des Patienten

182 2

183 Der gesundheitliche Nutzen muss größer sein als das Strahlenrisiko.

Abrechnungswesen

184 18a-HKP
20b-HKP
13b-Erfassungsschein

185 1

186 4

187 4

188 Klammern, Teleskopkronen, Konuskronen, Wurzelstiftkappen mit Kugelknopfanker, Geschiebe bei disparallelen Pfeilerzähnen

189 6

190 3, 1, 4, 2

191 3

192 2

193 6, 5, 4, 2, 1, 3

194 2, 4

195 1 – Sie ist auf den Frontzahnbereich begrenzt.
2 – Sie muss mit einem Metallgerüst versehen sein.
3 – Sie darf nur bei Versicherten im Alter zwischen 14 und 20 Jahren eingegliedert werden.
4 – Die Pfeilerzähne müssen karies- und füllungsfrei sein.
5 – Die Brückenspanne soll grundsätzlich nur einen Zahn umfassen.

196 1 × 96a, 1× 98f, 1 ×93

197 2, 4, 6

198 Erfassungsschein, siehe unten

199 2× 0090, 2× 2120, 1× 2030, 1 ×2040, 2 ×2190 analog

200 2

201 Erfassungsschein, siehe unten

202 4 × 0090,
4 × 3000

203 30. bis 72. Lebensmonat

204 1, 3, 5

205 4

206 5

207 5

208 1

209 Regelversorgung, gleichartige Versorgung, andersartige Versorgung

210 Erfassungsschein, siehe unten

211 GOÄ1, GOÄ D, GOÄ B

212 5

213 6

214 1

215 Nur möglich zur Versorgung der vitalen Pulpa am Milchzahn und bei einem symptomlosen bleibenden Zahn bei nicht abgeschlossenem Wurzelwachstum

216 5, 2, 1, 4, 3

217 3, 4

218 4

219 1 – Übergangsprothese,
2 – Sofortprothese,
3 – Deckprothese,
4 – Defektprothese,
5 – Teilprothese

220 2, 3, 6

221 4, 6

222 Entfernung eines impaktierten Wurzelrestes, eines Zahnkeimes, eines verlagerten und/oder retinierten Zahnes

223 1

224 3, 5

225 2, 5, 6

226 2 × 21, 2 × 90, 1 × 98b, 1 × 97a

227 4

228 1 × 3.1, 2 × 3.2, 2× 4.7

229 2 × I, WR2, WR3, Ä70

230 0080, 2× 0090, 2 × 3120, Ä70

231 5

232 4

233 3, 4

234 4

235 5, 4, 6, 1, 3, 2

236 1, 2

237 2 × 91a, 1 × 92, 1× 91e, 4 × 19

238 1× 2.2, 1× 2.6

239 1 × 0030, 2 × 5010, 1 × 5070, 1 × 5080, 2 × 5120, 1 × 5140

240 4, 3, 5, 2, 6, 1

	Datum				Zahn		Leistung					Bemerkungen				
	T	T	M	M												
	0	9	0	3	1	1	4	0								
							1	3	4			1	2	4	5	
					2	1	4	0								
							1	3	4			1	2	4	5	
							1	6								
							1	2								
198																

	Datum				Zahn		Leistung					Bemerkungen				
	T	T	M	M												
	1	8	0	5	1	2	4	0								
							4	3								
					1	1	4	3								
					2	1	4	0								
							4	3								
					2	2	4	3								
							6	2								
201																

	Datum				Zahn		Leistung					Bemerkungen				
	T	T	M	M												
	0	4	0	4			1									
							0	3								
210																

Praxisorganisation und -verwaltung/Wirschafts- und Sozialkunde – ungebundene Aufgaben

241. Aufgabe

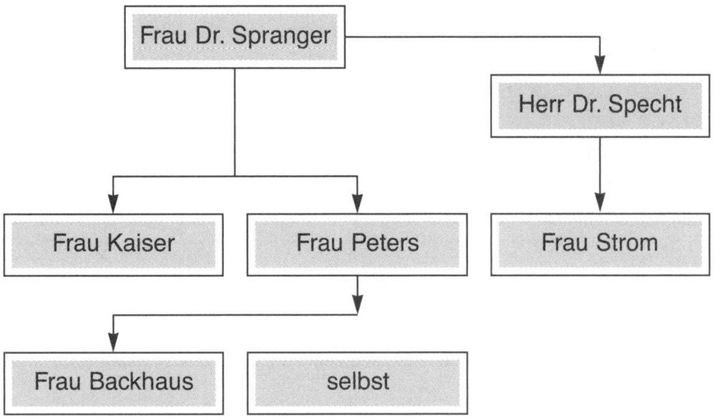

Einliniensystem

Vorteile: Die Organisationsstruktur ist einfach und übersichtlich. Jeder Mitarbeiter hat nur eine weisungsbefugte Vorgesetzte.

Nachteile: Die Anordnungsinstanzen sind durch zahlreiche Informations- und Entscheidungsprozesse stark beansprucht. Die einzelnen Entscheidungen sind langwierig. Es fehlt die Transparenz für alle Mitarbeiter.

Mehrliniensystem: Bei einem Mehrliniensystem kann eine Mitarbeiterin von mehreren übergeordneten Instanzen Weisungen erhalten.

---

242. Aufgabe

Sachliche Information: Tina ist noch nicht volljährig und fällt somit unter das Jugendarbeitsschutzgesetz. Die Verlängerung der täglichen Ausbildungszeit ist danach nur um eine halbe Stunde möglich, bei einer wöchentlichen Arbeitszeit von 40 Stunden. Entsprechend den Befugnissen (siehe 1. Aufgabe) ist Frau Peters weisungsberechtigt. Gesprächsplanung: Frau Peters um ein Gespräch bitten und die sachlichen Informationen zum Jugendarbeitsschutzgesetz vortragen. Tina sollte einräumen, dass es falsch war, die Praxis zu verlassen, ohne die Situation zu klären. Sollte es keine Einigung geben, bleibt Tina die Möglichkeit, Frau Dr. Spranger einzuschalten.

---

243. Aufgabe

Ausbildungsweg
Studium der Zahnheilkunde → Examen in der Zahnheilkunde → Approbation → möglicherweise Behandlung von Privatpatienten in eigener Praxis → zweijährige unselbstständige Tätigkeit → Kassenzulassung. Nach abgelegtem Examen ist die Promotion möglich.

Promotion: Erlangung der Doktorwürde durch eine entsprechende schriftliche Arbeit und Durchlaufen des Prüfungsverfahrens.
Approbation: Die staatliche Zulassung zur Berufsausübung als Zahnarzt. Sie wird nach bestandenem Examen in der Regel durch die Bezirksregierung verliehen.

---

244. Aufgabe

Aufgaben der Landeszahnärztekammer sind u. a.:
- legt die Berufspflichten der Mitglieder fest und überwacht deren Einhaltung
- Aus-, Fort- und Weiterbildung der Zahnmedizinischen Fachangestellten
- Durchführung der Zwischen- und Abschlussprüfungen
- Benennung von Gutachtern
- Fort- und Weiterbildung der Zahnärzte
- Vertretung der zahnärztlichen Interessen in der Öffentlichkeit
- Altersversorgung der Zahnärzte durch das Versorgungswerk gewährleisten
- Vermittlung bei Streitigkeiten zwischen Patient und Zahnarzt durch die Schlichtungsstellen
- Fachzahnarztanerkennung zu erteilen

---

245. Aufgabe

1. Während der Probezeit soll die Auszubildende prüfen, ob ihr die Ausbildung und die Ausbildungspraxis zusagen und ob sie den Anforderungen gewachsen ist. Der Ausbilder soll feststellen, ob die Auszubildende für die Arbeit in der Praxis geeignet ist, den Anforderungen entspricht und ob sie in das Praxisteam eingebunden werden kann. Die Probezeit darf höchstens vier Monate und muss mindestens einen Monat betragen.
2. Während der Probezeit kann sie fristlos und ohne Angabe von Gründen kündigen. Nach Beendigung der Probezeit ist eine fristgerechte Kündigung mit einer Kündigungsfrist von vier Wochen möglich. Außerdem hätte sie die Möglichkeit mit ihrem Ausbilder einen Aufhebungsvertrag zu schließen, der den Ausbildungsvertrag in gegenseitigem Einvernehmen aufhebt.
3. Die Anrechnung der Berufsschulzeit erfolgt entsprechend dem Jugendarbeitsschutzgesetz, da Agnes noch nicht volljährig ist. Das bedeutet, da sie an beiden Berufschultagen mehr als fünf Stunden unterrichtet wird, darf sie an einem der Tage nicht mehr beschäftigt werden. Es erfolgt für diesen Tag eine Anrechnung von acht Zeitstunden auf die Wochenarbeitszeit. Für den zweiten Berufsschultag dürfen nur die tatsächlichen Unterrichtszeiten einschließlich Pausen und die Fahrtzeit von der Berufsschule zur Ausbildungspraxis auf die Wochenarbeitzeit angerechnet werden.

---

246. Aufgabe

1. Bei der ordentlichen Kündigung gilt mindestens die gesetzlich geregelte Kündigungsfrist: Sie beträgt in den ersten zwei Jahren des Arbeitsverhältnisses vier Wochen (28 Tage) zum 15. eines Monats oder zum Monatsende.
2. Besonderer Kündigungsschutz z. B.:
   - bei Schwangerschaft
   - bis zu vier Monaten nach der Geburt
   - bei langjähriger Betriebszugehörigkeit
   - bei Personalvertretung
3. Die ZFA muss die Kündigung schriftlich verfassen, sie muss dafür sorgen, dass die Kündigung fristgerecht in den Zugangsbereich des Arbeitgebers gelangt, erst dann ist die Kündigung wirksam.

---

247. Aufgabe

Zwischen der Zahnärztin/dem Zahnarzt-Ausbildende(r)- und der/dem Auszubildenden

(Name, Anschrift)	(Name, Vorname, Anschrift)
Dr. Los	Silke Parteilos
Hohe Str. 165 A	Parlamentsweg 5
44649 Wanne-Eickel	44649 Wanne-Eickel

geb. am	in
01.01. 2000	Hamborn

Bei Minderjährigen
gesetzl. vertreten durch[1]
Eltern [X] Vater [ ] Mutter [ ] Vormund [ ]

Name, Vorname der gesetzlichen Vertreter
Marianne und Michael Parteilos

Straße	Hausnummer
Parlaments weg	5

Postleitzahl	Ort
44649	Wanne-Eickel

Berufsausbildungsvertrag

„Zahnmedizinischer Fachangestellter"/„Zahnmedizinische Fachangestellte"

§§ 3, 4 Berufsbildungsgesetz

§ 1 Ausbildungsdauer

1. Die Ausbildungszeit beträgt nach der Ausbildungsordnung drei Jahre[3].
2. Hierauf wird die Ausbildungszeit in der Zahnarztpraxis entsprechend angerechnet.[4]
3. Das Berufsausbildungsverhältnis

Name, Anschrift[4]			
von		bis	
beginnt am	01.09. 20..	endet am	31.08. 20.. +3

§ 2 Tägliche Ausbildungszeit

1. Die regelmäßige tägliche Ausbildungszeit beträgt 8 Stunden[5][6].
2. Die/Der Ausbildende gewährt dem/der Auszubildenden Erholungsurlaub nach den geltenden Bestimmungen. Die Dauer des Urlaubs[7] (je nach Kalenderjahr) beträgt:

im Kalenderjahr	20..	20.. +1	20.. +2	20.. +3
Werktage	9	25	24	16
Arbeitstage	8	21	20	14

3. Der Urlaub soll zusammenhängend und in der Zeit der Berufsschulferien genommen werden. Während des Urlaubs darf der/die Auszubildende keine dem Urlaubszweck widersprechende Erwerbstätigkeit leisten.

§ 3 Ausbildungsvergütung

1. Die/Der Ausbildende zahlt dem/der Auszubildenden eine angemessene Vergütung, siehe auch § 9 Ziff. 1, 2. Sie beträgt zurzeit monatlich:

	1. Ausbildungsjahr	2. Ausbildungsjahr	3. Ausbildungsjahr
EUR	750,00	790,00	840,00

Teilnehmen müssen: Silke Parteilos, ihre Eltern und der Ausbildende

248. Aufgabe

1.

Bruttogehalt	1.883,50 EUR
– Lohnsteuer	129,58 EUR
– Solidaritätszuschlag	7,13 EUR
– Kirchensteuer (9 %)	11,66 EUR
– Arbeitnehmeranteil zur KV 7,3 % PV 1,275 % RV 9,35 % AV 1,5 %	 137,50 EUR 24,02 EUR 176,11 EUR 28,25 EUR
= Nettogehalt	1.369,25 EUR

249. Aufgabe

zu a)

Damit sich die Patienten im Wartezimmer wohl fühlen, sind bei der Gestaltung und Einrichtung einige wichtige Punkte zu beachten.

Am einfachsten wäre die Gestaltung eines Wartezimmers natürlich im Rahmen eines Neubaus. Häufig gibt es jedoch, wie in diesem Fall, bei der Einrichtung einer Praxis wenig Gestaltungsfreiheiten, da der Grundriss der Praxis feststeht. Die Größe eines Raumes, der Wartezimmer werden soll, ist abhängig von der Patientenfrequenz und der durchschnittlichen Wartezeit. Eine Fläche von neun Quadratmetern wirkt dabei als zwei Meter schmaler und 4,5 Meter langer „Schlauch" weniger einladend als eine Verteilung auf drei mal drei Meter.

Eine räumliche Nähe zur Rezeption hat sowohl Vorteile als auch Nachteile. Kurze Wege für Patienten und Helferinnen und die Möglichkeit der Beobachtung des Wartebereiches von der Rezeption aus sind sicherlich Gründe, die eine Errichtung des Wartezimmers nahe der Rezeption befürworten. Doch bekommen dann die Patienten auch alle Vorgänge an der Rezeption mit, was nicht immer unproblematisch in Bezug auf Datenschutz und Schweigepflicht ist.

Deshalb ist eine optische und besonders akustische Trennung von Rezeption und Wartebereich sinnvoll, was durch einen Raum, der mit einer Glastür verschlossen werden kann, erreicht wird. Allerdings sollte diese Tür dann auch nicht ständig offen stehen.

Die Lage des Wartezimmers sollte außerdem so gewählt werden, dass Geräusch- und/oder Geruchsbelästigungen aus dem Behandlungsbereich vermieden werden.

Auf Stufen und Kanten ist wenn möglich zu verzichten (Verletzungsgefahr). Ebenso sorgen breite Türen für eine behindertengerechte Gestaltung.

Für ausreichende Helligkeit sorgen entweder entsprechend große und zahlreiche Fenster oder Lampen.

Behandlungsräume
Laborräume
Sozialräume

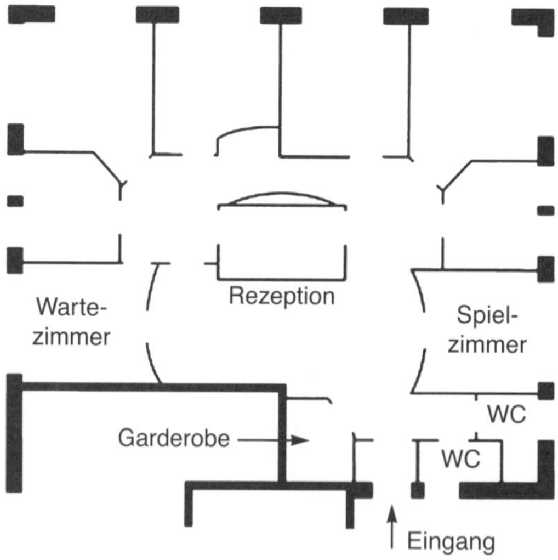

zu b)
Bei der Einrichtung sind helle Farben (nicht unbedingt steriles Weiß!) zu bevorzugen.
Helle Farben wirken leicht und freundlich. Sie vermitteln einen Eindruck von Weite und von viel Raum. Sie wirken stimmungsaufhellend und belebend. Dunkle Farben vermitteln Schwere. Sie wirken düster, bedrückend und einengend. Gesättigte Farbtöne wirken dominant. Sie können deshalb auch laut und aufdringlich wirken. Diese Farbtöne haben eine starke Leuchtkraft, mit der sie sich gegenseitig Konkurrenz machen. Viele verschiedene Farben, die in keiner erkennbaren Ordnung zueinander stehen, schaffen Unruhe und Verwirrung. Sie lösen damit unangenehme Emotionen beim Betrachter aus.
Eine angenehme Beleuchtung wird durch den natürlichen Lichteinfall und den Einsatz von elektrischem Licht erreicht. Dabei können Strahler besondere Akzente setzen, wenn sie besonders schöne Raumbereiche (Bilder, Pflanzen usw.) hervorheben.
Ausreichend bequeme Stühle, die in einem nicht zu dichten Abstand angeordnet sind (Sitzgruppen), sorgen ebenso für Wohlbefinden wie auch eine gute Belüftung, eine ausreichende Heizung bzw. Kühlung des Wartebereiches.
Bei der Auswahl des Bodenbelages kommt es vor allem auf Strapazierfähigkeit und Schmutzunempfindlichkeit an, ansonsten bleibt es jedem selbst überlassen, ob ein wohnlich wirkender Teppichboden oder Fliesen, Kork, Laminat, Holz usw. zum Einsatz kommen.
Wandbilder und pflegeleichte Pflanzen geben jedem Raum einen Anschein von Behaglichkeit und Wohlbefinden.
Dezente Hintergrundmusik und ausreichend zur Verfügung stehender aktueller Lesestoff (Zeitungen, Zeitschriften und Informations- und Aufklärungsmaterial) lassen die Wartezeit angenehmer erscheinen.
Für die Kleinen hat sich eine Kinderecke bewährt, die mit Mal- und Bastelutensilien bestückt sein und kindgerechten Lesestoff enthalten sollte. Eine sehr gute Betreuung (Sauberkeit!) dieses Bereiches ist allerdings unverzichtbar.

zu c)
Jeder Patient ist etwas Besonderes, sein Anliegen muss auch für die Zahnmedizinische Fachangestellte immer einzigartig sein. Je unmittelbarer Sie mit dem Patienten in Kontakt kommen, je individueller Sie auf ihn eingehen, desto dankbarer wird er Ihnen sein. Jedoch lassen sich bei aller Individualität der Patienten auch Ähnlichkeiten feststellen. Patienten lassen sich grob in Patiententypen einteilen, von denen grundlegend die wichtigsten die Gruppe der ängstlichen Patienten, die Gruppe der Kinder, die Erwachsenen und die behinderten Patienten sind.
Der Umgang mit Angstpatienten versteht sich nahezu von selbst. Angstpatienten bedürfen der besondern Aufmerksamkeit. Ihre Wahrnehmung hat sich sehr verengt, sie sind lediglich von ihrer Angst erfüllt. Jeder Mensch geht anders mit seiner Angst um. Der eine wird laut und aufbrausend, versucht, seine Angst zu überspielen. Der andere ist völlig in sich gekehrt und lässt sich kaum eine Reaktion entlocken. Ein weiterer wiederum ist fürchterlich nervös und redet unaufhörlich. Sicher lässt sich noch eine Vielzahl von weiteren Verhaltensweisen aufzeichnen. Es gilt daher zu erkennen, welchen Angsttyp man vor sich hat. Die Angst wird, wenn überhaupt, dann nur nach mehreren positiven Erlebnissen langsam abzubauen sein. Es gibt jedoch einige Tipps, die den Umgang mit Angstpatienten unmittelbar erleichtern.
Haben Sie mit Patienten Geduld! Er bzw. sie fühlt sich selbst nicht völlig intakt. Später wird sich mancher Patient über sein eigenes Verhalten ärgern oder sich wundern. Lassen Sie ihm den Freiraum für seine verwirrte Psyche.
Seien Sie ehrlich! Machen Sie dem Patienten nichts vor. Erläutern Sie ihm, welcher Schritt als Nächstes in seinem Behandlungsverlauf geschehen wird (Rechtsvorschriften zur Beratung beachten!). Lassen Sie den Patienten nicht blind in etwas hineinlaufen bzw. einen Behandlungsraum betreten, ohne Informationen bekommen zu haben. Manchmal hilft auch ein einfaches „Frau Dr. Spranger wird sofort bei Ihnen sein und Ihnen erläutern, welche Behandlung für Sie die beste ist. Bitte haben Sie noch einen Moment Geduld!“ Achten Sie auf die Zwischentöne! Vielleicht haben Sie ja auch Zeit, bei ihm zu bleiben, bis der Zahnarzt erscheint, und können ihn ein wenig ablenken. Und wissen Sie, ob er ein Haustier hat oder wohin er in seinem Urlaub gefahren ist? Nein? Dann lassen Sie ihn darüber erzählen.
Seien Sie offen! Öffnen Sie sich und Ihr Verhalten für unvorhergesehene Ereignisse. Angstpatienten lassen sich nicht minutiös planen. Seien Sie flexibel!
Seien Sie natürlich! Ihre Angespanntheit überträgt sich auf den Patienten. Er wird darüber nachdenken, warum Sie so unnatürlich und steif wirken. Er wird vielleicht denken, dass seine Behandlung schwieriger wird als erwartet. Oder er wird sich wie eine Nummer fühlen. Das alles ist nicht gut, weder für Sie, noch für den Patienten, noch für die Praxis, noch für den Behandlungsverlauf. Seien Sie frisch und normal. Dann hat auch der Patient die Chance, die Situation und sich selbst normal zu empfinden.

zu d)
1. Halten Sie zu Ihren Zuhörern, zu Ihrem Patienten Blickkontakt. Vor einer Gruppe sollten Sie sich den Blick eines freundlichen, Ihnen sympathischen Menschen suchen, das erleichtert Ihnen die Rede. Schauen Sie nicht an die Decke, auf den Boden o. Ä.

2. Achten Sie auf Ihre Körperhaltung. Körpersprache ist ein wichtiger, aber oft unterschätzter Träger von Signalen. Wir können die Signale unseres Körpers nur schwer kontrollieren und wir nehmen körpersprachliche Signale unseres Gegenübers unterbewusst und bewusst auf und bewerten sie auch. Rutschen Sie daher auf Ihrem Stuhl an der Rezeption nicht unruhig hin und her, setzen Sie sich aufrecht auf der gesamten Sitzfläche hin – also nicht auf der Kante, das suggeriert Unsicherheit! Stellen Sie beide Füße fest und mit der ganzen Sohle auf den Boden. Legen Sie Ihre Hände auf den Tisch vor Ihnen und nicht in den Schoß, denn sonst erscheinen sie kleiner und können nicht mehr gestikulieren. Wenn Sie stehen, stellen Sie sich mit beiden Beinen auf den Boden, die Füße etwa in Schulterbreite bzw. etwas breiter. Verteilen Sie Ihr Gewicht gleichmäßig. Stehen Sie gerade und kontrollieren Sie Ihre Position im Spiegel. Ein eingezogener Kopf, ein runder Rücken und eine gekrümmte Haltung lassen Sie unsicher, hilflos und ängstlich erscheinen.
3. Sprechen Sie auch mit Ihren Händen. Unterstreichen Sie das Gesagte sparsam mit Ihrer Gestik. Legen Sie die Hände in einem offenen Kreis vor sich auf den Tisch. Wenn Sie stehen, lassen Sie einen Arm herunterhängen und winkeln Sie einen Arm leicht an. Trommeln Sie nicht mit den Fingern und spielen Sie nicht mit dem Kugelschreiber, das bedeutet Nervosität. Verschränken Sie die Arme nicht vor der Brust, das zeigt dem Gegenüber Ablehnung. Klammern Sie sich nicht an der Rezeption fest. Kratzen Sie sich nicht am Kopf, sonst denken die Patienten, dass Sie verlegen sind.
4. Das, was für die Körpersprache gilt, gilt natürlich auch für Ihre Mimik. Machen Sie daher stets ein freundliches Gesicht. Lächeln Sie Ihr Gegenüber ruhig an, aber spielen Sie ihr Lächeln nicht!
5. Sprechen Sie ruhig und deutlich, mit einer festen Stimme. Heben und senken Sie Ihre Stimme, jeder Satz hat eine Melodie. Monotones Gerede wirkt einschläfernd und gelangweilt bzw. überheblich. Benutzen Sie bei Patienten möglichst wenig Fremdworte und Fachbegriffe, denn er kann diese nicht verstehen. Machen Sie öfter eine Pause. Pausen strukturieren Ihre Ausführungen, geben dem Zuhörer die Chance zum Nachdenken und können von Ihnen auch bewusst eingesetzt werden, wenn Sie z. B. möchten, dass ein wichtiger Gedanke besondere Aufmerksamkeit erlangt. Lernen Sie auch, zuzuhören und unterbrechen Sie Ihren Gesprächspartner nicht. Belehren Sie ihn nicht. Seien sie natürlich und geben Sie ruhig auch einmal ein Nichtwissen zu.

---

250. Aufgabe

zu a)

Die Rezeption übernimmt als zentraler Verwaltungsarbeitsplatz die Funktion des Empfangs, der Anmeldung und der Information und Kommunikation. Sie sollte sich möglichst in der Nähe des Patienteneingangs und vor den Behandlungszimmern befinden und eine Sicht auf das Wartezimmer ermöglichen. Eine weitgehend zentrale Lage verkürzt die Wege von allem der Mitarbeiterinnen und Mitarbeiter der Zahnarztpraxis.

Die Rezeption ist die Schaltstelle der Praxis. Hier erfolgt die Steuerung des Bestellsystems mündlich oder fernmündlich, die Verteilung der Patienten gemäß Behandlungsplan und häufig auch die Dokumentation der Behandlungen. Es werden Karteikarten herausgesucht und abgelegt, Formulare hervorgeholt und ausgefüllt.

zu b)

Ordner-Registratur: Sie dient in erster Linie der gehefteten Aufbewahrung von Sammelakten. Briefordner mit Hebelmechanik für verschiedene DIN-Formate werden am häufigsten als Schriftgutbehälter verwendet. Ihr Vorteil besteht darin, dass jedes einzelne Schriftstück mühelos an beliebiger Stelle eingeordnet und entnommen werden kann.

Hängeregistratur: Die Schriftgutbehälter der Hängeregistratur sind am Ende einer Breitseite mit Hängeschienen versehen. Daran werden sie in Auszügen verschiebbar auf Gleitschienen abgehängt. Die Zahnmedizinische Fachangestellte sieht jeweils ihre Breitseite (vertikale = senkrechte Aufhängung).

Pendelregistratur: Sie verwendet die gleichen Behälterarten wie die vertikale Hängeregistratur. Sie sind aber in der Mitte einer Breitseite mit einem Metallbeschlag ausgestattet, der eine Aussparung besitzt. Damit können sie an einer Profilschiene abgehängt werden. Sie pendeln in einer Waagerechten ein. Die Zahnmedizinische Fachangestellte sieht ihre Schmalseiten (laterale = seitliche Aufhängung).

Sammler-Registraturen: Der Verwahrung von Dünnstakten (viele dünne Einzelakten) in Hänge- oder Pendelbehältern ist unwirtschaftlich. Da die Schriftgutstärke geringer ist als die Behälterstärke, würde sehr viel Raum benötigt. Ferner müsste man zahlreiche teure Behälter anschaffen. Sammler-Registraturen nehmen solche Akten in dünnwandige und preiswerte Einstellmappen auf, die gruppenweise in Sammelbehältern gelagert werden.

zu c)

z. B.: Ordner-Registratur

Briefordner mit Hebelmechanik für verschiedene DIN-Formate werden am häufigsten als Schriftgutbehälter verwendet. Der Bestellvorgang kann nach verschiedenen Ordnungssystemen abgelegt werden.

zu d)

Alphabetische Ordnung
Namen, Sachen, Vorgänge und Orte werden nach dem Alphabet abgelegt. Wenn diese Ordnungsgesichtspunkte den gleichen Anfangsbuchstaben besitzen, kann innerhalb dieser Gruppe nach dem zweiten oder dritten Buchstaben geordnet werden (Dehnalphabet).
Erstes Ordnungswort ist der Familienname
Zweites Ordnungswort ist der Vorname
Familiennamen ohne Vornamen stehen vor Familiennamen mit Vornamen
Die Umlaute ä, ö, ü werden wie ae, oe, ue behandelt, ß wie ss.
Bei Übereinstimmung der Buchstabenfolge stehen ae, oe, ue und ss vor ä, ö, ü, ß

Numerische Ordnung
Ablage von Schriftstücken nach einer Nummerierung. Die Ordnung erfolgt nach fortlaufenden Nummern. Die zugewiesene Zahl vereinfacht das Ablegen und Auffinden, da diese Zahl dem Schriftstück einen eindeutigen Platz in der Ordnungsreihe zuweist.

Alphanumerische Ordnung
Sie verwendet eine Mischung aus Buchstaben und Zahlen. Die Buchstaben dienen zur Kennzeichnung der Hauptgruppen, die Zahlen der Markierung von Gruppen und Untergruppen.

Farbliche Ordnung
Je nach Inhalt oder Abteilungszugehörigkeit werden bestimmte Schriftstücke auf gefärbtem Papier erstellt. Farben sind auffällige Ordnungsmittel. Sie wirken sich sehr stark Falscheinordnungen entgegen und ermöglichen eine rasche Ablage, da Beleginhalte nicht gelesen werden müssen.

Chronologische (zeitliche) Ordnung
Die zeitliche Ordnung erfasst Vorgänge in ihrer datumsmäßigen Reihenfolge, z. B. nach Tagen, Wochen, Monaten und Jahren. Hierbei unterscheidet man die kaufmännische Heftung, bei der das neueste Schriftstück oben liegt, von der Behördenheftung, bei der das neueste Schriftstück unten liegt.

zu e)

1. Mauser, Walter	(2)
2. Walzenwerke AG	(4)
3. Warehouse Miller Cie.	(3)
4. Warenhaus Ambiente GmbH & Co. KG	(1)
5. Warewski, Dr. Albert	(5)
6. Warschewski, Waldemar	(8)
7. Warze, Willi	(6)
8. Wasserwerk Gelsenkirchen	(10)
9. Watternagel, Wilhelm	(7)
10. Wunstorfer Keramikfabriken AG	(9)

---

251. Aufgabe

zu a)
Der Anamnesebogen oder das Anmeldeformular wird von jedem neuen Patienten vor Beginn der Behandlung ausgefüllt. Die Zahnarztpraxis erhält durch diese Befragung die persönlichen Daten des Patienten (Stammdaten) und eine Übersicht über seine Krankheitsgeschichte. Die Behandlung kann individuell dem Patienten angepasst werden und der Behandlungsverlauf wird reibungsloser. Zudem wird v. a. bei Risikopatienten die Gefahr während der Behandlung auftretender Notfälle verringert. Es ist sinnvoll, den Anamnesebogen in der Karteikarte aufzubewahren, da nicht immer alle Informationen auf die Karteikarte übertragen werden können. Bei längerer Abwesenheit des Patienten sollte der Anamnesebogen erneut ausgefüllt werden.

zu b)
Stammdaten sind Daten, die für eine relativ lange Zeit fest und unverändert bestehen (z. B. Name, Geburtsdatum etc.).
Bewegungsdaten werden laufend geändert bzw. ergänzt (z. B. laufende Eintragungen der Behandlungen, Befunde, verabreichte Medikamente etc.).

zu c)
Folgende Inhalte sollte ein Anamnesebogen enthalten:
- Stammdaten des Patienten bzw. des Mitglieds
- Fragen zum Gesundheitszustand des Patienten, insbesondere zu Herz- und Kreislauferkrankungen, Allergien (Materialien/Medikamente), Infektionskrankheiten (Hepatitis/HIV), Diabetes, Blutgerinnungsstörungen, Bestehen eine Schwangerschaft, letzte Röntgenaufnahme
- Zusatz, dass die Angaben der Schweigepflicht unterliegen

zu d)

1
Kartenleiste, dient als Ordnungsmittel. Es können ein Alphabet, Löcher für Reiter, Kerben oder Ausbuchtungen (Tabe) vorhanden sein.

2
Kartenkopf, enthält die Stammdaten (persönliche Angaben des Patienten, wichtige Informationen zur Behandlung (Allergien auf Medikamente).

3
Kartenrumpf, für laufende Eintragungen der Bewegungsdaten (z. B. Eintragung der Behandlungsquartale).

4
Kartenfuß, enthält Herstellerangaben, Angaben zur Papierqualität etc.

---

252. Aufgabe

zu a)
In der Patientenkartei wird die gesamte Behandlung des Patienten dokumentiert. Sie ist damit zugleich wichtigstes Informationsmittel (Datenspeicher) und Organisationshilfsmittel.
Sie dient im Einzelnen

- als Gedächtnisstütze
- zur Abrechnung der Leistungen
- zur Beweisführung bei Streitigkeiten
- als Unterlage für spätere Behandlungen
- als Unterlage für Vertretungen
- als Verbindung zur Buchführung
- als Identifizierung von Personen (z. B. mithilfe von Zahnschemata)
- usw.

zu b)
Die Patientenaufnahme wird ebenso wie die Dokumentation der Behandlung mittels eines Computerprogramms erfasst. Karteikarten aus Papier sind dadurch entbehrlich. Auch in der Zahnarztpraxis Dr. Spranger/Dr. Specht werden die herkömmlichen Karteikarten nach und nach entfallen.

zu c)
Beim Datenschutz unterscheidet man generell organisatorische Maßnahmen, technische Maßnahmen und programmtechnische Maßnahmen.

Organisatorische Maßnahmen (Beispiele)

1. Zutrittskontrolle
   Der Zutritt zu Rechnerräumen wird durch Ausweiskarten o. Ä. gesichert. Einzelne Computer können ein- oder abgeschlossen werden.
2. Protokollierung
   Dateizugriffe und die Arbeit mit den Computern werden protokolliert. Z. B. kann durch die Eingabe eines Benutzernamens und eines Passwortes überprüft werden, wer welche Eingaben wann gemacht hat.
3. Datenträgertransport
   Den Datenträgertransport übernehmen nur autorisierte Personen.
4. Benennung eines Datenschutzbeauftragten
   Bei mehr als fünf Mitarbeitern muss in der Zahnarztpraxis ein Datenschutzbeauftragter benannt sein, der die Einhaltung der Datenschutzgesetze und Datenschutzregeln überwacht.

Technische Maßnahmen (Beispiele)

1. Sicherung der Rechner durch Schlüsselschalter,
2. Einbau von Alarmanlagen,
3. Türsicherungen usw.

Programmtechnische Maßnahmen (Beispiele)

1. Sperrung von Programmen durch Benutzerkennung und Passwort
2. Einschränkung der Zugriffsberechtigung (Nur-Lese-Rechte usw.)
3. Kopierschutz gegen unberechtigtes Kopieren

zu d)
Personenbezogene Daten dürfen von der Zahnarztpraxis nur weitergegeben werden, wenn es ein Gesetz ausdrücklich erlaubt oder anordnet oder der Betroffene schriftlich einwilligt.
Daher kann der Computer nur in der Praxis in Anwesenheit und unter Kontrolle des Zahnarztes repariert werden.
Der Weiterleitung der personenbezogenen Daten an die Krankenkassen bzw. die KZV hat Frau Rosenkranz als Versicherte einer gesetzlichen Krankenkasse bei der Aufnahme zugestimmt.
Auch die KZV bzw. die Krankenkassen unterliegen den Bestimmungen des Datenschutzes.

---

253. Aufgabe

zu a)
Der Arzt/Zahnarzt schließt mit seinen Patienten einen sogenannten Behandlungsvertrag ab. Es handelt sich hierbei um eine Sonderform des Dienstvertrages. Eine Partei verpflichtet sich, gegen entsprechende Bezahlung eine Leistung zu erbringen. Dabei kommt es im Gegensatz zum Werkvertrag nicht unbedingt auf den Erfolg der Leistungserbringung an, da es viele Krankheiten gibt, die nur eine geringe/keine Aussicht auf Heilung haben. Ein Behandlungsvertrag wird normalerweise weder schriftlich noch mündlich abgeschlossen, sondern entsteht „automatisch", durch schlüssiges Handeln, indem ein Patient eine Praxis aufsucht und sich behandeln lässt oder sich einen Behandlungstermin geben lässt. Ist ein Patient, der zahnärztliche Hilfe benötigt, nicht in der Lage, einen Behandlungsvertrag abzuschließen (z. B. bei Bewusstlosigkeit), so kommt dennoch ein Behandlungsvertrag zustande. Man spricht von Geschäftsführung ohne Auftrag.

zu b)
Mit dem Abschluss eines Behandlungsvertrages gehen sowohl der Zahnarzt als auch der Patient bestimmte Pflichten ein. Der Patient verpflichtet sich, zu Beginn der Behandlung seine Versichertenkarte vorzulegen bzw. bei Privatpatienten die Privatliquidation zu bezahlen. Darüber hinaus muss er den zahnärztlichen Anordnungen Folge leisten. Der Zahnarzt verpflichtet sich, den Patienten nach den Regeln der zahnärztlichen Wissenschaft zu untersuchen und zu behandeln. Dazu gehört auch die Beachtung der folgenden zahnärztlichen Pflichten:
Sorgfaltspflicht:

Der Patient muss darauf vertrauen können, dass die Behandlung den Sorgfaltsanforderungen entspricht.
Aufklärungs- bzw. Einwilligungspflicht:
Der Zahnarzt muss den Patienten über den Verlauf und die Risiken der Behandlung aufklären und sich dessen Einwilligung holen.
Dokumentationspflicht:

Der Arzt muss Aufzeichnungen über seine Behandlungen führen.
Schweigepflicht:

Der Zahnarzt sowie das Praxispersonal unterliegen der Schweigepflicht.
Haftpflicht:

Verletzt ein Zahnarzt die oben genannten Arztpflichten oder handelt nicht nach den anerkannten Regeln der zahnärztlichen Wissenschaft und erleidet der Patient einen Schaden, so liegt ein Behandlungsfehler vor. Der Patient hat einen Anspruch auf Schadenersatz in Geldform. Schmerzensgeld als Ausgleich für körperliche oder seelische Schmerzen kann der Patient nur verlangen, wenn der Arzt vorsätzlich oder fahrlässig die Gesundheit des Patienten geschädigt hat.

zu c)
Grundsätzlich unterliegt der Zahnarzt der Behandlungspflicht. Anderenfalls macht er sich wegen unterlassener Hilfeleistung strafbar.

Es besteht jedoch nicht in jedem Fall ein Kontrahierungszwang. Z. B. kann der Zahnarzt bei Überbeanspruchung des Zahnarztes, fehlender Fachkenntnis auf dem Spezialgebiet oder gestörtem Vertrauensverhältnis die Behandlung ablehnen.

zu d)

Der Behandlungsvertrag endet durch
- den Abschluss der Behandlung,
- den Tod eines Vertragspartners,
- Kündigung.

Die Kündigung durch den Patienten ist jederzeit formlos möglich. Leistungen bis zur Kündigung muss der Patient auch bei Nichtinanspruchnahme bezahlen.

Eine Kündigung durch den Zahnarzt kann in der Regel nur erfolgen, wenn kein Notfall vorliegt und die Behandlung durch einen anderen Zahnarzt fortgeführt werden kann oder das Vertrauensverhältnis nachhaltig gestört ist.

zu e)
Vor Behandlungsbeginn werden die Patienten über die Behandlung und die entstehenden Kosten informiert. Sie unterschreiben eine Mehrkostenvereinbarung, in der sie sich zur Übernahme der Kosten verpflichten.

254. Aufgabe

zu a)
Geschäftsfähigkeit ist die Fähigkeit, Rechte und Pflichten durch Rechtsgeschäfte erwerben zu können. Geschäftsfähigkeit ist die Fähigkeit, Willenserklärungen rechtswirksam abzugeben bzw. entgegenzunehmen.

zu b)
Geschäftsunfähigkeit
Geschäftsunfähig ist, wer das 7. Lebensjahr noch nicht vollendet hat. Willenserklärungen Geschäftsunfähiger sind nichtig.

Beschränkte Geschäftsfähigkeit

Beschränkt geschäftsfähig ist, wer das 7. Lebensjahr vollendet hat, aber den 18. Geburtstag noch nicht begangen hat. Sofern ein Rechtsgeschäft einem beschränkt Geschäftsfähigen nicht lediglich einen rechtlichen Vorteil bringt, sind seine Willenserklärungen schwebend unwirksam.

Volle Geschäftsfähigkeit
Mit der Vollendung des 18 Lebensjahres, dem 18. Geburtstag, ist eine natürliche Person voll geschäftsfähig.

zu c)
Der § 113 BGB würde nur dann zutreffen, wenn Emels Freundin Sabine mit dem Wissen und Wollen ihrer gesetzlichen Vertreter in ein Dienst- oder Arbeitsverhältnis eingetreten wäre. Da es sich jedoch augenscheinlich um ein Ausbildungsverhältnis handelt, trifft der § 113 BGB hier nicht zu.

zu d)
Neben dem § 113 BGB könnte auch noch der sogenannte Taschengeldparagraf (§ 110 BGB) gelten. Demnach wäre der Kauf der Motorrollers rechtens, wenn Sabine ihn mit Mitteln bezahlen würde, die ihr zur freien Verfügung oder zu diesem bestimmten Zweck von ihren Eltern oder mit deren Zustimmung von einem Dritten (z. B. der Großmutter) überlassen wurden. Doch davon ist in dem Sachverhalt nicht die Rede.

Da der Kauf des Motorrollers auch rechtliche Nachteile mit sich bringt (Zahlung des Kaufpreises, Gefährdungshaftung etc.), ist das Geschäft schwebend unwirksam. Versagen die Eltern ihre Genehmigung, ist das Geschäft nichtig und muss rückabgewickelt werden.

---

255. Aufgabe

zu a)
Rechtsgrundlagen bestehen sowohl auf Bundes-, Landes- als auch auf Kommunalebene. Dazu zählen das Abfallbeseitigungsgesetz, das Wasserhaushaltsgesetz, Gesetze und Bestimmungen über Abwasserbeseitigung, das Landeswassergesetz, das Landesabfallgesetz, die Abfallsatzung auf Kommunalebene usw.

zu b)
Zum sogenannten Hartmüll gehören Spritzen, Kanülen, Skalpelle, scharfe und spitze Instrumente etc. Sie können in den Hausmüll gegeben werden unter der Voraussetzung, dass Verletzungen ausgeschlossen sind. Diese Instrumente werden entweder in einem dicht verschlossenen Kunststoffbehälter oder in einem Kanister nach Eingipsung entsorgt. Eine zufällige Verletzung wird auf diese Weise ausgeschlossen. Kleine Kinder können ebenfalls nicht an die Instrumente und Gegenstände gelangen.

zu c)
Als entsorgungspflichtige Stoffe (Sondermüll) im Sinne der Bestimmungen gelten das Fixierbad und Entwicklerbad, alte Röntgenfilme, Zinnfolien, Bleifolien aus Filmverpackungen, extrahierte Zähne mit Amalgamfüllungen, Amalgamschleifstaub aus Amalgamabscheidern, gebrauchte Filtersiebe mit Amalgamresten, sonstige Amalgamreste usw. Über die Entsorgung dieser Stoffe muss ein Nachweis geführt werden.

Neben dem sogenannten Hartmüll können Einmalhandtücher, verbrauchte Tupfer, Watterollen, gebrauchte Mundschutze, Speicheltests, benutzte Handschuhe, Zementreste, extrahierte Zähne ohne Amalgamfüllung in einem sicher verschlossenen Abfallsack als sonstiger Hausmüll entsorgt werden.

Verbrauchte Batterien werden an den Sammelstationen abgegeben. Altmedikamente gelangen an beliefernde Apotheke zurück. Chemische Desinfektionsmittel dürfen niemals konzentriert in das Abwasser gegeben werden.

zu d)
Z. B.: „Ihre Bedenken sind berechtigt. Von benutzten Spritzen und Skalpellen geht im Allgemeinen eine gewisse Gefahr aus.
Um dieses Risiko auszuschalten, gipsen wir spitze Gegenstände ein, sodass man ohne weiteres nicht mehr an sie herankommen kann.
Darüber hinaus verwahren wir unseren Müll in einem abgeschlossenen Raum und stellen ihn erst kurz vor dem Abholen auf die Straße. Auf diese Weise ist der problemhaltige Müll niemals ohne Aufsicht.
Von der Zahnarztpraxis geht damit keine reale Gefahr aus.

Zudem wird die Stadtverwaltung den Menschen, die suchtkrank sind, in naher Zukunft verstärkt helfen. Wie in der Vergangenheit bereits geschehen, werden städtische Angestellte für die Sicherheit im Park sorgen und Drogensüchtige ansprechen und sensibilisieren. Sucht ist in unserer Gesellschaft leider existent und fordert uns alle. Falls Sie jedoch weitere Fragen zu diesem Thema haben, wenden Sie sich doch einfach an das Bürgerbüro in unserem Stadtteil ..."

---

256. Aufgabe

zu a)
Die angeschlossenen Praxen nehmen z. B. an einem Rahmenvertrag zur Entsorgung teil, den die Zahnärztekammer mit Entsorgungsunternehmen schließt. Die Teilname der Praxen an dem Entsorgungsvertrag geschieht demnach durch einen Einzelvertrag mit der Kammer.

zu b)
Der Entsorger garantiert die einwandfreie Entsorgung der entsorgungspflichtigen Stoffe im Sinne der Bestimmungen (z. B.: Fixierbad und Entwicklerbad, alte Röntgenfilme, Zinnfolien, Bleifolien aus Filmverpackungen, extrahierte Zähne mit Amalgamfüllungen, Amalgamschleifstaub aus Amalgamabscheidern, gebrauchte Filtersiebe mit Amalgamresten, sonstige Amalgamreste usw.). Dazu stellt der Entsorger entsprechende Entsorgungsbehälter zur Verfügung und holt diese regelmäßig ab. Die Entsorgung erfolgt zu einem festgelegten Preis.
Bei Abgabe der entsorgungspflichtigen Stoffe wird von der Recyclingfirma ein Übernahmeschein als Nachweis für die ordnungsgemäße Entsorgung ausgestellt.

zu c)
Die Zahnarztpraxis ist für die sorgsame Auswahl des Entsorgers verantwortlich.
Nach der Abgabe der entsorgungspflichtigen Stoffe muss der Übernahmeschein des Entsorgers für spätere Kontrollen als Nachweis aufbewahrt werden.
Die Entsorgung der sonstigen Praxisabfälle (Hausmüllstoffe, Batterien, Altmedikamente etc.) wird weiterhin von der Praxis übernommen.

zu d)
Letztlich stellt sich die Frage, ob die Zahnarztpraxis die Entsorgung kostengünstiger selbst übernehmen kann. Ist das jedoch aus organisatorischen Gründen schon nicht durchführbar, entfällt die Möglichkeit der alleinigen Entsorgung.

---

257. Aufgabe

Mögliche Regeln:
- Festlegungen für besondere Patientengruppen, z. B. feste Termine für neue Patienten und deren Erstuntersuchung
- Pufferzeiten einplanen
- Patienten nicht zu viele Termine anbieten, höchstens zwei
- Machen Sie eine Jahresplanung für Urlaub, Fortbildungen usw.
- Planen Sie Besuche von Pharmareferenten ein.
- Planen sie umfangreiche Behandlungen in den Arbeitsbeginn bzw. den frühen Nachmittag, weil die Leistungsfähigkeit des Praxisteams hier am höchsten ist.
- Termine schriftlich für den Patienten fixieren

---

258. Aufgabe

Schritte:
- Befragung des Patienten, um über das weitere Vorgehen zu entscheiden
- nach Möglichkeit den Patienten in den Ablauf integrieren
- die Patienten im Wartezimmer über die Verzögerung informieren

---

259. Aufgabe

Schriftgut mit Tageswert: Werbung aus der Tageszeitung, die Tageszeitung vom Freitag
Schriftgut mit Prüfwert: Bewerbungsmappe für den Ausbildungsplatz, Rundschreiben der KZV
Schriftgut mit Gesetzeswert: Durchschriften der Quittungen über die Praxisgebühr
Schriftgut mit Dauerwert: die Kopie des Zertifikats über eine Fortbildung ihrer Kollegin Britta

---

260. Aufgabe

Versendung per Einschreiben.
- Einwurf-Einschreiben: Der Einwurf des Einschreibens beim Empfänger wird dem Einlieferer bestätigt.
- Übergabe-Einschreiben: Der Postbote dokumentiert die Übergabe des Einschreibens, damit dies später nachvollziehbar ist.
- Einschreiben mit Rückschein: Die Übergabe an den Empfänger wird durch Unterschrift auf einer Karte bestätigt, die dem Einlieferer zugestellt wird.

In der Situation sollte ein Übergabe-Einschreiben oder Einschreiben mit Rückschein verwendet werden, damit die Praxis nachweisen kann, dass der Empfänger den Brief erhalten hat.

---

261. Aufgabe

Checkliste:
- Licht einschalten
- Anrufbeantworter abhören und abschalten
- Computer einschalten
- Terminplan aufschlagen
- Zimmer lüften
- Karteikarten einsortieren
- Karteikarten vorlegen
- Türöffner einschalten
- Notwendige Ausdrucke veranlassen

---

262. Aufgabe

zu a)
Ein Spezialpapier, dass auf Wärme reagiert, wird durch den Schreibkopf des Geräts an manchen Stellen erhitzt, sodass es sich an diesen Stellen schwärzt: Buchstaben und Zahlen erscheinen auf diese Weise. Das chemisch behandelte Papier verblasst jedoch nach einiger Zeit und reagiert auch sonst auf verstärkte Wärme. Dadurch kann ein Fax schon einmal unleserlich werden.

Fraglich ist, ob das Faxgerät kostengünstiger ist als ein Faxgerät, das mit Normalpapier arbeitet. Man müsste die Preise für das Spezialpapier, das Normalpapier und den Toner sowie die Anschaffungskosten und die Lebensdauer der Geräte vergleichen, indem man den Preis für ein Fax berechnet, um sich betriebswirtschaftlich begründet für ein Verfahren entscheiden zu können.

zu b)
Frau Dr. Spranger bat darum, die Kaufentscheidung vorzubereiten. Dazu reicht natürlich ein einziges Angebot nicht aus. Deshalb ergeben sich die folgenden Punkte für eine Checkliste:

- Anfragen stellen
- Schreiben und versenden der Anfragen
- Prüfung der Angebote
- Zusammenfassung und Vergleich der Angebote
- Begründung für ein Angebot und Empfehlung

zu c)
Durch die Anfrage kann sich ein Käufer Informationen wie z. B. über Preise, Lieferungsbedingungen, Warenqualität usw. der Waren verschaffen. Eine Anfrage kann mündlich, schriftlich, telefonisch oder per Fax erfolgen. Sie ist an keine Form gebunden.

Die Anfrage ist generell unverbindlich. Der Kunde muss die nachgefragte Ware nicht kaufen. Bittet der Käufer in seiner Anfrage zunächst nur um einen Katalog, ein Muster oder um einen Vertreterbesuch, so liegt eine allgemeine Anfrage vor. Wird dagegen um genaue Angaben hinsichtlich Art, Güte, Beschaffenheit der Ware, Preis, Lieferungs- und Zahlungsbedingungen der Waren gebeten, so handelt es sich um eine bestimmte Anfrage.
Inhalte für eine Anfrage sind dementsprechend: die Bitte um Beschreibung der Ware, Angabe des Preis des Gerätes, der Liefer und Zahlungsbedingungen, der sonstigen Serviceleistungen etc.

---

263. Aufgabe

zu a)

Angebotsvergleich		
Artikelbezeichnung:		Bestellmenge: 3
Lieferant:	Korosinski	Alberta
Listenpreis	329,48 EUR	299,95 EUR
– Rabatt	———	30 EUR
= Zieleinkaufspreis netto	329,48 EUR	269,95 EUR
+ USt 19 %	62,60 EUR	51,29 EUR
= Zieleinkaufspreis brutto	392,08 EUR	321,24 EUR
– Skonto	11,76 EUR	9,64 EUR
= Bareinkaufspreis	380,32 EUR	311,60 EUR
+ Bezugskosten	———	33,33 EUR
= Bezugspreis	380,32 EUR	344,93 EUR
Gesamte Bestellkosten	1.140,96 EUR	1.034,79 EUR
Lieferzeit	eine Woche	drei Wochen
Besonderheit:	Zahlungsziel 30 Tage Skontofrist zehn Tage	Zahlungsziel 60 Tage Skontofrist 14 Tage
Entscheidung für Lieferer		
	X Datum	X Unterschrift

Zahlungsziel

zu b)

Die folgenden Aspekte können für eine Entscheidung herangezogen werden:

- Erfahrungen mit dem Lieferanten in Bezug auf Verlässlichkeit, Service etc.
- Länge der Skontofrist
- Berücksichtigung von Umweltaspekten (bei der Produktion, Lieferung usw.)
- bestehende Beziehungen (Geschäftsfreunde des Zahnarztes)

zu c)

Aufgrund der Falldarstellung, die keinen ausschlaggebenden qualitativen Angebotsvergleich zulässt, sollte aufgrund des berechneten Preises Alberta der Vorzug gegeben werden.

---

264. Aufgabe

zu a)

Ein Kaufvertrag kommt durch die übereinstimmenden Willenserklärungen der Vertragspartner zustande.
Die Bestellung am 30.03. aufgrund des Angebots vom 19.02. kam zu spät, sie gilt daher als neuer Antrag, der zunächst nicht angenommen wurde.

Während des Telefonats wurde am 03.04. letztlich ein Kaufvertrag mit dem Liefertermin 04.04. geschlossen.

zu b)

Pflichten der Käufers Dr. Specht aus dem Verpflichtungsgeschäft vom 04.04.:

- Zahlung des Kaufpreises
- Annahme der Ware

Pflichten der Verkäufers Korosinski GmbH aus dem Verpflichtungsgeschäft vom 04.04.:

- Annahme des Kaufpreises
- rechtzeitige Lieferung der ordnungsgemäßen Ware

zu c)

Die Vereinbarung eines Fixtermins beinhaltet, dass die Vertragspartner sich darauf einigen, dass die Ware zu einem festgelegten Termin geliefert werden soll. Wird die Ware zu diesem Termin nicht geliefert, gerät der Verkäufer in Verzug.

Der Fixtermin von Herrn Dr. Specht wurde jedoch nicht vereinbart, sondern von ihm lediglich in seinem Antrag formuliert, der nicht angenommen wurde.

zu d)
Besitz = tatsächliche Herrschaft über eine Sache
Eigentum = rechtliche Herrschaft über eine Sache
Mit der Übergabe des Schreibtisches an einen Spediteur verlor die Korosinski GmbH ihren Besitz. Herr Dr. Specht wurde mit der Inbesitznahme des Schreibtisches auch Eigentümer.

zu e)
Sonderabsprachen müssen vereinbart werden, daher empfiehlt sich eine frühzeitige Bestellung mit der Bitte um eine Auftragsbestätigung. Mit der Auftragsbestätigung, die als Annahme gilt, wird der Kaufvertrag mit dem vereinbarten Fixtermin rechtsverbindlich geschlossen.

---

265. Aufgabe

zu a)
Allgemeine Geschäftsbedingungen sind für eine Vielzahl von Geschäften vorformulierte Vertragsbedingungen, bei denen letztlich der wirtschaftliche Stärkere versucht, seine Vorstellungen Bestandteil des Kaufvertrags werden zu lassen.

zu b)
Der Käufer muss ausdrücklich darauf hingewiesen worden sein, ihm muss in zumutbarer Weise, die auch eine körperliche Behinderung berücksichtigt, die Einsichtnahme ermöglicht worden sein und er muss ausdrücklich zustimmen.

zu c)
Nein, denn die Bestimmung kann als überraschende Klausel gem. § 305c BGB interpretiert werden.
Die „Tankvorschrift" ist kein Vertragsbestandteil geworden. Ihre Freundin sollte sie daher zunächst einfach ignorieren.

zu d)
Ihre Freundin sollte niemals etwas unterschreiben, ohne es gelesen zu haben. Seriöse Verkäufer werden dem Käufer immer die Zeit geben, alles auf das Genaueste zu prüfen. Sie sollte unter Umständen die Verträge auch mit nach Hause nehmen und dort in Ruhe durcharbeiten.

Ihre Freundin sollte darüber hinaus ruhig die Meinung eines erfahreneren Teilnehmers am Wirtschaftsverkehr nutzen, indem sie z. B. in der Praxis oder im Bekanntenkreis um Rat ersucht.

Auch die Verbraucherverbände geben stets Rat, wenn Dinge unklar erscheinen.

Auf dem Weg zur mündigen Bürgerin braucht sich Mareike nicht zu schämen, wenn sie Fragen hat und nicht alles auf Anhieb weiß. Schämen müsste sie sich eigentlich nur, wenn sie etwas nicht weiß und trotzdem nichts dazu beiträgt, ihre Wissenslücken zu füllen.

---

266. Aufgabe

zu a)
schülerabhängige Lösung
Bei der Anlieferung ist die Anzahl der Pakete mit dem Lieferschein zu vergleichen und zu prüfen, ob nach dem ersten Anschein die äußere Verpackung eines Pakets beschädigt ist. Beschädigungen könnten auf einen Schaden den Inhalts hinweisen. Wird daher ein vergleichbarer Schaden festgestellt, sollte die Beschädigung auf dem Lieferschein vermerkt und vom Spediteur quittiert werden. Sollte sich beim Einräumen herausstellen, dass der Inhalt ebenfalls beschädigt wurde, können danach die einzelnen Schritte mit dem Lieferanten vereinbart werden.

zu b)
schülerabhängige Lösung
Nach dem Auspacken der Ware sind die Packstücke mit dem Lieferschein nach Art, Beschaffenheit, Güte und Menge zu vergleichen. Abweichungen sollten unbedingt auf dem Lieferschein notiert werden. Es ist ebenso zu überprüfen, ob die Angaben des Lieferscheins mit denen der Bestellung übereinstimmen. Da vor der Bezahlung der Rechnung die Angaben des Lieferscheins mit denen der Rechnung verglichen werden, ist die Prüfkette letztlich lückenlos: Das Bestellte wurde geliefert, wurde abgerechnet, wird bezahlt. Es wurde weder weniger Ware geliefert, noch mehr Ware bezahlt, als tatsächlich geordert war.

Nach der Prüfung wird der Lagereingang vermerkt und die Ware eingelagert.

zu c)
Eine Checkliste hilft, die erforderlichen Arbeiten zu erkennen. Sie müssen jedoch auch einem Verantwortungsbereich übertragen werden. Gleichzeitig zu den Checklisten müssen also auch Personaleinsatzpläne oder (besser noch) generelle Zuständigkeiten zugewiesen werden. Eine derartige Veränderung der betrieblichen Verwendung des Personals muss unbedingt mit dem Zahnarzt abgestimmt werden, da es sich im Prinzip um eine Veränderung der Stellenbeschreibungen handelt.

---

267. Aufgabe

zu a)
Wird Material zu lange gelagert, entstehen Risiken wie z. B. Überalterung des Materials wegen des technischen Fortschritts, wegen Verderb oder Diebstahl.

Zu große Bestellmengen bergen das Risiko, dass Reste übrig bleiben, die nicht mehr verwendet werden können. Darüber hinaus wird viel Kapital im Lager gebunden, dass unter Umständen für andere Investitionen fehlt. Die Lagerkosten sind dementsprechend hoch.

Sind die Lagermengen zu niedrig, kann wegen fehlenden Materials unter Umständen die Versorgung der Patienten leiden bzw. müssen Termine verschoben werden. Das führt zu Imageverlusten der Praxis bei den Patienten. Bei zu kleinen Bestellmengen ist zudem die Möglichkeit, Mengenrabatte auszunutzen, reduziert.

zu b)
Zu den Lagerkosten zählen z. B.

- **Kosten für die Lagerräume**:
  Heizungs-, Strom- und Reparaturkosten, Kosten für Versicherungen, Miete bzw. Abschreibung für das Gebäude, die Abnutzung der Einrichtung und die Zinsen für das im Lagergebäude und in der Lagereinrichtung gebundene Kapital
- **Kosten der Lagerverwaltung**:
  Gehälter und Löhne für die Lagermitarbeiter bzw. Anteile des Gehalts der Zahnmedizinischen Fachangestellten, die sich mit der Lagerhaltung der Zahnarztpraxis beschäftigt, Versicherungsprämien und Kosten der Überwachung (Diebstahlschutz)
- **Kosten der Lagerbestände**:
  Zinsen für das im Lagerbestand gebundene Kapital
- **Kosten für Schwund:**
  Kosten, die aufgrund Verderbens, Diebstahls, Veralterung der Materialien oder aufgrund von Missgeschicken entstehen
- **Kosten der Arbeiten mit und am Lagergut**:
  Veränderungen am Lagergut (Gebinde müssen aufgeteilt, Material muss hergerichtet werden usw.) oder Maßnahmen zum Erhalt des Lagergutes (z. B. Kühlanlagen, Pflegemaßnahmen)

zu c)
Das sogenannte FIFO-Prinzip (First-In-First-Out-Prinzip) sollte zur Anwendung kommen. Das FIFO-Prinzip besagt, dass immer das zuerst eingeräumte Material auch als Erstes verbraucht werden sollte. Dadurch vermeidet man, dass „ganz hinten im Schrank" Material alt wird und verdirbt, während man immer nur die Neulieferungen verbraucht. Das LIFO-Prinzip (Last-In-First-Out-Prinzip) kann in der Zahnarztpraxis dem gegenüber selbstverständlich keine Anwendung finden.

Die Auswirkungen des FIFO-Prinzips sollten schon bei der Einlagerung des Materials beachtet werden. Von Vorteil können von zwei Seiten zu ereichende Regale sein, bei denen auf der einen Seite nach der Lieferung eingeräumt und auf der anderen Seite vor dem Verbrauch ausgeräumt werden kann. Da diese Regale aber sehr viel Platz beanspruchen, werden sie in der Zahnarztpraxis normaler Größe in der Regel kaum verwendet. Daher sollte bei der Bestückung der Vorratsregale durch sofortiges Umräumen stets gewährleistet werden, dass jeweils das zuerst eingeräumte Teil zuerst verbraucht wird. Die Verfallsdaten sind generell sorgsam zu beachten.

zu d)
schülerabhängige Lösung, z. B.:

- Kleine Verpackungen sollten in Schalen gelagert werden.
- Schwere Gegenstände gehören auf die unteren Regalböden.
- Auf die Sonneneinstrahlung und die Wärmestrahlung der Heizkörper ist gegebenenfalls zu achten, damit empfindliches Material geschützt wird.
- In Vorratsschränken sollten Verbrauchsmaterialien und selten benutztes Material niemals vermischt gelagert werden, denn bei der häufigen Entnahme der einen ist die Gefahr des Entstehens von Unordnung bei den übrigen Artikelgruppen zu groß.

zu e)
Der Mindestbestand bzw. der Meldebestand sind zu hoch gewählt.

Als Mindestbestand bezeichnet man den Bestand, der immer am Lager vorhanden sein muss (sogenannter Eiserner Bestand). Dieser Bestand darf nur angegriffen werden, wenn unvorhersehbare Ereignisse auftreten.

Der Meldebestand lässt erkennen, ab welchem Zeitpunkt die Nachbestellung erfolgen muss. Wird der Meldebestand erreicht, ist gerade so viel Zeit übrig, bis der Bestand aufgebraucht ist, dass die Nachlieferung eintrifft, bevor der Mindestbestand angegriffen wird.

Eine Zusammenfassung zwischen Mindest-, Melde- und Höchstbestand bietet das Schaubild.

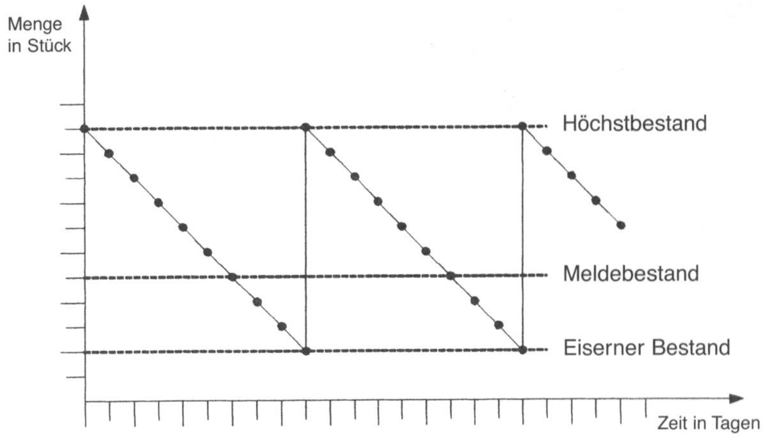

Aber:
Da in einer Zahnarztpraxis Menschen mit ihren Leiden versorgt werden, muss immer die Regel gelten: Besser eine Einheit Material zu viel lagern bzw. bestellen als zu wenig vorrätig haben!

---

268. Aufgabe

zu a)
Eine Sache ist mangelfrei, wenn sie zum Zeitpunkt der Übergabe, dem Gefahrenübergang, die vorher vom Käufer und Verkäufer gemeinsam vereinbarte Beschaffenheit hat.

Mangelfrei ist eine Sache oder Ware auch dann, wenn die Ware oder Sache sich für die nach dem Vertrag vorausgesetzte oder für die gewöhnliche Verwendung eignet. Als gewöhnliche Verwendung bezeichnet man diejenige Verwendung, die normalerweise bei einer vergleichbaren Ware selbstverständlich ist.

Wenn der Hersteller in der Werbung Aussagen zu der Ware oder Sache tätigt, gehören diese Aussagen ebenfalls automatisch zu der Beschaffenheit dieser Sache. Erfüllt die Sache dann die Aussagen des Herstellers nicht, liegt ein Sachmangel vor. Eine Ausnahme liegt jedoch dann vor, wenn für jedermann erkennbar übertrieben wurde (z. B.: „Unser Energy-Drink verleiht Flügel!").

Wenn die vereinbarte Montage durch den Verkäufer unsachgemäß durchgeführt worden ist oder die Montageanleitung mangelhaft ist (die sog. IKEA-Klausel), gilt das ebenfalls als Sachmangel.
Zu den Sachmängeln gehören auch die Lieferung einer anderen als der vereinbarten Sache sowie die Lieferung einer zu geringen Menge.

zu b)
Der Käufer kann Nacherfüllung verlangen. Dabei kann er zwischen Mangelbeseitigung (Nachbesserung, d. h. Reparatur) und Lieferung einer mangelfreien Ware (Ersatzlieferung) wählen.
Der Verkäufer kann die vom Käufer gewählte Art der Nacherfüllung verweigern, wenn sie für ihn nur mit unverhältnismäßig hohen Kosten möglich wäre.

Verweigert der Verkäufer generell die Nacherfüllung oder schlägt die Nacherfüllung fehl (i. A. gilt die Nachbesserung nach dem erfolglosen zweiten Versuch als fehlgeschlagen), so kann der Käufer vom Vertrag zurücktreten oder den Kaufpreis mindern.

Darüber hinaus kann der Käufer den Ersatz des entstandenen Schadens verlangen. Voraussetzung dafür ist neben der Verletzung der Pflichten aus dem Kaufvertrag, dass der Verkäufer den Schaden auch zu vertreten hat und er die Frist zur Nacherfüllung verstreichen ließ.

Anstelle des Schadenersatzes kann der Käufer unter Umständen den Ersatz vergeblicher Aufwendungen verlangen.

zu c)
Sinnvoll und angemessen ist die Bitte um Ersatzlieferung.

zu d)
schülerabhängige Lösung.
Der Brief sollte höflich und bestimmt das Recht auf Ersatzlieferung einfordern.
Die Vorschriften zur Gestaltung von Geschäftsbriefen sind zu beachten.

Alternative Lösung:
Bei bekannten Lieferanten kann unter Umständen ein Telefonat zu einer unkomplizierten und schnellen Lösung des Problems führen. Daher kann an dieser Stelle alternativ ein problemorientiertes Telefongespräch dokumentiert werden.

---

269. Aufgabe

zu a)
Wurde nicht rechtzeitig geliefert, muss der Käufer dem Verkäufer grundsätzlich eine Nachfrist setzen. Danach kann der Käufer Schadenersatz wegen Pflichtverletzung verlangen.

Der Käufer kann auch vom Vertrag zurücktreten.

Schadenersatz und Rücktritt schließen sich generell nicht aus, sondern können unter Umständen auch zusammen in Anspruch genommen werden.

zu b)
Die Lieferung muss fällig sein. Wurde keine bestimmte Lieferzeit vereinbart, muss eine Lieferung generell unverzüglich erfolgen. Liefert der Verkäufer dann jedoch nicht, muss der Käufer den Verkäufer z. B. durch eine Mahnung mit Fristsetzung in Verzug setzen. Bereits ohne Mahnung kommt der Verkäufer in Verzug, wenn ein kalendermäßig bestimmter und vereinbarter Liefertermin überschritten wurde. Das Gleiche gilt für Geschäfte, deren terminliche Bedeutung für beide Vertragsparteien offensichtlich ist und bei denen die Nichteinhaltung des Termins dazu führt, dass das Geschäft zumindest für eine Vertragspartei unsinnig wird (z. B. das zu einer Party bestellte kalte Büffet wird bis zur Essenszeit nicht geliefert).

Eine weitere Voraussetzung ist das Verschulden des Verkäufers. Ein Verschulden liegt vor, wenn der Verkäufer fahrlässig oder vorsätzlich handelte.

Die letzte Voraussetzung des Lieferungsverzugs ist, dass die Lieferung grundsätzlich noch möglich ist.

zu c)
Nach der Falldarstellung hat das Dental-Depot den Lieferungsverzug nicht zu vertreten. Damit ist eine wichtige Voraussetzung des Lieferungsverzugs nicht erfüllt.

Zudem würden ohne das Setzen einer Nachfrist auf Seiten der Zahnarztpraxis auch bei Verschulden des Dental-Depots keine Rechte zum Rücktritt bestehen.

zu d)
Maßnahmen der Zahnarztpraxis Dr. Spranger/Dr. Specht:
- eigene Mindestbestände großzügig bemessen
- Lieferanten sorgfältig auswählen
- generell Fixtermine vereinbaren, damit der Lieferant sofort in Verzug gerät u. Ä.

---

270. Aufgabe

zu a)
Einerseits muss darauf geachtet werden, dass fällige Rechnungen rechtzeitig und unter Ausnutzung eines möglichen Skontoabzugs bezahlt werden.

Andererseits müssen auch die Zahlungseingänge registriert und mit den eigenen Ausgangsrechnungen hinsichtlich sachlicher und rechnerischer Richtigkeit verglichen werden. Überschrittene Zahlungstermine sind festzustellen und gegebenenfalls anzumahnen.

zu b)
Die Rechnung ist auch rechnerisch richtig.

zu c)
[Vereinfachte Berechnung]
Skontoberechnung:

$$\frac{1.176{,}24 \text{ EUR} \times 3}{100} = 35{,}29 \text{ EUR}$$

Zinsberechnung:
Bei Skontoausnutzung ist eine Kreditinanspruchnahme für 20 Tage (länger als ohne Skontoausnutzung) notwendig, da die Skontofrist zehn Tage beträgt und das Ende der Zahlungsfrist nach 30 Tagen erreicht wird.

$$\frac{1.140{,}95 \text{ EUR} \times 9\ 20 \times t}{360\ t \times 100} = 5{,}70 \text{ EUR}$$

Skontoertrag 34,40 EUR –Zinsaufwand 5,56 EUR = 28,84 EUR
Die Skontoausnutzung ist sinnvoll.

zu d)

€uro-Überweisung SPUEDE2U XXX

Kreditinstitut
Überall

Nur für Überweisungen in Deutschland, in andere EU-/EWR-Staaten und in die Schweiz in Euro.
Bitte Meldepflicht gemäß Außenwirtschaftsverordnung beachten!

Angaben zum Begünstigten: Name, Vorname/Firma (max. 27 Stellen, bei maschineller Beschriftung max. 35 Stellen)
KOROSINSKI GmbH

IBAN
DE99700545678912345879

BIC des Kreditinstituts (8 oder 11 Stellen)
NOLIDE44HAL

Betrag: Euro, Cent
1440, 95

Kunden-Referenznummer - Verwendungszweck, ggf. Name und Anschrift des Überweisenden - (nur für Begünstigten)
56473883 KD6784395

noch Verwendungszweck (insgesamt max. 2 Zeilen à 27 Stellen, bei maschineller Beschriftung max. 2 Zeilen à 35 Stellen)

Angaben zum Kontoinhaber: Name, Vorname/Firma, Ort (max. 27 Stellen, keine Straßen- oder Postfachangaben)
Dr. Spranger/Dr. Specht

IBAN
DE 48422600010123456700 16

SEPA

Datum

Unterschrift(en)

271. Aufgabe

zu a)
Bei dem von Herrn Dr. Specht vorgeschlagenen Verfahren handelt es sich um Vorauszahlungen bzw. Anzahlungen oder um Zahlungen „Zug um Zug". Die Zahnarztpraxis kann in allen Fällen mit einer schnelleren Zahlung als beim alten Verfahren rechnen. Die Außenstände reduzieren sich, das spart außerdem Zinskosten. Gleichzeitig verringert sich der Verwaltungsaufwand, der aus dem Schreiben von Mahnungen etc. entsteht.

zu b)

1. **Barzahlung**: Diese Zahlungsmöglichkeit kommt häufig bei kleineren Beträgen zum Einsatz. Als Beleg für die geleistete Zahlung erhält der Schuldner einen Kassenzettel bzw. eine Quittung. Zahlt ein Patient seine Zahnarztrechnung bar, erhält er i. d. R. einen Quittungsvermerk auf seinem Rechnungsformular. Bei größeren Summen ist diese Zahlungsform recht unbequem und unsicher.
2. **Zahlung mit Kreditkarte**: Der Patient schließt einen Vertrag mit einem Kreditkartenunternehmen und erhält eine Kreditkarte, mit der Rechnungen, die entsprechende Karten akzeptieren, bargeldlos bezahlt werden können.

   In der Praxis wird die Karte mithilfe eines Erfassungsgerätes eingelesen. Nach dem Ausdruck eines Beleges muss der Zahlungspflichtige unterschreiben und erhält eine Durchschrift. Der Rechnungsbetrag wird später vom Kreditkartenkonto abgebucht. Neuere Erfassungsgeräte sind via Telefonleitung online mit dem kartenausgebenden Unternehmen verbunden, sodass die Ausnutzung des Kreditrahmens und etwaige Sperrungen überprüft werden können.

   Der Zahlungsempfänger zahlt ca. 3% bis 5 % des Rechnungsbetrags als Gebühr an die Kartengesellschaft.
3. **ELV**: Beim ELV-Verfahren (ELV = Elektronisches Lastschriftverfahren) muss der zahlungspflichtige Patient eine Einzugsermächtigung über den Rechnungsbetrag unterschreiben. Die Zahlung ist nicht garantiert und daher mit einem potenziellen Ausfallrisiko verbunden. Darüber hinaus werden der Name und die Adresse des Patienten bei einer Nichteinlösung der Lastschrift nicht an den Arzt weitergeleitet, der damit ein noch weiter erhöhtes Risiko trägt.
4. **electronic cash**: Bei diesem Verfahren wird die Debitkarte des Patienten, der ein Girokonto besitzt, über ein elektronisches Gerät, das sich online mit einem Rechenzentrum verbindet, eingelesen und der Zahlungsvorgang durch Eingabe einer Geheimzahl nach Prüfung der Verfügungssumme und etwaiger Sperrlisten abgewickelt. Die autorisierte Zahlung ist danach garantiert.
5. **Geldkarte**: In Verbindung mit einem Geldchip auf der Karte kann der Inhaber seine Bankkarte auch als Geldkarte oder „elektronische Geldbörse" benutzen. Dazu muss er an einem Geldautomaten seine Karte „aufladen": Auf einem integrierten Mikrochip wird ein Geldbetrag (maximal 200,00 EUR) gespeichert, der dann beim Bezahlen an den mit dem Geldkarten-Logo versehenen Automaten oder Kassenterminals nach und nach entladen wird.

zu c)
schülerabhängige Lösung:
Wichtig ist die Betrachtung der entstehenden Kosten durch anzuschaffende Ausstattung, der Kosten der Zahlungen selbst (Telefonverbindung, Gebühren) und der Unsicherheit der Zahlung (z. B. durch eine fehlende Garantie der Bank).

272. Aufgabe

zu a)
Beim Lastschriftverfahren geht der Zahlungsvorgang vom Zahlungsempfänger aus, bei der Überweisung tätigt der Zahlungspflichtige den ersten Schritt.

zu b)
Lastschrift mit Einzugsermächtigung:
Der Zahlungspflichtige erteilt einem Gläubiger schriftlich die Erlaubnis, bestimmte Forderungen von seinem Konto einzuziehen. Die abgebuchte Zahlungssumme wird wieder zurückgebucht, wenn der Zahlungspflichtige innerhalb von sechs Wochen widerspricht.

Lastschrift mit Abbuchungsauftrag:
Der Zahlungspflichtige erteilt seiner Bank die Erlaubnis, von einem bestimmten Gläubiger alle eingehenden Lastschriften einzulösen. Ein Widerrufsrecht besteht nicht.
Üblich und verbreitet ist das Lastschriftverfahren mit Einzugsermächtigung.

zu c)
Beabsichtigt die Zahnarztpraxis, ihrer Bank Lastschriften zum Einzug einzureichen, muss dieses Vorhaben zunächst mit einem Berater ihrer Hausbank geklärt werden.
Da beim Lastschriftverfahren mit Einzugsermächtigung der Zahlungspflichtige sechs Wochen Zeit hat, die Lastschrift wieder zurückzugeben, kann es noch sehr spät zu Rückbuchungen auf dem Konto der Zahnarztpraxis kommen. Da in der Regel zu diesem Zeitpunkt über das Geld jedoch bereits verfügt wurde, muss die Bank sichergehen, dass derartige Rückbuchungen stets durchgeführt werden können.

Eine solche Sicherheit hat die Bank nur bei Praxen, die sie für ausreichend kreditwürdig hält. Die Bank behält sich daher generell vor zu entscheiden, von wem sie Lastschriften zum Einzug hereinnimmt und von wem nicht.

zu d)
Sinnvoll ist das Lastschriftverfahren wegen des Verwaltungsaufwands nur bei Patienten, die laufend Rechnungen der Zahnarztpraxis zu bezahlen haben.
Zudem besteht auch beim Lastschriftverfahren keine Zahlungsgarantie.

Eine einmalige Zahlung lässt sich besser durch Vorkasse bzw. Barzahlung nach der Behandlung, Kartenzahlung o. Ä. durchführen.

---

273. Aufgabe

zu a)
1. Schritt: Freundliche Zahlungserinnerung, z. B.: Zusendung der Liquidation mit Markierung des Zahlungstermins mit einem Textmarker, persönliches Telefonat, freundlicher Erinnerungsbrief u. a.
2. Schritt: Erste Mahnung mit ausdrücklicher Zahlungsaufforderung und Nachfristsetzung, beigelegtem Überweisungsvordruck.
3. Schritt: Zweite Mahnung mit erneuter Fristsetzung, ggf. Androhung des Einzugs per Postnachnahme oder durch ein Inkassoinstitut, Berechnung von Verzugszinsen und von Mahngebühren ist möglich.
4. Schritt: Dritte Mahnung mir letzter Fristsetzung, der Aufführung aller aufgelaufenen Kosten und Androhung gerichtlicher Maßnahmen.

Anmerkung:
Leichte Abweichungen sind beim Ablauf des Mahnverfahrens möglich. Wichtig ist generell die Verschärfung des Tonfalls der Briefe von einer freundlichen Erinnerung bis hin zur Androhung gerichtlicher Maßnahmen.

zu b)
1. Schritt: Antrag auf Erlass eines Mahnbescheids
Beim zuständigen Amtsgericht wird ein Mahnbescheid beantragt. Formulare hält der Schreibwarenhandel bereit.
2. Schritt: Prüfung durch das Amtsgericht
Das Amtsgericht prüft den Mahnbescheid auf formelle Richtigkeit, jedoch nicht, ob der Anspruch berechtigt ist.
Zahlt der Patient daraufhin, ist das Verfahren beendet.
Erhebt der Patient innerhalb von 14 Tagen Widerspruch, kommt es zur Gerichtsverhandlung.
Reagiert der Patient nicht, kann der Zahnarzt nach zwei Wochen den Antrag auf Vollstreckung stellen.
3. Schritt: Zusendung des Vollstreckungsbescheids durch das Amtsgericht
Zahlt der Patient nun, ist das Verfahren beendet.
Erhebt der Patient dagegen Widerspruch, kommt es zur Gerichtsverhandlung.
Reagiert der Patient nicht, kann der Zahnarzt nach 14 Tagen einen Gerichtsvollzieher mit der Pfändung in das Vermögen des Patienten beauftragen.
Ist nichts pfändbar, so bleibt der Zahnarzt letztlich auf der Rechnung und den aufgelaufenen Kosten sitzen.

zu c)
Der Zahnarzt reicht die Klageschrift beim zuständigen Gericht ein. Zuständig ist das Gericht, in dessen Bezirk der Patient wohnt. Bei Streitwerten bis 5.000,00 EUR muss das Amtsgericht, bei Streitwerten ab 5.000,00 EUR das Landgericht angerufen werden. Am Landgericht besteht, im Gegensatz zum Amtsgericht, der Zwang, einen Anwalt einzuschalten.

Das Gericht prüft den Antrag und leitet ihn an den beklagten Patienten mit der Bitte um einen Gegenantrag weiter. Während des festgelegten Termins zur mündlichen Verhandlung werden die Standpunkte geklärt, Beweise vorgelegt etc.

Danach kommt es zum Urteil, zum Vergleich, zu einer Rücknahme der Klage oder zu einem Säumnisurteil. Nach dem z. B. das Urteil Rechtskraft erlangt hat, kann mit dem vollstreckbaren Titel gepfändet werden.

zu d)
Die Ansprüche aus Liquidationen verjähren nach drei Jahren vom Ende des Jahres, in dem der Anspruch entsteht. Entsteht der Anspruch z. B. am 15.07.2014, markiert der 31.12.2017 das Ende der Verjährungsfrist.

Die Ansprüche aus rechtskräftigen Urteilen verjähren nach 30 Jahren. Wird das Urteil am 23.08.2014 rechtskräftig, verjähren die Ansprüche am 23.08.2044. Nach dem Ende der Verjährungsfrist kann der Patient die Einrede der Verjährung geltend machen. Der Anspruch des Zahnarztes lässt sich dann nicht mehr durchsetzen und die einzige Hoffnung des Zahnarztes besteht darin, dass der Patient doch noch freiwillig zahlt. Die Verjährungsfrist beginnt neu zu laufen (Neubeginn), wenn z. B. der Patient seine Schuld anerkennt, eine Vollstreckung beantragt oder durchgeführt wird usw. Leistet der Patient im o. g. ersten Beispiel am 20.03.2014 eine Teilzahlung, läuft die Verjährungsfrist bis zum 20.03.2017. Gehemmt wird der Ablauf der Verjährungsfrist, wenn z. B. ein Gutachterverfahren bei der Zahnärztekammer durchgeführt wird, eine Naturkatastrophe die Rechtsverfolgung behindert u. a. Die Verjährungsfrist verlängert sich um die Dauer der Hemmung.

---

274. Aufgabe

zu a)
Herr Franczewski möchte seine Schuld „abstottern". Der Gesamtbetrag wird in kleine Raten zerlegt, die monatlich an die Zahnarztpraxis abgeführt werden.

zu b)
Sicherlich weiß Herr Dr. Specht, dass auch ein vollstreckbares Urteil nichts nutzt, wenn der Schuldner nichts hat. Besser ist es daher manchmal, dem Schuldner mit kleinsten Raten die wirtschaftliche Existenz zu erhalten und ein langsames Abtragen der Schulden zu ermöglichen. Wenn der Schuldner an seine Chance glaubt, zahlt er den Betrag zurück, eine fruchtlose Zwangsvollstreckung kostet die Zahnarztpraxis nur Geld. Bei kleineren Summen können auch die Kosten der Rechtsverfolgung (z. B. für den Rechtsanwalt) höher sein als der Ertrag aus der Zwangsvollstreckung.

zu c)
Es handelt sich um ein Abzahlungsdarlehen. Die Rückzahlung (Tilgung) erfolgt in festen Raten. Die Zinsen sind nur von dem jeweiligen Rest des Darlehens zu zahlen, werden also fortlaufend niedriger.

zu d)
Berechnungsvorschlag zur Berechnung der Raten:

Datum	Schuldsaldo EUR	Zinsen für den abgelaufenen Monat EUR	Kapitaldienst EUR	Rate EUR	neuer Schuldensaldo EUR
01.02.	1.000,00	4,17	100,00	104,17	900,00
01.03.	900,00	3,75	100,00	103,75	800,00
01.04.	800,00	3,33	100,00	103,33	700,00
01.05.	700,00	2,92	100,00	102,92	600,00
01.06.	600,00	2,50	100,00	102,50	500,00
01.07.	500,00	2,08	100,00	102,08	400,00
01.08.	400,00	1,67	100,00	101,67	300,00
01.09.	300,00	1,25	100,00	101,25	200,00
01.10.	200,00	0,83	100,00	100,83	100,00
01.11.	100,00	0,42	100,00	100,42	0,00

zu e)
Möglich und denkbar wären z. B.:
- Bürgschaft
  Vorteil: Sicherheit durch weitere Person
  Nachteil: Verwaltungsaufwand, weitere Person muss in die Praxis kommen
- Abtretung von Lohn- und Gehalt
  Vorteil: hohe Sicherheit durch sofortige Überweisung aus dem Restgehalt bei Inanspruchnahme
  Nachteil: Offenlegung notwendig, Überprüfung des Arbeitsverhältnisses notwendig
- Restschuldversicherung

Die Möglichkeiten der Zahnmedizinischen Fachangestellten zur Überprüfung der Kreditwürdigkeit des Patienten sind sowohl von ihrer Fachlichkeit als auch durch die betriebliche Praxis begrenzt.
Die Kreditentscheidung sollte der Zahnarzt fällen. In der Regel wird es sich v. a. um Personalkredite handeln.

---

275. Aufgabe

Ein Bewerbungsschreiben sollte wie folgt gegliedert sein:

1. Name und Anschrift der Bewerberin
2. Ort und Datum
3. Name und Anschrift der Empfänger-Praxis
4. Bezugszeile
5. Anrede
6. Bewerbungstext
7. Grußformel
8. Unterschrift
9. Anlagen (z. B. Zeugnisse, Lebenslauf, Fortbildungszertifikate)

---

276. Aufgabe

Marketingmaßnahmen könnten sein: behindertengerechter Eingang und entsprechende Praxis; Angebote für ältere Menschen in Form von Info-Material in Großdruck; Betreuungsangebot für Bewohner des Altenheimes.

---

277. Aufgabe

Voraussetzungen für die Weiterbildung zur ZMV:
- bestandene Abschlussprüfung als Zahnmedizinische Fachangestellte
- mindestens ein- bis zweijährige Tätigkeit als Zahnmedizinische Fachangestellte
- Ablegung eines Zulassungstestes

---

278. Aufgabe

Ein Drehstuhl muss folgende Anforderungen erfüllen: Die Sitzfläche ist gepolstert, der Stuhl steht auf einem 5-Rollenuntergestell, er ist höhenverstellbar und die Vorderkante der Sitzfläche ist abgerundet.

---

279. Aufgabe

1. Notwendigkeit entsteht durch den immer geringeren Anteil der erwerbstätigen Personen an der Gesamtbevölkerung (Alterspyramide).
   Vorsorgemöglichkeiten (eine Auswahl):
   - Eigenheim
   - Kapitallebensversicherungen
   - Private Rentenversicherungen (z. B. Riesterrente)
2. Entsprechend § 2 sind Zahnmedizinische Fachangestellte anspruchsberechtigt. Da sich der Anspruch auf Personen bezieht, die berechtigt sind, eine entsprechende Berufsbezeichnung zu tragen, sind Auszubildende nicht anspruchsberechtigt.
3. Muss die Berechtigte die Entgeltumwandlung spätestens vier Wochen vor dem 1. des Monats, zu dem die Entgeltumwandlungsvereinbarung in Kraft treten soll, schriftlich geltend machen.
4. Entsprechend § 5 muss die Entgeltumwandlungsvereinbarung schriftlich abgeschlossen werden.
5. Entsprechend § 8 soll der Arbeitgeber auf Verlangen der Zahnmedizinischen Fachangestellten die Entgeltumwandlung in der Pensionskasse fortführen.

Wirtschafts- und Sozialkunde – gebundene Aufgaben

280 1
281 2, 3
282 4
283 2
284 34.737,50 EUR, 555.800,00 EUR
285 16,74 EUR, 377,37 EUR, 18,00 EUR, 1.202,16 EUR
286 2, 5, 4, 1, 5, 1
287 2, 4, 3, 1, 5, 1, 4, 1, 5
288 4, 6, 7, 3, 5
289 3
290 1, 1, 3, 1, 2, 3
291 1, 3, 1, 2
292 2
293 1, 1, 9, 1, 1, 1
294 3, 5
295 8, 3, 1, 7, 5, 2, 6, 4
296 4, 1, 2, 5, 1
297 2, 1, 1, 2, 3
298 1, 4, 6, 3, 2, 7, 5
299 8, 1, 6, 5, 2, 7, 4, 3
300 13.450,00 EUR
301 8700, 4,51 EUR
302 3.748,00 EUR, 3.948,00 EUR
303 4,8 %
304 633,61 EUR, 738,92 EUR
305 16.551,22 EUR, 2.642,63 EUR
306 2.139 TEUR, 3.450 TEUR
307 167 kg, 726,40 EUR, 62,91 EUR, 15,81 EUR
308 12,60 EUR
309 8.820,00 EUR, 20 Tage, 58,80 EUR, 121,20 EUR
310 3.900,00 EUR, 4.032,00 EUR
311 290.700,00 EUR, 48.692,25 EUR
312 a) 25.04. b) 20 Tage c) 134,95 EUR d) 105,86 EUR
313 1, 3, 4, 1, 3
314 4
315 5
316 2, 1, 2, 2, 2, 1
317 3
318 3, 2, 2, 3, 3
319 2, 1, 4, 3, 1
320 3
321 4
322 3, 1, 2, 4, 4
323 4
324 9, 9, 9, 1, 1
325 a) 4, 4, 3 b) 1, 2 c) 4, 1, 2
326 2
327 4
328 1
329 4
330 2, 3, 1, 4
331 3, 1, 5, 4
332 9, 9, 1, 9, 9, 9
333 1, 9, 9, 9, 1
334 3
335 3
336 1, 3, 1, 2, 3
337 3
338 Fall 1) 1, 3 Fall 2) 1, 2 Fall 3) 1, 1
339 1, 9, 9, 9
340 4, 3, 2, 1, 1, 1, 2, 3
341 2, 1, 3, 2, 1, 2
342 2
343 1, 4, 5, 5, 2, 3, 5
344 1, 9, 1, 9
345 A: 1, 2 , 1
B: 8, 6, 5
346 1, 4, 2, 3, 5
347 4
348 2
349 3
350 3, 4, 1, 5, 2
351 1
352 2
353 1
354 3
355 1, 3, 1, 2
356 3
357 A: 1, 1, 9, 1, 1
B: 9, 9, 1, 9, 9
358 4, 4, 2, 3, 1, 1
359 2
360 3, 1, 2, 1, 2, 1
361 2
362 2
363 1
364 3
365 2
366 1, 9, 9, 1, 9, 1
367 4, 1, 3, 2, 5
368 2, 4, 5, 1, 3
369 1, 4
370 4
371 9, 9, 1, 1, 9
372 3, 1, 3, 2, 3
373 1, 2, 3, 6, 4, 7
374 4
375 1, 1, 9, 1, 1
376 1, 1, 9, 1, 9, 9, 9
377 3, 1, 2, 3
378 4, 2, 1, 2, 1, 3
379 3
380 3
381 2, 1, 3, 1, 2, 3
382 9, 1, 9, 9, 1
383 3
384 1, 9, 1, 9, 1, 9, 1, 9
385 1, 9, 9, 1
386 4, 1, 2, 5
387 2, 3, 2
388 2, 3, 3, 3, 1, 3
389 3
390 4, 1, 1, 2, 5
391 2, 3, 3, 1
392 3
393 2, 3, 4, 5
394 2
395 1, 2, 3, 2
396 5, 3, 1, 4
397 2, 1, 4, 3, 5
398 1
399 31.12.2019, 04.07.2019, 31.01.2020
400 1, 2, 9, 9, 2, 1, 9, 3, 9, 3

Praxisorganisation und -verwaltung – gebundene Aufgaben

401 5, 1, 3, 2, 4
402 1, 9, 1, 9, 1
403 2, 4, 6, 3, 5, 1
404 2, 4, 3, 1, 3
405 4
406 2
407 3
408 3
409 1
410 2
411 1, 3, 2, 3, 4, 2, 3
412 1, 2, 2, 3, 1, 3
413 1, 3
414 4
415 1, 1, 9, 1, 9, 1, 9
416 5, 1, 3, 2, 4
417 2, 2, 3, 2, 2, 1, 3, 1, 2, 1, 2, 1, 1, 3, 1, 1, 2, 2, 2, 1, 1, 1, 1, 1, 3, 1
418 2
419 4
420 2
421 1, 1, 9, 1
422 3
423 1, 2, 3, 3, 3
424 9, 1, 9, 9, 9
425 3, 2, 1
426 4
427 2
428 1, 3, 1, 2, 1, 2, 3
429 a) 1,45 EUR b) 6,10 EUR c) 2,60 EUR
430 3
431 4, 3, 2, 1
432 1, 2
433 2
434 7, 3, 2, 7, 6, 5
435 2
436 1, 1, 1, 9, 1, 1

437 1, 2, 3, 2, 3, 1
438 3, 4, 1, 2
439 3, 3, 2, 2, 1
440 2, 4, 3, 1, 3
441 1, 2, 3, 2
442 2, 3, 3, 1, 4, 2
443 3, 1, 2, 4
444 2, 3, 4, 1, 1, 2
445 3, 2, 3, 1
446 1, 3, 3, 2
447 1, 1, 2, 3, 1, 1
448 3, 2, 7, 6, 8, 1, 5, 4
449 3, 2, 5, 4, 6, 1
450 3
451 1, 9, 1, 1, 9
452 4
453 2, 3, 1, 3, 2, 1
454 8, 5, 4, 1, 3, 6, 7, 2
455 2, 1, 3
456 9, 1, 1, 1
457 1, 4, 6, 5, 2, 1, 3, 5
458 3, 2, 4, 1
459 3
460 fünf Elemente
461 zwölf Fahrzeuge
462 a) 10 % b) 20,00 EUR c) 2,5 %
463 a) 3.600,00 EUR
b) 113,40 EUR

464 3.200,00 EUR, 4.500,00 EUR, 7.700,00 EUR, 32,08 %

465 a) 152.000,00 EUR
b) 160.000,00 EUR
c) 1.000,00 EUR
d) 222,22 EUR
e) 1.583,33 EUR

466 1, 2, 4, 1, 3, 3, 3, 4, 1, 4, 2, 4, 3, 2, 2, 2, 1, 2, 3, 1, 3, 3, 1, 4, 2, 4

467 Lagerorte:

1. 1	4. 2	7. 2
2. 2	5. 2	8. 3
3. 2	6. 3	9. 2

Artikel:

[1] 6	[16] 4	[32] 2	[12] 8	[27] 4	[43] 4
[2] 5	[17] 6	[33] 7	[13] 7	[28] 6	[44] 4
[3] 4	[18] 1	[34] 6	[14] 5	[29] 1	[45] 6
[4] 2	[19] 3	[35] 6	[15] 6	[30] 9	[46] 6
[5] 7	[20] 7	[36] 6		[31] 3	[47] 7
[6] 8	[21] 4	[37] 1			
[7] 6	[22] 2	[38] 4			
[8] 5	[23] 6	[39] 6			
[9] 3	[24] 7	[40] 6			
[10] 7	[25] 4	[41] 1			
[11] 4	[26] 5	[42] 4			

468 9, 9, 1, 9, 1
469 2, 3, 2, 3, 2, 1
470 5, 1, 4, 6
471 4, 2, 1, 3
472 4
473 3
474 3, 2, 1, 1, 2, 3, 3, 3
475 1, 1, 3, 2, 3
476 3, 2, 2
477 acht Wochen
478 18 Rollen
479 a) 49.500,00 EUR
b) 3.000,00 EUR
c) 53.130,00 EUR
480 6.000,00 EUR
481 1, 9, 9, 1, 1
482 4, 1, 3, 2
483 9, 1, 9, 1
484 1, 4, 3, 2
485 2

Übungen zur Abschlussprüfung

Praxisfälle Behandlungsassistenz

Praxisfall 1

Eine Patientin hat auf dem Anamnesebogen angegeben, dass sie an Hepatitis B leidet.

1. Aufgabe

Welches Organ ist erkrankt?

2. Aufgabe

Welcher Erreger ruft diese Erkrankung hervor?

3. Aufgabe

Wie kann sich der Patient infiziert haben?

4. Aufgabe

Aus der Krankheitsbezeichnung kann man ersehen, dass es sich um eine Entzündung handelt. Welches sind charakteristische Symptome einer Entzündung?
Geben Sie diese in Deutsch und Latein an.

5. Aufgabe

Wie kann sich das Praxisteam bei der Behandlung vor dieser Krankheit schützen?

6. Aufgabe

Eine weitere Schutzmaßnahme stellt die Impfung dar. Es gibt die aktive und passive Immunisierung.
Nennen Sie die Unterschiede.

1. aktive Immunisierung: ______

2. passive Immunisierung: ______

7. Aufgabe

Das Immunsystem gliedert sich in eine unspezifische und eine spezifische Abwehr.
Erläutern Sie diese.

1. unspezifische Abwehr: ______

2. spezifische Abwehr: ______

8. Aufgabe

Bei der Untersuchung wird eine Parodontitis marginalis profunda festgestellt.
Wodurch ist dieses Krankheitsbild gekennzeichnet?

9. Aufgabe

Der Zahnarzt plant mit der Patientin eine systematische Parodontalbehandlung.
Geben Sie den Ablauf an.

10. Aufgabe

Nach Behandlungsende haben Sie die benutzten Instrumente hygienisch zu versorgen.
Nennen Sie die Arbeitsschritte.

Praxisfall 2

Bei der eingehenden Untersuchung stellt der Zahnarzt bei einer Patientin Karies am Zahn 11 fest.

1. Aufgabe

Welche vier Faktoren müssen zusammentreffen, damit eine Karies entstehen kann?

2. Aufgabe

Welche Untersuchungsmethoden können bei der Kariesdiagnostik eingesetzt werden?

3. Aufgabe

Nennen Sie die Prädilektionsstellen für Karies.

4. Aufgabe

Wodurch unterscheidet sich ein Kariesrezidiv von einer Sekundärkaries?

1. Kariesrezidiv:

2. Sekundärkaries:

5. Aufgabe

Am Zahn 11 soll eine Komposite-Füllung gelegt werden. Welche verschiedenen Materialien gibt es?

6. Aufgabe

Wie sind die Komposite zusammengesetzt?

7. Aufgabe

Bringen Sie die Arbeitsschritte, die beim Legen einer Kompositfüllung vorkommen, in die richtige Reihenfolge.

Trockenlegung	☐
Dentinpriming	☐
Unterfüllung	☐
Politur	☐
Kavitätenpräparation	☐
Konditionieren (Ätzen)	☐
Einbringen des Kompositmaterials	☐
Auftragen eines Adhäsivs (Bonding)	☐
Aushärtung mit Lichtlampe	☐

8. Aufgabe

Bei der Füllungstherapie werden rotierende Instrumente wie Bohrer und Fräsen benötigt.
Wie sind diese hygienisch zu versorgen?

9. Aufgabe

Das Praxisteam, aber auch die Patienten sind in der Zahnarztpraxis vielen Erregern ausgesetzt, die mit geeigneten Mitteln und hygienischen Maßnahmen bekämpft werden können.
Nennen Sie vier mögliche Infektionswege.

Praxisfall 3

Ein Patient kommt mit Schmerzen und Schwellung der rechten Wange in die Sprechstunde. Die Untersuchung ergibt einen erschwerten Zahndurchbruch des unteren Weisheitszahnes.

1. Aufgabe

Wie lautet für diese Diagnose der Fachbegriff?

2. Aufgabe

Zur Behandlung der Entzündung legt der Zahnarzt einen Streifen.
Welches der abgebildeten Instrumente kann er hierfür gebrauchen?

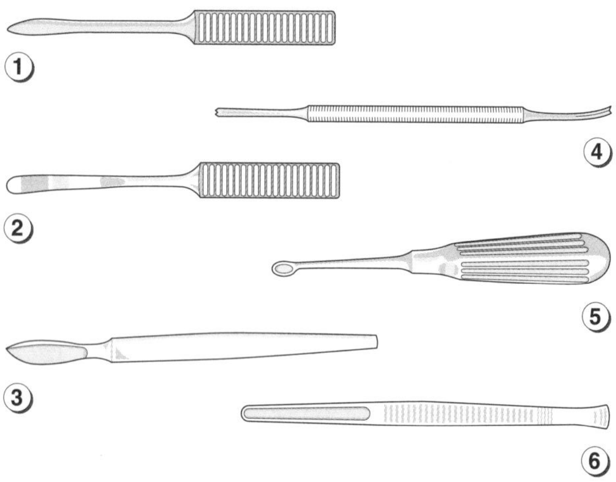

3. Aufgabe

Nach Abklingen der akuten Symptome entschließt sich der Zahnarzt zur Entfernung des schuldigen Zahnes. Die Abbildung zeigt die Mundverhältnisse während der Operation.
Um welchen oralchirurgischen Eingriff handelt es sich?

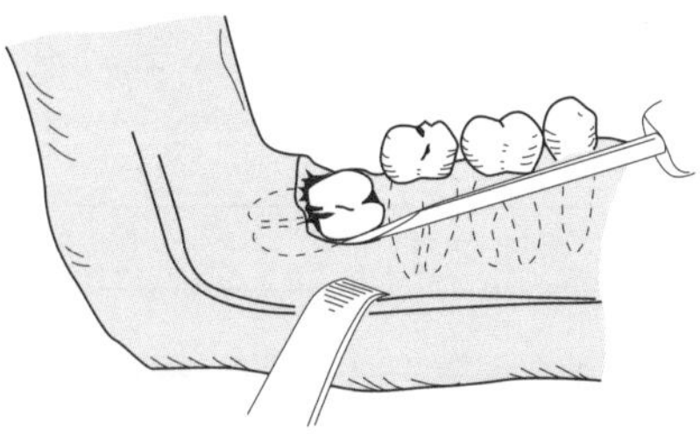

4. Aufgabe

Welche Anästhesieart wird für diesen Eingriff in der Regel angewendet?

5. Aufgabe

An welcher Stelle erfolgt die Anästhesie?

6. Aufgabe

Welcher Nerv wird durch diese Anästhesie betäubt?

7. Aufgabe

Dem Lokalanästhetikum ist ein Vasokonstringenz beigegeben.
Welche vorteilhaften Wirkungen werden damit erreicht?

8. Aufgabe

Welche Nachteile hat das Vasokonstringenz für den Organismus?

9. Aufgabe

In der Zahnarztpraxis werden weitere Arzneimittel häufig verwendet.
Geben Sie jeweils den Fachausdruck an.

1. Schmerzmittel: ______
2. Mittel gegen Entzündung: ______
3. Mittel mit abtötender Wirkung auf Bakterien: ______
4. Keimhemmende Mittel gegen Wundinfektion: ______
5. Mittel zur Blutstillung: ______

10. Aufgabe

Benennen Sie die im Blut vorkommenden Blutzellen in Deutsch und Latein und geben Sie die jeweilige Hauptaufgabe an.

11. Aufgabe

Täglich werden Milliarden von Blutzellen neu gebildet. Wo geschieht dieses?

Praxisfall 4

Ein älterer Patient soll mit einem neuen totalen Zahnersatz versorgt werden. Ein genehmigter Heil- und Kostenplan liegt vor.

1. Aufgabe

Welche Termine sind für die notwendigen Arbeitsgänge zu vergeben?

1. ______
2. ______
3. ______
4. ______
5. ______
6. ______

2. Aufgabe

Bei dieser prothetischen Versorgung sind zwei verschiedene Abformarten notwendig.
Erläutern Sie die Unterschiede von

1. anatomischer Abformung: ______

2. Funktionsabformung: ______

3. Aufgabe

Ordnen Sie den in Aufgabe 2 genannten Abformungen je ein Abformmaterial zu.

______

4. Aufgabe

Welcher Gruppe von Abformmaterialien sind diese Werkstoffe zuzuordnen?

______

5. Aufgabe

Was geschieht mit den Abformungen, nachdem sie aus dem Mund entnommen wurden?

______

6. Aufgabe

Geben Sie für folgende Prothesenarten den Fachbegriff an.

1. Deckprothese: ______
2. Sofortprothese: ______
3. Übergangsprothese: ______
4. Teilprothese: ______

7. Aufgabe

Der Patient möchte von Ihnen wissen, wie er seine Prothese zu pflegen hat.
Welche Empfehlungen geben Sie ihm?

Praxisfall 5

Sie haben die Aufgabe, bei einer Patientin wegen der Kontrolle der Wurzelfüllungen am Zahn 24 eine Röntgenaufnahme anzufertigen.

1. Aufgabe

Welche intraoralen Aufnahmetechniken sind anwendbar?

2. Aufgabe

Welche Befragungen sind vor Anfertigung der Aufnahme notwendig?

3. Aufgabe

Beim Einlegen des Röntgenfilms in die Mundhöhle haben Sie die Vorder- und Rückseite zu beachten.
Begründen Sie dieses.

4. Aufgabe

In einer Ecke der bedruckten Rückseite des Films ist ein Punkt eingestanzt.
Wozu dient er?

5. Aufgabe

Wie haben Sie den Tubus einzustellen, damit beide Wurzelkanäle zu erkennen sind?

6. Aufgabe

Nach dem Entwickeln des Röntgenfilms stellen Sie fest, dass das Bild zu hell ist.
Welche Fehler kommen als Ursache infrage?

Praxisfall 6

Der Zahnarzt benötigt eine Röntgenaufnahme zur Lagediagnostik eines impaktierten Eckzahns im Gaumen.

1. Aufgabe

Welche der abgebildeten Aufnahmetechniken findet Anwendung?

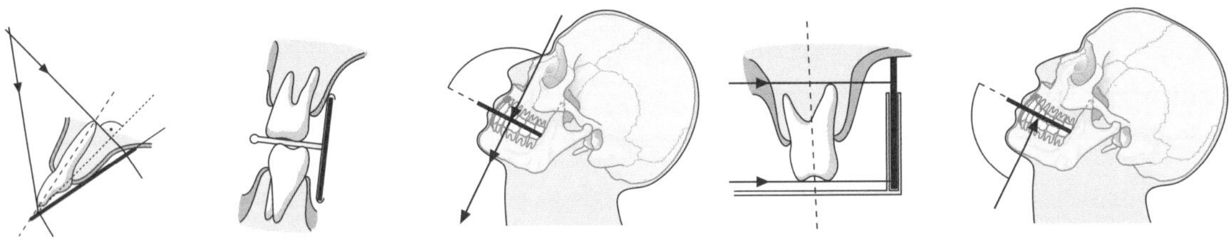

1 2 3 4 5

► 5

2. Aufgabe

Wie schützen Sie den Patienten vor unnötigen Strahlenschäden?

3. Aufgabe

Wie sollte die Röntgenschutzschürze gemäß der Röntgenverordnung ausgerüstet sein, damit die Körpergewebe ausreichend geschützt sind?

4. Aufgabe

Wie schützen Sie sich bei der Anfertigung von Röntgenbildern vor unnötiger Strahlenbelastung?

5. Aufgabe

Welche Arten von Röntgenschäden gibt es?

Praxisfall 7

Um die gleichbleibende Qualität der Röntgenaufnahmen sicherzustellen, sind regelmäßig Konstanzprüfungen durchzuführen.

1. Aufgabe

Welches Hilfsmittel muss dazu zur Verfügung stehen?

2. Aufgabe

Wie häufig sind die Konstanzprüfungen durchzuführen?

1. Röntgengeräte:
2. Filmentwicklung:
3. Dunkelkammerbeleuchtung:

3. Aufgabe

Wie lange sind die Konstanzaufnahmen aufzubewahren?

Praxisfall 8

Ein siebenjähriges Kind kommt in Begleitung der Mutter zur eingehenden Untersuchung. Dabei stellt der Zahnarzt fest, dass es am Individual-Prophylaxe-Programm teilnehmen sollte.

1. Aufgabe

Für welchen Personenkreis zahlen die gesetzlichen Krankenkassen die Leistungen?

2. Aufgabe

Um die Mundhygiene und den Zahnfleischzustand beurteilen zu können, sollten Indices mit dokumentierbaren Messwerten eingesetzt werden.
Welche eignen sich?

3. Aufgabe

Die Sechsjahrmolaren sollen unter absoluter Trockenlegung versiegelt werden.
Welche Hilfsmittel brauchen Sie?

4. Aufgabe

Nennen Sie die Arbeitsgänge in der richtigen Reihenfolge, wie sie bei der Versiegelung vorkommen.

5. Aufgabe

Nach der Versiegelung werden die Zähne fluoridiert.
Welche anderen Fluoridierungsmaßnahmen sind noch für zu Hause empfehlenswert?

6. Aufgabe

Sie haben der Mutter und dem Kind Ernährungshinweise zu geben.
Geben Sie einige wichtige Tipps.

7. Aufgabe

Im Rahmen der Prophylaxemaßnahmen tauchen Fachbegriffe auf.
Wie lauten die deutschen Bezeichnungen?

1. Rezidiv:
2. Prävention:
3. Amputation:
4. Polymerisation:
5. Exstirpation:

8. Aufgabe

Sie haben die gebrauchten Instrumente wieder hygienisch aufzubereiten.
Zu welcher Gruppe der Medizinprodukte zählen sie bei der Risikobewertung?

9. Aufgabe

Welches Verfahren zur Aufbereitung wenden Sie in diesem Fall an?

10. Aufgabe

Ihre Kollegin bittet Sie, rasch noch die chirurgischen Handstücke zu sterilisieren. Welches Gerät kommt dafür nur infrage?

11. Aufgabe

Zum Schluss haben Sie die bei der Behandlung gebrauchten Materialien wie Speichelzieher, Becher, Kofferdamfolie, Watterollen zu entsorgen.
Wie hat dies zu geschehen?

Abrechnungsfälle

Abrechnungsfall 1

Rechnen Sie den folgenden Behandlungsablauf für einen gesetzlich versicherten Patienten auf dem Erfassungsschein ab und erstellen Sie für einen Privatpatienten eine Privatliquidation.
Es wird der 2,3-fache/1,8-fache/1,0-fache Satz berechnet, soweit keine anderen Vorgaben gemacht sind.
Außerdem sind Heil- und Kostenpläne sowohl für den gesetzlich Versicherten als auch für den Privatpatienten zu erstellen.

15.07.20.. Samstag	Der Patient kommt um 15:00 Uhr in den Notdienst wegen Schmerzen im linken Oberkiefer. Die symptombezogene Untersuchung ergibt einen Abszess in der Region 24, der Zahn 24 reagiert bei der Sensibilitätsprüfung negativ. Die Röntgenaufnahme zeigt eine radikuläre Zyste am Zahn 24. Nach einer Beratung wird der Zahn 24 trepaniert, der oberflächliche Abszess unter Infiltrationsanästhesie gespalten und ein Streifen gelegt.
17.07.20..	Streifen gewechselt
19.07.20..	Streifen gewechselt
21.07.20..	Bei der eingehenden Untersuchung ergibt sich folgender Befund: f: 18, 28, 34–38, 44–46, 48 c: 24, 21, 47 Zahnstein vorhanden, Gingivitis simplex Nach der Zahnsteinentfernung erfolgt die Behandlung der Gingivitis, bei 24 wird der Streifen gewechselt.
24.07.20..	Nach der Aufbereitung und Säuberung der Wurzelkanäle des Zahnes 24 werden diese gefüllt und eine mod-Füllung mit plastischem Füllmaterial gelegt, nach Infiltrationsanästhesie werden die Wurzelspitzen resiziert (ein operativer Zugang von vestibulär) und die Zyste durch Zystektomie entfernt, wegen langer Dauer des operativen Eingriffs ist eine Nachinjektion notwendig. Die Wunde wird mit 6 Nähten verschlossen, danach erfolgt eine Röntgenkontrollaufnahme.
25.07.20..	Wundreinigung
31.07.20..	Die Nähte werden entfernt. Am Zahn 21 wird eine Caries-profunda-Behandlung unter Infiltrationsanästhesie durchgeführt, ein parapulpärer Stift (analoge Betrachtung: 2190 1-facher Satz) gesetzt und ein mesialer Eckenaufbau mit einem Komposit in Adhäsivtechnik (3,5-facher Satz; schwierige Form- und Farbgebung) unter Kofferdam gelegt. Am Zahn 47 wird nach Vitalitätsprobe unter Leitungsanästhesie eine modbucc.-Aufbaufüllung mit Glasionomerzement gelegt. Zum besseren Halt der Füllung sind zwei parapulpäre Stifte (analoge Betrachtung: 2190 1-facher Satz) notwendig.
23.08.20..	Bei den Zähnen 43, 33 wird die Sensibilität überprüft und es werden von den Zähnen der Unterkieferfront zwei Röntgenaufnahmen für ZE zur Beurteilung der parodontalen Verhältnisse angefertigt. Abschließend erfolgt eine Beratung wegen der prothetischen Versorgung des Unterkiefers: Für den Patienten werden vestibulär verblendete Teleskopkronen auf den Zähnen 33, 43 und 47 und eine Modellgussprothese geplant. Planungsmodelle, Einschleifen der Zähne zum Okklusions- und Artikulationsausgleich, zwei individuelle Löffel zur Abformung und provisorische Versorgung der präparierten Zähne sind notwendig. Es wird für die prothetische Arbeit eine hochgoldhaltige Legierung verwendet.

Materialkosten: ein pp. Stift:	3,00 EUR
Punktwert:	0,7771 EUR
Material- und Laborkosten:	1.400,00 EUR

Für den privaten HKP wird der 2,3-fache Satz der GOZ angewendet. Patient hat Bonus 00, Festzuschuss: 921,96 EUR.

Abrechnungsfall 2

Rechnen Sie folgenden Behandlungsfall für einen GKV-Patienten auf dem **Erfassungsschein** ab und erstellen Sie für einen Privatpatienten eine **Privatliquidation**.
Es wird der 2,3-fache/1,8-fache Satz berechnet, soweit keine anderen Angaben gemacht sind.
Außerdem sind **Heil- und Kostenpläne** sowohl für den gesetzlich versicherten Patienten als auch für den Privatpatienten zu erstellen.

Am **2. Januar** um 19:30 Uhr ruft ein Patient wegen starker Schmerzen an. Er wird vom Zahnarzt fernmündlich beraten und in die Praxis bestellt. Eine Stunde später erscheint der Patient. Es erfolgt eine symptombezogene Untersuchung und die Vitalitätsprüfung der Zähne 14, 15, 16 (alle Zähne reagieren positiv). Eine Röntgenaufnahme dieser Region wird angefertigt. Diese zeigt folgenden Befund: 14 verbreiteter Peridontalspalt.

Unter Infiltrationsanästhesie wird der Zahn 14 trepaniert und die Pulpa exstirpiert. Nach der Nadelmessaufnahme werden unter relativer Trockenlegung die Kanäle aufbereitet, gespült, desinfiziert, getrocknet und mit Guttapercha abgefüllt. Die Kavität wird provisorisch versorgt und eine Kontrollaufnahme der Wurzelfüllung angefertigt.

Die eingehende Untersuchung und Beratung findet am **4. Januar** statt mit folgendem Befund:
18, 17, 26, 28, 36, 46, 48 fehlen
13, 12, 22, 24, 25 zerstört
44 kariös

In der Unterkieferfront ist Zahnstein vorhanden.

Wegen notwendiger prothetischer Versorgung wird ein Orthopantomogramm zur Beurteilung der parodontalen Verhältnisse angefertigt. (Befund: 48 retiniert und verlagert)
Es wird geplant, die zerstörten Zähne im Oberkiefer zu entfernen und sofort danach eine Interimsprothese mit gebogenen Doppelarmklammern an 27, 23, 14 einzusetzen. Dazu werden mit Alginat Abformungen vom Ober- und Unterkiefer genommen und für den **GKV-Patienten** ein Heil- und Kostenplan erstellt. Der Zahnstein wird unter Oberflächenanästhesie entfernt.

Am **9. Januar** kommt der Patient zur Extraktion der Zähne 12, 13, 22, 24, 25 unter Infiltrationsanästhesie. Beim Extraktionsversuch frakturiert der Zahn 25 tief unter der Knochengrenze, sodass die einzelnen Wurzelteile nur mit Spezialzange und Wurzelheber aus der Alveole zu entfernen sind. Die anderen Zähne können problemlos extrahiert werden. Nach Resektion und Glättung des Alveolarknochens, Wundbehandlung und Legen von sieben Nähten über alle Extraktionswunden wird die Interimsprothese eingesetzt.

(Für den Privatpatienten ist die Interimsversorgung auf der Privatliquidation abzurechnen.)
Der Patient erhält ein Rezept über ein Analgetikum und eine Arbeitsunfähigkeitsbescheinigung für zwei Tage.
Am **Nachmittag** erscheint der Patient wegen einer Nachblutung in regio 25. Unter Infiltrationsanästhesie wird die übermäßige Blutung gestillt.

Die Kontrolle der Extraktionswunden am **10. Januar** zeigt einen komplikationslosen Heilungsverlauf, sodass keine Nachbehandlungsmaßnahmen notwendig sind.

Am **16. Januar** werden die Nähte entfernt und eine endgültige Füllung mit plastischem Füllungsmaterial am Zahn 14 (mod) gelegt. Zum Halt der Füllung sind zwei parapulpäre Stifte notwendig (analoge Berechnung: Nr. 2190, 1-facher Satz).

Der Zahn 44 erhält unter Leitungsanästhesie eine Aufbaufüllung (mod-bucc) mit einer parapulpären Stiftverankerung (analoge Berechnung: Nr. 2190, 1-facher Satz).
Der retinierte und verlagerte Zahn 48 wird am **26. Januar** unter Leitungsanästhesie entfernt.
(Für die OP wird der 3,0-fache Satz der GOZ wegen schwieriger anatomischer Verhältnisse angesetzt.)
Nach der Wundbehandlung werden drei Nähte gelegt.

Am **30. Januar** wird die Wunde gespült.

Die Nähte werden am **3. Februar** unter Oberflächenanästhesie entfernt.

Danach findet eine Beratung über verschiedene prothetische Versorgungen statt:
Der Patient entscheidet sich für eine voll verblendete Keramikkrone am Zahn 44, Vollgussbrücke 35–37 mit Geschiebe wegen disparalleler Brückenpfeiler und Vollgussbrücke 45–47 mit provisorischer Kronen- und Brückenversorgung. Die Brückenanker werden mit einer Hohlkehle präpariert.
Im Oberkiefer wird eine Modellgussprothese mit gegossenen Halte- und Stützvorrichtungen an den Zähnen 16, 14, 23, 27 geplant.
Für die Brücken und Krone wird eine hochgoldhaltige Legierung verwendet.

Punktwert:	0,7771 EUR
Mat.- und Laborkosten für Interimsprothese:	160,00 EUR
Mat.- und Laborkosten für endgültige Versorgung:	1.600,00 EUR
Patient hat Bonus 00. Festzuschuss	1.191,40 EUR

Bei Anwendung der GOZ ist der 2,3-fache Satz anzuwenden.

Materialkosten:	Ein parapulpärer Stift kostet:	3,00 EUR
	1 × Alginat für eine Abformung:	2,00 EUR

Name der Krankenkasse

Name, Vorname des Versicherten

geb. am

Kassen-Nr. | Versicherten-Nr. | Status

Vertragszahnarzt-Nr. | VK gültig bis | Datum

☐ Notdienst-behandlung ☐ Unfall/ Unfallfolgen

Quartal 200

Lfd. Nr.

Erfassungsschein

Folgeschein Blatt Nr.

Erklärung des Versicherten

Ich bin bei der genannten Krankenkasse versichert.

Unterschrift des Versicherten/Datum

€

Datum (T T M M)	Zahn	Leistung	Bemerkungen	Datum (T T M M)	Zahn	Leistung	Bemerkungen

Vordr.-Nr. Z 102EU SCHÜTZDRUCK 30159 Hannover, Marktstr. 49, Tel. (0511) 32 73 44

Nicht zu verwenden bei Arbeitsunfällen, Berufskrankheiten, Schulunfällen

Name der Krankenkasse

Name, Vorname des Versicherten

geb. am

Kassen-Nr. | Versicherten-Nr. | Status

Vertragszahnarzt-Nr. | VK gültig bis | Datum

☐ Notdienst-behandlung ☐ Unfall/ Unfallfolgen

Quartal 200

Lfd. Nr.

Erfassungsschein

Folgeschein Blatt Nr.

Erklärung des Versicherten

Ich bin bei der genannten Krankenkasse versichert.

Unterschrift des Versicherten/Datum

€

Datum (T T M M) | Zahn | Leistung | Bemerkungen | Datum (T T M M) | Zahn | Leistung | Bemerkungen

Vordr.-Nr. Z 102EU SCHÜTZDRUCK 30159 Hannover, Marktstr. 49, Tel. (0511) 32 73 44

Nicht zu verwenden bei Arbeitsunfällen, Berufskrankheiten, Schulunfällen

Name der Krankenkasse

Name, Vorname des Versicherten

geb. am

Kassen-Nr. | Versicherten-Nr. | Status

Vertragszahnarzt-Nr. | VK gültig bis | Datum

Erklärung des Versicherten

Ich bin bei der genannten Krankenkasse versichert. Ich bin über Art, Umfang und Kosten der Regel-, der gleich- und andersartigen Versorgung aufgeklärt worden und wünsche die Behandlung entsprechend dieses Kostenplanes.

Datum/Unterschrift des **Versicherten**

Lfd.-Nr.

Stempel des **Zahnarztes**

Heil- und Kostenplan

Hinweis an den Versicherten:
Bonusheft bitte zur Zuschussfestsetzung beifügen.

I. Befund des gesamten Gebisses/Behandlungsplan

TP = Therapieplanung   R = Regelversorgung   B = Befund

Art der Versorgung

TP																
R																
B																
	18	17	16	15	14	13	12	11	21	22	23	24	25	26	27	28
	48	47	46	45	44	43	42	41	31	32	33	34	35	36	37	38
B																
R																
TP																

Der Befund ist bei Wiederherstellungsmaßnahmen nicht auszufüllen!

Bemerkungen (bei Wiederherstellung Art der Leistung)

II. Befunde für Festzuschüsse

(Spalten 1-3 vom Zahnarzt auszufüllen)

Befund Nr. 1	Zahn/Gebiet 2	Anz. 3	IV. Zuschussfestsetzung Betrag Euro	Ct
		vorläufige Summe ▶		

Nachträgliche Befunde:

☐ Unfall oder Unfallfolgen/Berufskrankheit ☐ Interimsversorgung ☐ Unbrauchbare Prothese/Brücke/Krone

☐ Versorgungsleiden ☐ Immediatversorgung Alter ca. ☐ Jahre ☐ NEM

Die Krankenkasse übernimmt folgende Festzuschüsse:

Festzuschuss

Bonus ☐ % Härtefall ☐

Voraussetzung ist, dass der Zahnersatz innerhalb von 6 Monaten in der vorgesehenen Weise eingegliedert wird.

Datum, Unterschrift und Stempel der **Krankenkasse**

Erläuterungen

Befund

a = Adhäsivbrücke (Anker, Spanne)
b = Brückenglied
e = ersetzter Zahn
ew = ersetzter, aber erneuerungsbedürftiger Zahn
f = fehlender Zahn
i = Implantat mit intakter Suprakonstruktion
ix = zu entfernendes Implantat
k = klinisch intakte Krone
kw = erneuerungsbedürftige Krone
pw = erhaltungswürdiger Zahn mit partiellen Substanzdefekten
r = Wurzelstiftkappe
rw = erneuerungsbedürftige Wurzelstiftkappe
sw = erneuerungsbedürftige Suprakonstruktion
t = Teleskop
tw = erneuerungsbedürftiges Teleskop
ur = unzureichende Retention
ww = erhaltungswürdiger Zahn mit weitgehender Zerstörung
x = nicht erhaltungswürdiger Zahn
)(= Lückenschluss

Behandlungsplanung:

A = Adhäsivbrücke (Anker, Spanne)
B = Brückenglied
E = zu ersetzender Zahn
H = gegossene Halte- und Stützvorrichtung
K = Krone
M = Vollkeramische oder keramisch voll verblendete Restauration
O = Geschiebe, Steg etc.
PK = Teilkrone
R = Wurzelstiftkappe
S = implantatgetragene Suprakonstruktion
T = Teleskopkrone
V = Vestibuläre Verblendung

III. Kostenplanung

1 BEMA-Nrn.	Anz.	1 Fortsetzung	Anz.	1 Fortsetzung	Anz.

	Euro	Ct
2 Zahnärztliches Honorar BEMA:		
3 Zahnärztliches Honorar GOZ: (geschätzt)		
4 Material- und Laborkosten: (geschätzt)		
5 Behandlungskosten insgesamt: (geschätzt)		

Datum/Unterschrift des **Zahnarztes**

V. Rechnungsbeträge (siehe Anlage)

	V. Rechnungsbeträge (siehe Anlage)	Euro	Ct
1	ZA-Honorar (BEMA siehe III)		
2	ZA-Honorar zusätzl. Leist. BEMA		
3	ZA-Honorar GOZ		
4	Mat.- und Lab.-Kosten Gewerbl.		
5	Mat.- und Lab.-Kosten Praxis		
6	Versandkosten Praxis		
7	Gesamtsumme		
8	Festzuschuss Kasse		
9	Versichertenanteil		

Gutachterlich befürwortet
☐ ja ☐ nein ☐ teilweise

Datum/Unterschrift und Stempel des **Gutachters**

Eingliederungsdatum:

Herstellungsort bzw. Herstellungsland des Zahnersatzes:

Der Zahnersatz wurde in der vorgesehenen Weise eingegliedert.

Datum/Unterschrift des **Zahnarztes**

Bei Handbeschriftung unbedingt in Blockschrift schreiben

Anschrift des **Versicherten**

Vordr. Z 311/3 6.05 SCHÜTZDRUCK 30159 Hannover, Marktstr. 49, Tel. (0511) 32 73 44

Heil- und Kostenplan Teil 2

Patient (Anschrift):

Anschrift des Zahnarztes (Stempel)

Anlage zum Heil und Kostenplan vom ....

Für Ihre prothetische Behandlung werden entsprechend nachfolgender Aufstellung voraussichtlich folgende Kosten/Eigenanteile anfallen:

Zahn/Gebiet	GOZ	Leistungsbeschreibung	Anzahl	Betrag

Zahnärztliches Honorar GOZ (entsprechend Zeile III/3 HKP): EUR ....

Zahnärztliches Honorar BEMA (entsprechend Zeilen III/1 und 2 HKP): EUR ....

Material und Laborkosten (entsprechend Zeile III/4 HKP): EUR ....

Gesamtkosten (entsprechend Zeile III/5 HKP): EUR ....

abzüglich Festzuschüsse: EUR ....

Ihr voraussichtlicher Eigenanteil wird hiernach betragen **EUR ....**

Kosten für allgemeine und konservierend-chirurgische Leistungen nach der GOZ sind in den Beträgen nicht enthalten. Unvorhersehbare Leistungen, die sich im Rahmen der Behandlung ergeben, werden gesondert berechnet. Unvorhersehbare Veränderungen der Schwierigkeit sowie des Zeitaufwandes der einzelnen Leistungen, der Umstände bei der Ausführung oder der Methode können zu Kostenveränderungen führen.

Ich wünsche eine Versorgung entsprechend des Heil- und Kostenplans nebst dieser Anlage

.... Unterschrift Zahnarzt

.... Datum/Unterschrift Versicherter

Information über die Kosten der Regelversorgung

Die Kosten für eine dem Befund entsprechende Regelversorgung liegen voraussichtlich in Höhe des doppelten Festzuschusses.

doppelter Festzuschuss EUR ....

abzüglich von der Kasse festgesetzter Festzuschüsse EUR ....

Ihr Eigenanteil würde im Falle der Regelversorgung daher voraussichtlich EUR .... zzgl. der möglicherweise anfallenden Edelmetallkosten betragen.

Privatliquidation

Hinweis: Eintragung der Leistungsbeschreibung und der Beträge ist nicht vorgesehen.

Datum	Zahn	Position	Anzahl	Faktor	Begründung

Materialkosten:

Privatliquidation

Hinweis: Eintragung der Leistungsbeschreibung und der Beträge ist nicht vorgesehen.

Datum	Zahn/ Gebiet	Geb. Nr.	Anzahl	Steigerungs-satz	Begründung

Materialkosten:

Behandlungsplan für Zahnersatz

Beh.-Plan																
Be-fund																
	18 48	17 47	16 46	15 47	14 44	13 43	12 42	11 41	21 31	22 32	23 33	24 34	25 35	26 36	27 37	28 38
Be-fund																
Beh.-Plan																

Zahn/ Gebiet	Geb.-Nr.	Leistung	Anzahl	Steige-rungssatz	Betrag EUR	Begründung
Zahntechnische Material- und Laborkosten					ca.	
Voraussichtliche Gesamtkosten						

Lösungen

Praxisfälle Behandlungsassistenz

Praxisfall 1

1. Aufgabe

Die Leber

2. Aufgabe

Hepatitis B-Viren

3. Aufgabe

- durch direkte Blutkontakte (Bluttransfusion, Stechen mit benutzten Kanülen usw.)
- durch Sexualkontakte

4. Aufgabe

Rötung – Rubor
Schwellung – Tumor
Wärme – Calor
Schmerz – Dolor
eingeschränkte Funktion – Functio laesa

5. Aufgabe

Tragen von Schutzkleidung, Brille, Mund- und Nasenschutz, Schutzhandschuhen,
sorgfältige Hygienemaßnahmen in der ZA-Praxis

6. Aufgabe

1. Dem Organismus werden Antigene (z. B. abgetötete oder abgeschwächte Krankheitserreger) zugeführt, wodurch die Bildung von Abwehrstoffen angeregt wird. Diese Antikörper bieten einen lang andauernden Schutz vor bestimmten Krankheiten.
2. Der Körper muss nicht selbst die Antikörper bilden, stattdessen werden fertige, aber fremde Antikörper injiziert, sodass ein Impfschutz innerhalb weniger Minuten vorhanden ist, aber nach einigen Wochen nachlässt.

7. Aufgabe

1. Die unspezifische Abwehr bewirkt ungezielten Schutz vor Krankheitserregern und Fremdkörpern durch Fresszellen (Mikrophagen und Makrophagen) oder durch Abwehrstoffe (z. B. Interferon und Lysozym) in den Körperflüssigkeiten.
2. Die spezifische Abwehr richtet sich gezielt gegen bestimmte Krankheitserreger oder Fremdstoffe durch Anlagerung von Lymphozyten oder die Bildung von Antikörper.

8. Aufgabe

Entzündung des Zahnfleisches mit Zahnfleischtaschen und Knochenabbau bis zu etwa 1/3 der Wurzellänge oder mit Beteiligung der Bi- bzw. Trifurkationen

9. Aufgabe

Erstuntersuchung und vorläufige Diagnose, parodontale Vorbehandlung, ausführliche Befunderhebung, endgültige Diagnose und Behandlungsplanung, chirurgische Behandlung, Nachbehandlungen,
Erhaltungstherapie (Recall)

10. Aufgabe

Instrumente ausreichend lange in ein Desinfektionsbad legen, abspülen, reinigen, trocknen, evt. pflegen, einschweißen, sterilisieren

Praxisfall 2

1. Aufgabe

Zahn, Mikroorganismen, Nahrung, Zeit

2. Aufgabe

Inspektion, Sondierung, Bissflügelaufnahme, Durchleuchtung mit Kaltlicht, elektrische Widerstandsmessung, Laserfluoreszenzmessung

3. Aufgabe

Fissuren und Grübchen der Seitenzähne, Approximalflächen, Zahnhals, freiliegende Wurzeln, Kronen- und Füllungsränder, Foramen caecum in der palatinalen Fläche der oberen Schneidezähne

4. Aufgabe

1. Erneutes Auftreten einer Karies, die am Kavitätenboden vor einer Füllung nicht vollständig entfernt wurde
2. Neu entstandene Karies am Füllungs- oder Kronenrand

5. Aufgabe

Konventionelle Komposite (mit Makrofüllern), Mikrofüllerkomposite, Hybridkomposite

6. Aufgabe

Grundgerüst aus Kunststoff, darin Füllstoffe, die mit einer Verbundmasse (Silan) überzogen sind.

7. Aufgabe

2, 5, 3, 9, 1, 4, 7, 6, 8

8. Aufgabe

Ausreichend lange Desinfektion z. B. in einem Bohrerbad, Reinigung mit einem Drahtbürstchen, danach nochmalige Desinfektion oder Sterilisation, Trocknen und Einsortieren

9. Aufgabe

Tröpfcheninfektion, Schmierinfektion, Wasser- und Nahrungsmittelinfektion, Perkutane Infektion

Praxisfall 3

1. Aufgabe

Dentitio difficilis

2. Aufgabe

4

---

3. Aufgabe

Osteotomie eines unteren verlagerten Weisheitszahnes

---

4. Aufgabe

Leitungsanästhesie

---

5. Aufgabe

Foramen mandibulare

---

6. Aufgabe

Nervus alveolaris inferior, ein Ast des Nervus trigeminus

---

7. Aufgabe

Längere Anästhesiedauer, relative Blutleere

---

8. Aufgabe

Mehrbelastung für Herz- und Kreislauf

---

9. Aufgabe

1 – Analgetika
2 – Antiphlogistika
3 – Antibiotika
4 – Antiseptika
5 – Hämostyptika

---

10. Aufgabe

Erythrozyten/rote Blutkörperchen – Gastransport
Leukozyten/weiße Blutkörperchen – Abwehraufgaben
Thrombozyten/Blutplättchen – Blutstillung

---

11. Aufgabe

im Knochenmark von platten Knochen

Praxisfall 4

1. Aufgabe

1. Untersuchung und Erstabformung
2. Funktionsabformung
3. Kieferrelationsbestimmung, Bestimmung von Zahnfarbe, -form und -größe
4. Anprobe und Überprüfung der Wachsaufstellung
5. Eingliederung der fertigen Arbeit, Okklusionsüberprüfung
6. Kontrollsitzung, Druckstellenentfernung

---

2. Aufgabe

1. Die Mundsituation wird in Ruhe erfasst.
2. Es wird durch aktive und passive Bewegungen der Wangen und Lippen, der Zunge und des weichen Gaumens das Bewegungsspiel der Schleimhäute und Bänder wiedergegeben, was für die Randgestaltung von Vollprothesen erforderlich ist.

---

3. Aufgabe

1. Alginat 2. Silikon

---

4. Aufgabe

irreversibel-elastisches Abformmaterial

---

5. Aufgabe

Unter fließendem, kaltem Wasser abspülen, auf Vollständigkeit und festen Halt im Löffel überprüfen, Desinfektion der Abformung, mit Modellgips ausgießen Alginatabformungen sofort, solche mit Silikon später

---

6. Aufgabe

1. Coverdenture-Prothese
2. Immediatprothese
3. Interimsprothese
4. partielle Prothese

---

7. Aufgabe

Mindestens zweimal täglich die Prothese mit Zahnpaste und Zahnbürste, evtl. auch Prothesenzahnbürste, reinigen, dabei vorher Wasser ins Waschbecken laufen lassen oder Handtuch hineinlegen, damit die Prothese nicht bricht, falls sie aus der Hand gleiten sollte

---

Praxisfall 5

1. Aufgabe

Halbwinkeltechnik, Paralleltechnik, Rechtwinkeltechnik

---

2. Aufgabe

Frage nach Schwangerschaft, vorherige Aufnahmen, Röntgenpass

---

3. Aufgabe

Die Rückseite des Röntgenfilms muss dem Zahn abgewandt liegen, weil hier die Metallfolie liegt, die der Abschwächung der Röntgenstrahlen dient und verhindern soll, dass in der Mundhöhle entstehende Streustrahlen den Film von hinten belichten.

---

4. Aufgabe

Der Leitpunkt sollte beim Einlegen des Films vereinbarungsgemäß immer okklusal oder apikal oder nach mesial liegen, damit beim Einsortieren der Röntgenbilder stets die richtige Seitenzuordnung ermöglicht wird.

---

5. Aufgabe

distal- oder mesialexzentrisch

6. Aufgabe

Belichtungszeit zu kurz, Entwicklungszeit zu kurz, Temperatur des Entwicklers zu kalt, Entwickler zu schwach oder verbraucht, falsche Filmempfindlichkeit

Praxisfall 6

1. Aufgabe

3

2. Aufgabe

Durch Anlegen einer Röntgenschutzschürze und oder -schild, durch richtige Kopflagerung (Kopf in den Nacken legen)

3. Aufgabe

Sie sollte einen Bleigleichwert von 0,4 mm haben.

4. Aufgabe

Durch Nichtbetreten des Kontrollbereiches, ansonsten Röntgenschutzschürze tragen.

5. Aufgabe

somatische Schäden – Schäden am Körper
genetische Schäden – Schäden am Erbgut
teratogene Schäden – Schäden am Embryo

Praxisfall 7

1. Aufgabe

ein Prüfkörper

2. Aufgabe

1 – monatlich
2 – wöchentlich
3 – mindestens einmal jährlich

3. Aufgabe

zwei Jahre

Praxisfall 8

1. Aufgabe

Für versicherte Patienten, die das 6. aber noch nicht das 18. Lebensjahr vollendet haben

---

2. Aufgabe

- Approximalraum-Plaque-Index (API)
- Visible-Plaque-Index (VPI)
- Papillen-Blutungs-Index (PBI)
- Quigley-Hein-Index

---

3. Aufgabe

Instrumente und Materialien für Kofferdam-Technik

---

4. Aufgabe

gründliche Reinigung der Kauflächen mit Polierpaste, Kofferdam legen, Ätzlösung auftragen, nach 60 Sekunden abspülen und trocknen, Fissurenversiegler in einer dünnen Schicht auftragen, mit der Sonde durch die Fissuren ziehen, um Luftbläschen zu vermeiden; mit einer Polymerisationslampe aushärten, Okklusion und Artikulation überprüfen und fluoridieren

---

5. Aufgabe

Verwendung von fluoridiertem Speisesalz, fluoridierter Zahnpaste, evtl. Mundspüllösung

---

6. Aufgabe

- wenig zuckerhaltige Nahrungsmittel
- auf versteckte Zucker achten (Ketchup, Chips usw.)
- auf die Beschaffenheit der Nahrung achten (nicht klebrig, ballaststoffhaltig)
- wenn möglich wenig Zwischenmahlzeiten
- zuckerfreies Kaugummi
- nach dem letzten Zähneputzen nichts mehr essen oder trinken (außer Wasser)

---

7. Aufgabe

1. Wiederauftreten
2. Vorbeugung
3. Abtrennung eines Körperteiles
4. Aushärtung (Vernetzung) von Kunststoffen
5. vollständige Entfernung (der Pulpa)

---

8. Aufgabe

semikritische Medizinprodukte A und B

---

9. Aufgabe

Thermodesinfektor oder manuelle Aufbereitung und Sterilisation

---

10. Aufgabe

B-Sterilisator

---

11. Aufgabe

in verschlossenen reißfesten Abfallsäcken zum Hausmüll

Abrechnungsfall 1

Name der Krankenkasse

Name, Vorname des Versicherten geb. am

Kassen-Nr. | Versicherten-Nr. | Status

Vertragszahnarzt-Nr. | VK gültig bis | Datum

☐ Notdienst-behandlung ☐ Unfall/ Unfallfolgen

Erfassungsschein

Quartal 3 200

Lfd. Nr.

Folgeschein Blatt Nr. 1

Erklärung des Versicherten

Ich bin bei der genannten Krankenkasse versichert.

Unterschrift des Versicherten/Datum

€

Datum (T T M M)	Zahn	Leistung	Bemerkungen	Datum (T T M M)	Zahn	Leistung	Bemerkungen
15.07		1		21.07		01	
		03	1500			107	
		8				105	
	24	9251	1		24	38	
		31		24.07	24	32	2
		9161				35	2
		40				133	123
17.07	24	38				40	
19.07	24	38				542	

Vordr.-Nr. Z 102EU SCHÜTZDRUCK

Nicht zu verwenden bei Arbeitsunfällen, Berufskrankheiten, Schulunfällen

Name der Krankenkasse

Name, Vorname des Versicherten geb. am

Kassen-Nr. | Versicherten-Nr. | Status

Vertragszahnarzt-Nr. | VK gültig bis | Datum

☐ Notdienst-behandlung ☐ Unfall/ Unfallfolgen

Erfassungsschein

Quartal 3 200

Lfd. Nr.

Folgeschein Blatt Nr. 2

Erklärung des Versicherten

Ich bin bei der genannten Krankenkasse versichert.

Unterschrift des Versicherten/Datum

€

Datum (T T M M)	Zahn	Leistung	Bemerkungen	Datum (T T M M)	Zahn	Leistung	Bemerkungen
		543				134	1245
		563				12	
		40				8	
		9251	1		47	411	
25.07	24	38				132	1234
31.07	24	38				601	600
	21	25		23.08	43	9251	5
		40				8	
		16					

Vordr.-Nr. Z 102EU SCHÜTZDRUCK

Nicht zu verwenden bei Arbeitsunfällen, Berufskrankheiten, Schulunfällen

Name der Krankenkasse
Name, Vorname des Versicherten — geb. am
Kassen-Nr. — Versicherten-Nr. — Status
Vertragszahnarzt-Nr. — VK gültig bis — Datum

Erklärung des Versicherten

Ich bin bei der genannten Krankenkasse versichert. Ich bin über Art, Umfang und Kosten der Regel-, der gleich- und andersartigen Versorgung aufgeklärt worden und wünsche die Behandlung entsprechend dieses Kostenplanes.

Datum/Unterschrift des **Versicherten**

Lfd.-Nr.

Stempel des **Zahnarztes**

Heil- und Kostenplan

Hinweis an den Versicherten:
Bonusheft bitte zur Zuschussfestsetzung beifügen.

I. Befund des gesamten Gebisses/Behandlungsplan

TP = Therapieplanung   R = Regelversorgung   B = Befund

Art der Versorgung

TP																
R																
B	*f*															*f*
	18	17	16	15	14	13	12	11	21	22	23	24	25	26	27	28
	48	47	46	45	44	43	42	41	31	32	33	34	35	36	37	38
B	*f*	*ww*	*f*	*f*	*f*							*f*	*f*	*f*	*f*	*f*
R		*K*	*E*	*E*	*E*	*TV*					*TV*	*E*	*E*	*E*	*E*	*E*
TP		*TV*	*E*	*E*	*E*	*TV*					*TV*	*E*	*E*	*E*	*E*	*E*

Der Befund ist bei Wiederherstellungs-maßnahmen nicht auszufüllen!

Bemerkungen (bei Wiederherstellung Art der Leistung)

II. Befunde für Festzuschüsse

(Spalten 1-3 vom Zahnarzt auszufüllen)

Befund Nr. 1	Zahn/Gebiet 2	Anz. 3	IV. Zuschussfestsetzung Betrag Euro	Ct
3.2	*33,43*	*2*		
4.7	*33,43*	*2*		
1.1	*47*	*1*		
3.1	*UK*	*1*		
	vorläufige Summe ▶			

Nachträgliche Befunde:

☐ Unfall oder Unfallfolgen/Berufskrankheit ☐ Interimsversorgung ☐ Unbrauchbare Prothese/Brücke/Krone

☐ Versorgungsleiden ☐ Immediatversorgung Alter ca. ☐ Jahre ☐ NEM

Die Krankenkasse übernimmt folgende Festzuschüsse:

Festzuschuss

Bonus ☐ %   Härtefall ☐

Voraussetzung ist, dass der Zahnersatz innerhalb von 6 Monaten in der vorgesehenen Weise eingegliedert wird.

Datum, Unterschrift und Stempel der **Krankenkasse**

Erläuterungen

Befund

- a = Adhäsivbrücke (Anker, Spanne)
- b = Brückenglied
- e = ersetzter Zahn
- ew = ersetzter, aber erneuerungsbedürftiger Zahn
- f = fehlender Zahn
- i = Implantat mit intakter Suprakonstruktion
- ix = zu entfernendes Implantat
- k = klinisch intakte Krone
- kw = erneuerungsbedürftige Krone
- pw = erhaltungswürdiger Zahn mit partiellen Substanzdefekten
- r = Wurzelstiftkappe
- rw = erneuerungsbedürftige Wurzelstiftkappe
- sw = erneuerungsbedürftige Suprakonstruktion
- t = Teleskop
- tw = erneuerungsbedürftiges Teleskop
- ur = unzureichende Retention
- ww = erhaltungswürdiger Zahn mit weitgehender Zerstörung
- x = nicht erhaltungswürdiger Zahn
-)(= Lückenschluss

Behandlungsplanung:

- A = Adhäsivbrücke (Anker, Spanne)
- B = Brückenglied
- E = zu ersetzender Zahn
- H = gegossene Halte- und Stützvorrichtung
- K = Krone
- M = Vollkeramische oder keramisch voll verblendete Restauration
- O = Geschiebe, Steg etc.
- PK = Teilkrone
- R = Wurzelstiftkappe
- S = implantatgetragene Suprakonstruktion
- T = Teleskopkrone
- V = Vestibuläre Verblendung

III. Kostenplanung

1 BEMA-Nrn.	Anz.	1 Fortsetzung	Anz.	1 Fortsetzung	Anz.
		98a	*2*		
91d	*2*				
19	*3*				
96b	*1*				
98g	*1*				
76	*1*				
89	*1*				

	Euro	Ct
2 Zahnärztliches Honorar BEMA:	*510*	*55*
3 Zahnärztliches Honorar GOZ: (geschätzt)	*336*	*97*
4 Material- und Laborkosten: (geschätzt)	*1400*	*00*
5 Behandlungskosten insgesamt: (geschätzt)	*2247*	*52*

23.08. .

Datum/Unterschrift des **Zahnarztes**

V. Rechnungsbeträge (siehe Anlage)

		Euro	Ct
1	ZA-Honorar (BEMA siehe III)		
2	ZA-Honorar zusätzl. Leist. BEMA		
3	ZA-Honorar GOZ		
4	Mat.- und Lab.-Kosten Gewerbl.		
5	Mat.- und Lab.-Kosten Praxis		
6	Versandkosten Praxis		
7	Gesamtsumme		
8	Festzuschuss Kasse		
9	Versichertenanteil		

Gutachterlich befürwortet
☐ ja ☐ nein ☐ teilweise

Datum/Unterschrift und Stempel des **Gutachters**

Eingliederungs-datum:

Herstellungsort bzw. Herstellungsland des Zahnersatzes:

Der Zahnersatz wurde in der vorgesehenen Weise eingegliedert.

Datum/Unterschrift des **Zahnarztes**

Bei Handbeschriftung unbedingt in Blockschrift schreiben

Anschrift des **Versicherten**

Vordr. Z 311/3 6.05 SCHÜTZDRUCK 30159 Hannover, Marktstr. 49, Tel. (0511) 32 73 44

Heil- und Kostenplan Teil 2

Patient (Anschrift):

Anschrift des Zahnarztes (Stempel)

Anlage zum Heil und Kostenplan vom ....

Für Ihre prothetische Behandlung werden entsprechend nachfolgender Aufstellung voraussichtlich folgende Kosten/Eigenanteile anfallen:

Zahn/Gebiet	GOZ	Leistungsbeschreibung	Anzahl	Betrag
47	5040	Teleskopkrone	1	336,97

Zahnärztliches Honorar GOZ (entsprechend Zeile III/3 HKP):	EUR 336,97
Zahnärztliches Honorar BEMA (entsprechend Zeilen III/1 und 2 HKP):	EUR 510,55
Material und Laborkosten (entsprechend Zeile III/4 HKP):	EUR 1.400,00
Gesamtkosten (entsprechend Zeile III/5 HKP):	EUR 2.247,52
abzüglich Festzuschüsse:	EUR 921,96
Ihr voraussichtlicher Eigenanteil wird hiernach betragen	**EUR** 1.325,56

Kosten für allgemeine und konservierend-chirurgische Leistungen nach der GOZ sind in den Beträgen nicht enthalten. Unvorhersehbare Leistungen, die sich im Rahmen der Behandlung ergeben, werden gesondert berechnet. Unvorhersehbare Veränderungen der Schwierigkeit sowie des Zeitaufwandes der einzelnen Leistungen, der Umstände bei der Ausführung oder der Methode können zu Kostenveränderungen führen.

Ich wünsche eine Versorgung entsprechend des Heil- und Kostenplans nebst dieser Anlage

.... Unterschrift Zahnarzt

.... Datum/Unterschrift Versicherter

Information über die Kosten der Regelversorgung

Die Kosten für eine dem Befund entsprechende Regelversorgung liegen voraussichtlich in Höhe des doppelten Festzuschusses.

doppelter Festzuschuss EUR 1843,92

abzüglich von der Kasse festgesetzter Festzuschüsse EUR 921,96

Ihr Eigenanteil würde im Falle der Regelversorgung daher voraussichtlich EUR 921,96 zzgl. der möglicherweise anfallenden Edelmetallkosten betragen.

Privatliquidation

Hinweis: Eintragung der Leistungsbeschreibung und der Beträge ist nicht vorgesehen.

Datum	Zahn	Position	Anzahl	Faktor	Begründung
15.07...		$GOÄ_5$	1	2.3	
		$GOÄ_1$	1	2.3	
		GOÄD	1	1.0	
	24	0070	1	2.3	
	24	GOÄ5000	1	1.8	
	24	2390	1	2.3	
	24	GOÄ2428	1	2.3	
	24	0090	2	2.3	
17.07...	24	3300	1	2.3	
19.07...	24	3300	1	2.3	
21.07...		0010	1	2.3	
	14, 16, 17, 27, 26, 24, 47	4050	7	2.3	
	15, 13 – 23, 25, 33 – 43	4055	14	2.3	
	"	4020	1	2.3	
	24	3300	1	2.3	
24.07...	24	2410	2	2.3	
	24	2440	2	2.3	
	24	2090	1	2.3	
	24	0090	1	2.3	
	24	3120	2	2.3	
	24	3190	1	2.3	
	24	0510	1	1.0	
	24	0090	1	2.3	wegen langer Dauer
	24	GOÄ5000	1	1.8	
25.07...	24	3300	1	2.3	
31.07...	24	3300	1	2.3	
	21	2330	1	2.3	
	21	0090	1	2.3	
	21	analaog 2190	1	1.0	
	21	2120	1	3.5	schwierige Form- und Farbgebung
	21	2040	1	2.3	
	47	0070	1	2.3	
	47	0100	1	2.3	
	47	2180	1	2.3	
	47	analog 2190	1	1.0	
23.08...	43, 33	0070	1	2.3	
	43, 33	GOÄ5000	2	1.8	
		$GOÄ_1$	1	2.3	

Materialkosten: 3 pp Stifte = 9,00 EUR

Behandlungsplan für Zahnersatz

Beh.-Plan																
Befund																
	18 48	17 47	16 46	15 45	14 44	13 43	12 42	11 41	21 31	22 32	23 33	24 34	25 35	26 36	27 37	28 38
Befund	*f*		*f*	*f*	*f*							*f*	*f*	*f*	*f*	*f*
Beh.-Plan		*TV*	*E*	*E*	*E*	*TV*					*TV*	*E*	*E*	*E*	*E*	*E*

Zahn/Gebiet	Geb.-Nr.	Leistung	Anzahl	Steigerungssatz	Betrag EUR	Begründung
	0030	*proth. Heil- und Kostenplan*	*1*	*2.3*	*25,87*	
OK/UK	*0060*	*Planungsmodelle*	*1*	*2.3*	*33,63*	
	4040	*Einschleifen*	*1*	*2.3*	*5,82*	
	5170	*individuelle Löffel*	*2*	*2.3*	*64,68*	
33, 43, 47	*5040*	*Teleskopkronen*	*3*	*2.3*	*1.000,91*	
UK	*5210*	*Modellgussprothese*	*1*	*2.3*	*181,10*	
	5070	*Prothesensättel*	*2*	*2.3*	*103,48*	
33, 43, 47	*2270*	*provisorische Kronen*	*3*	*2.3*	*104,79*	
					1.520,28	
Zahntechnische Material- und Laborkosten			ca.		*1.400,00*	
Voraussichtliche Gesamtkosten					*2.920,28*	

Abrechnungsfall 2

Name der Krankenkasse

Name, Vorname des Versicherten — geb. am

Kassen-Nr. | Versicherten-Nr. | Status

Vertragszahnarzt-Nr. | VK gültig bis | Datum

☐ Notdienst-behandlung ☐ Unfall/ Unfallfolgen

Erfassungsschein

Erklärung des Versicherten
Ich bin bei der genannten Krankenkasse versichert.
Unterschrift des Versicherten/Datum

€

Quartal 1 200 — Lfd. Nr.

Folgeschein Blatt Nr. 1

Datum (TT.MM)	Zahn	Leistung	Bemerkungen	Datum (TT.MM)	Zahn	Leistung	Bemerkungen
02.01		1				9251	1
		03	1930	04.01		01	
02.01		8				9354	5
	14	9251	1			107	
		40		09.01	12	40	
		28	2			43	
		9251	1		13	43	
		32	2		22	40	
		35	2			43	

Nicht zu verwenden bei Arbeitsunfällen, Berufskrankheiten, Schulunfällen

Vordr.-Nr. Z 102EU SCHÜTZDRUCK 30159 Hannover, Marktstr. 49, Tel. (0511) 32 73 44

Name der Krankenkasse

Name, Vorname des Versicherten — geb. am

Kassen-Nr. | Versicherten-Nr. | Status

Vertragszahnarzt-Nr. | VK gültig bis | Datum

☐ Notdienst-behandlung ☐ Unfall/ Unfallfolgen

Erfassungsschein

Erklärung des Versicherten
Ich bin bei der genannten Krankenkasse versichert.
Unterschrift des Versicherten/Datum

€

Quartal 1 200 — Lfd. Nr.

Folgeschein Blatt Nr. 2

Datum (TT.MM)	Zahn	Leistung	Bemerkungen	Datum (TT.MM)	Zahn	Leistung	Bemerkungen
	24	40			14	133	123
		44				16	
	25	45			44	411	
		62				132	1234
		7700				601	300
09.01	25	40		26.01	48	411	
		36				48	
16.01	25	38		30.01	48	38	
	13	38		03.02	48	38	

Nicht zu verwenden bei Arbeitsunfällen, Berufskrankheiten, Schulunfällen

Vordr.-Nr. Z 102EU SCHÜTZDRUCK 30159 Hannover, Marktstr. 49, Tel. (0511) 32 73 44

Name der Krankenkasse
Name, Vorname des Versicherten — geb. am
Kassen-Nr. — Versicherten-Nr. — Status
Vertragszahnarzt-Nr. — VK gültig bis — Datum

Erklärung des Versicherten

Ich bin bei der genannten Krankenkasse versichert. Ich bin über Art, Umfang und Kosten der Regel-, der gleich- und andersartigen Versorgung aufgeklärt worden und wünsche die Behandlung entsprechend dieses Kostenplanes.

Datum/Unterschrift des **Versicherten**

Lfd.-Nr.

Stempel des **Zahnarztes**

Heil- und Kostenplan

Hinweis an den Versicherten:
Bonusheft bitte zur Zuschussfestsetzung beifügen.

I. Befund des gesamten Gebisses/Behandlungsplan

TP = Therapieplanung R = Regelversorgung B = Befund

Art der Versorgung																
TP																
R						E	E			E		E	E	E		
B	f	f				X	X			X		X	X	f		f
	18	17	16	15	14	13	12	11	21	22	23	24	25	26	27	28
	48	47	46	45	44	43	42	41	31	32	33	34	35	36	37	38
B	f		f											f	f	
R																
TP																

Der Befund ist bei Wiederherstellungsmaßnahmen nicht auszufüllen!

Bemerkungen (bei Wiederherstellung Art der Leistung)

gebogene Doppelarmklammern an 14. 23. 27

II. Befunde für Festzuschüsse / IV. Zuschussfestsetzung

(Spalten 1-3 vom Zahnarzt auszufüllen)

Befund Nr. 1	Zahn/Gebiet 2	Anz. 3	Betrag Euro	Ct
5 2	10K	1		
		vorläufige Summe		

Nachträgliche Befunde:

☐ Unfall oder Unfallfolgen/Berufskrankheit ☒ Interimsversorgung ☐ Unbrauchbare Prothese/Brücke/Krone
☐ Versorgungsleiden ☐ Immediatversorgung Alter ca. ☐ Jahre ☐ NEM

Die Krankenkasse übernimmt folgende Festzuschüsse:

Festzuschuss

Bonus ☐ % Härtefall ☐

Voraussetzung ist, dass der Zahnersatz innerhalb von 6 Monaten in der vorgesehenen Weise eingegliedert wird.

Datum, Unterschrift und Stempel der **Krankenkasse**

Erläuterungen

Befund

- a = Adhäsivbrücke (Anker, Spanne)
- b = Brückenglied
- e = ersetzter Zahn
- ew = ersetzter, aber erneuerungsbedürftiger Zahn
- f = fehlender Zahn
- i = Implantat mit intakter Suprakonstruktion
- ix = zu entfernendes Implantat
- k = klinisch intakte Krone
- kw = erneuerungsbedürftige Krone
- pw = erhaltungswürdiger Zahn mit partiellen Substanzdefekten
- r = Wurzelstiftkappe
- rw = erneuerungsbedürftige Wurzelstiftkappe
- sw = erneuerungsbedürftige Suprakonstruktion
- t = Teleskop
- tw = erneuerungsbedürftiges Teleskop
- ur = unzureichende Retention
- ww = erhaltungswürdiger Zahn mit weitgehender Zerstörung
- x = nicht erhaltungswürdiger Zahn
-)(= Lückenschluss

Behandlungsplanung:

- A = Adhäsivbrücke (Anker, Spanne)
- B = Brückenglied
- E = zu ersetzender Zahn
- H = gegossene Halte- und Stützvorrichtung
- K = Krone
- M = Vollkeramische oder keramisch voll verblendete Restauration
- O = Geschiebe, Steg etc.
- PK = Teilkrone
- R = Wurzelstiftkappe
- S = implantatgetragene Suprakonstruktion
- T = Teleskopkrone
- V = Vestibuläre Verblendung

III. Kostenplanung

1 BEMA-Nrn.	Anz.	1 Fortsetzung	Anz.	1 Fortsetzung	Anz.
9 6 6 b	1				
9 8 f	1				

	Euro	Ct
2 Zahnärztliches Honorar BEMA:	81	60
3 Zahnärztliches Honorar GOZ: (geschätzt)	0	00
4 Material- und Laborkosten: (geschätzt)	160	00
5 Behandlungskosten insgesamt: (geschätzt)	241	60

04 01 . .

Datum/Unterschrift des **Zahnarztes**

V. Rechnungsbeträge (siehe Anlage)

		Euro	Ct
1	ZA-Honorar (BEMA siehe III)		
2	ZA-Honorar zusätzl. Leist. BEMA		
3	ZA-Honorar GOZ		
4	Mat.- und Lab.-Kosten Gewerbl.		
5	Mat.- und Lab.-Kosten Praxis		
6	Versandkosten Praxis		
7	Gesamtsumme		
8	Festzuschuss Kasse		
9	Versichertenanteil		

Gutachterlich befürwortet ☐ ja ☐ nein ☐ teilweise

Eingliederungs-datum:

Herstellungsort bzw. Herstellungsland des Zahnersatzes:

Der Zahnersatz wurde in der vorgesehenen Weise eingegliedert.

Datum/Unterschrift und Stempel des **Gutachters**

Datum/Unterschrift des **Zahnarztes**

Anschrift des **Versicherten**

Bei Handbeschriftung unbedingt in Blockschrift schreiben

Vordr. Z 311/3 6.05 SCHÜTZDRUCK 30159 Hannover, Marktstr. 49, Tel. (0511) 32 73 44

Name der Krankenkasse
Name, Vorname des Versicherten — geb. am
Kassen-Nr. — Versicherten-Nr. — Status
Vertragszahnarzt-Nr. — VK gültig bis — Datum

Erklärung des Versicherten

Ich bin bei der genannten Krankenkasse versichert. Ich bin über Art, Umfang und Kosten der Regel-, der gleich- und andersartigen Versorgung aufgeklärt worden und wünsche die Behandlung entsprechend dieses Kostenplanes.

Datum/Unterschrift des **Versicherten**

Lfd.-Nr.

Stempel des **Zahnarztes**

Heil- und Kostenplan

Hinweis an den Versicherten:
Bonusheft bitte zur Zuschussfestsetzung beifügen.

I. Befund des gesamten Gebisses/Behandlungsplan TP = Therapieplanung R = Regelversorgung B = Befund

Art der Versorgung

TP																
R	E	E	H		H	E	E			E	H	E	E	E	H	
B	f	f				ew	ew			ew		ew	ew	ew		f
	18	17	16	15	14	13	12	11	21	22	23	24	25	26	27	28
	48	47	46	45	44	43	42	41	31	32	33	34	35	36	37	38
B	f		f		ww									f		
R		K	B	K	KV								K	B O	K	
TP		K	B	K	KM								K	B O	K	

Bemerkungen (bei Wiederherstellung Art der Leistung)

Der Befund ist bei Wiederherstellungsmaßnahmen nicht auszufüllen!

II. Befunde für Festzuschüsse (Spalten 1-3 vom Zahnarzt auszufüllen)

Befund Nr. 1	Zahn/Gebiet 2	Anz. 3	**IV. Zuschussfestsetzung** **Betrag** Euro	Ct
3.1	OK	1		
1.1	44	1		
1.3	44	1		
2.1	35-37	1		
2.6	35-37	1		
2.1	45-47	1		
	vorläufige Summe			

Nachträgliche Befunde:

Unfall oder Unfallfolgen/Berufskrankheit	Interimsversorgung	Unbrauchbare Prothese/Brücke/Krone
Versorgungsleiden	Immediatversorgung	Alter ca. ___ Jahre ___ NEM

Die Krankenkasse übernimmt folgende Festzuschüsse:

Festzuschuss

Bonus ___ % Härtefall

Voraussetzung ist, dass der Zahnersatz innerhalb von 6 Monaten in der vorgesehenen Weise eingegliedert wird.

Datum, Unterschrift und Stempel der **Krankenkasse**

Erläuterungen

Befund

- a = Adhäsivbrücke (Anker, Spanne)
- b = Brückenglied
- e = ersetzter Zahn
- ew = ersetzter, aber erneuerungsbedürftiger Zahn
- f = fehlender Zahn
- i = Implantat mit intakter Suprakonstruktion
- ix = zu entfernendes Implantat
- k = klinisch intakte Krone
- kw = erneuerungsbedürftige Krone
- pw = erhaltungswürdiger Zahn mit partiellen Substanzdefekten
- r = Wurzelstiftkappe
- rw = erneuerungsbedürftige Wurzelstiftkappe
- sw = erneuerungsbedürftige Suprakonstruktion
- t = Teleskop
- tw = erneuerungsbedürftiges Teleskop
- ur = unzureichende Retention
- ww = erhaltungswürdiger Zahn mit weitgehender Zerstörung
- x = nicht erhaltungswürdiger Zahn
-)(= Lückenschluss

Behandlungsplanung:

- A = Adhäsivbrücke (Anker, Spanne)
- B = Brückenglied
- E = zu ersetzender Zahn
- H = gegossene Halte- und Stützvorrichtung
- K = Krone
- M = Vollkeramische oder keramisch voll verblendete Restauration
- O = Geschiebe, Steg etc.
- PK = Teilkrone
- R = Wurzelstiftkappe
- S = implantatgetragene Suprakonstruktion
- T = Teleskopkrone
- V = Vestibuläre Verblendung

III. Kostenplanung

1 BEMA-Nrn.	Anz.	1 Fortsetzung	Anz.	1 Fortsetzung	Anz.
		98h2	1		
91d	4				
91e	1				
92	2				
19	7				
96b	1				
98g	1				

	Euro	Ct
2 Zahnärztliches Honorar BEMA:	737	47
3 Zahnärztliches Honorar GOZ: (geschätzt)	217	06
4 Material- und Laborkosten: (geschätzt)	1600	00
5 Behandlungskosten insgesamt: (geschätzt)	2554	53

03.02. ..

Datum/Unterschrift des **Zahnarztes**

V. Rechnungsbeträge (siehe Anlage)

		Euro	Ct
1	ZA-Honorar (BEMA siehe III)		
2	ZA-Honorar zusätzl. Leist. BEMA		
3	ZA-Honorar GOZ		
4	Mat.- und Lab.-Kosten Gewerbl.		
5	Mat.- und Lab.-Kosten Praxis		
6	Versandkosten Praxis		
7	Gesamtsumme		
8	Festzuschuss Kasse		
9	Versichertenanteil		

Gutachterlich befürwortet
☐ ja ☐ nein ☐ teilweise

Datum/Unterschrift und Stempel des **Gutachters**

Eingliederungsdatum:

Herstellungsort bzw. Herstellungsland des Zahnersatzes:

Der Zahnersatz wurde in der vorgesehenen Weise eingegliedert.

Datum/Unterschrift des **Zahnarztes**

Anschrift des **Versicherten**

Bei Handbeschriftung unbedingt in Blockschrift schreiben

Vordr. Z 311/3 6.05 SCHÜTZDRUCK 30159 Hannover, Marktstr. 49, Tel. (0511) 32 73 44

Patient (Anschrift):	Anschrift des Zahnarztes (Stempel)

Anlage zum Heil und Kostenplan vom ....

Für Ihre prothetische Behandlung werden entsprechend nachfolgender Aufstellung voraussichtlich folgende Kosten/Eigenanteile anfallen:

Zahn/Gebiet	GOZ	Leistungsbeschreibung	Anzahl	Betrag
44	2210	vollverblendete Krone	1	217,06

Zahnärztliches Honorar GOZ (entsprechend Zeile III/3 HKP):	EUR 217,06
Zahnärztliches Honorar BEMA (entsprechend Zeilen III/1 und 2 HKP):	EUR 737,47
Material und Laborkosten (entsprechend Zeile III/4 HKP):	EUR 1.600,00
Gesamtkosten (entsprechend Zeile III/5 HKP):	EUR 2.554,53
abzüglich Festzuschüsse:	EUR 1.191,40
Ihr voraussichtlicher Eigenanteil wird hiernach betragen	**EUR** 1.363,13

Kosten für allgemeine und konservierend-chirurgische Leistungen nach der GOZ sind in den Beträgen nicht enthalten. Unvorhersehbare Leistungen, die sich im Rahmen der Behandlung ergeben, werden gesondert berechnet. Unvorhersehbare Veränderungen der Schwierigkeit sowie des Zeitaufwandes der einzelnen Leistungen, der Umstände bei der Ausführung oder der Methode können zu Kostenveränderungen führen.

Ich wünsche eine Versorgung entsprechend des Heil- und Kostenplans nebst dieser Anlage

....

Unterschrift Zahnarzt — Datum/Unterschrift Versicherter

Information über die Kosten der Regelversorgung

Die Kosten für eine dem Befund entsprechende Regelversorgung liegen voraussichtlich in Höhe des doppelten Festzuschusses.

doppelter Festzuschuss	EUR 2.382,80
abzüglich von der Kasse festgesetzter Festzuschüsse	EUR 1.191,40

Ihr Eigenanteil würde im Falle der Regelversorgung daher voraussichtlich EUR 1.191,40 zzgl. der möglicherweise anfallenden Edelmetallkosten betragen.

Privatliquidation

Datum	Zahn/ Gebiet	Geb.Nr.	Anzahl	Steige - rungssatz	Begründung
02.01...		G,O,Ä$_1$	1	2.3	
19.30 Uhr		A	1	1.0	
02.01...		G,O,Ä$_5$	1	2.3	
	14, 15, 16	0070	1	2.3	
		G,O,Ä5000	1	1.8	
	14	0090	1	2.3	
		2360	2	2.3	
		G,O,Ä5000	1	1.8	
		2410	2	2.3	
		2440	2	2.3	
		G,O,Ä5000	1	1.8	
04.01...		0010	1	2.3	
		G,O,Ä5004	1	1.8	
	33–43	0080	1	2.3	
		4050	6	2.3	
09.01...	24, 25, 12, 13, 22	0090	5	2.3	
	25	3020	1	2.3	
	25	0500	1	1.0	
	24	3010	1	2.3	
	12, 13, 22	3000	3	2.3	
	OK	5200	1	2.3	
	OK	5070	3	2.3	
		GÖ70	1	2.3	
09.01...	25	0090	1	2.3	
		3050	1	2.3	
10.01...	13, 12, 22, 24, 25	3290	2	2.3	
16.01...	13, 12, 22, 24, 25	3300	3	2.3	
	14	2090	1	2.3	
		analog 2190	1	1.0	
	44	0100	1	2.3	
		2180	1	2.3	
		analog 2190	1	1.0	
26.01...	48	0100	1	2.3	
		3040	1	3.0	schwierige anatomische Verhältnisse
		0510	1	1.0	
30.01...	48	3300	1	2.3	
03.02...	48	0080	1	2.3	
		3300	1	2.3	
		G,O,Ä$_1$	1	2.3	

Materialkosten:	3 parapulpäre Stifte à 3,00 EUR	= 9,00 EUR
	2 × Alginat à 2,00 EUR	= 4,00 EUR

Behandlungsplan für Zahnersatz

Beh.-Plan	E	E	H		H	E	E			E	H	E	E	E	H	
Be-fund	f	f				e	e			e		e	e	e		f
	18 48	17 47	16 46	15 45	14 44	13 43	12 42	11 41	21 31	22 32	23 33	24 34	25 35	26 36	27 37	28 38
Be-fund	f		f											f		
Beh.-Plan		K	B	K	KM								K	Bo	K	

Zahn/Gebiet	Geb.-Nr.	Leistung	Anzahl	Steigerungssatz	Betrag EUR	Begründung
	0030	proth. Behandlungsplan	1	2.3	25,87	
OK	5210	Modellgussprothese	1	2.3	181,10	
	5070	Prothesensättel	4	2.3	209,96	
44	2210	Keramikkrone	1	2.3	217,06	
	2270	provisorische Krone	1	2.3	34,93	
45–47	5010	Vollgrussbrücke	2	2.3	383,68	
	5070	Brückenspanne	1	2.3	51,75	
	5120	provisorische Brücke	2	2.3	62,10	
	5140	Spanne	1	2.3	10,35	
35–37	5010	Vollgussbrücke	2	2.3	383,68	
	5070	Brückenspanne	1	2.3	51,75	
	5080	Geschiebe	1	2.3	29,75	
	5120	provisorische Brücke	2	2.3	62,10	
	5140	Spanne	1	2.3	10,35	
					1.711,43	
Zahntechnische Material- und Laborkosten			ca.		1.600,00	
Voraussichtliche Gesamtkosten					3.311,43	

Prüfungsübungssatz

Wirtschafts- und Sozialkunde

1. Situation:

In der Teamsitzung der Praxis Dr. Spranger vom 2. April wird über die Situation in der Verwaltung gesprochen. Seit Längerem treten immer wieder Probleme mit dem Kopierer auf, weil er regelmäßig ausfällt und Reparaturen notwendig sind. Vor zwei Tagen fanden Sie in der Post ein Angebot Ihres bisherigen Lieferanten über einen Kopierer in der Post und legen es in der Sitzung vor. Um das Problem zu lösen, beauftragt Sie Frau Dr. Spranger eine Kaufentscheidung bis zur nächsten Teamsitzung in zwei Wochen vorzubereiten und dort vorzustellen.
Es liegt das Angebot des bisherigen Lieferanten vor.

Aufgaben:

1. Beschreiben Sie Ihre grundsätzliche Vorgehensweise und erstellen Sie eine Checkliste über den Ablauf bis zur nächsten Teamsitzung.
2. Erstellen Sie eine Vorlage für eine Anfrage an andere Hersteller, indem Sie beschreiben, welche Punkte eine Anfrage beinhalten sollte.

Bürobedarf koslowski KG

... und es ist alles in Ordnung!

Bürobedarf koslowski KG · Sutumerfeldstr. 3 · 45897 Gelsenkirchen

Dr. Spranger/Dr. Specht
Goldbergstr. 60
45894 Gelsenkirchen

Angebots-Datum	Angebots-Nr.	Kunden-Nr.	Seite
02. 10. 20..	1452368	84596	1

Ausgabe-Datum	Ihr Ansprechpartner	Telefon
02. 10. 20..	Gerald Brund	0209 97084-0

Verkäufer | Ihre Referenz | Unsere Referenz

Angebot

Sehr geehrte Damen und Herren,
vielen Dank für Ihre Anfrage, freibleibend bieten wir Ihnen an.

Pos./Sub.	Artikel/Farbe-Art/Farbe	V-Einheit	Menge	Verkaufspreis EUR	Gesamtpreis EUR
1	Fotokopierer Q 437 FT Außenverkleidung weiß, Einzelblatteinzug, Scanner-Automatik, Sortierung, Maße: Außenmaße: H 550 (820), B 600, T 450 mm Ausstattung gem. Anforderung, praxisgerecht	STK	1	1.552,00	1.552,00

Warenwert:	1.552,00
Warenwert Netto:	1.552,00
19 % USt:	294,88
Angebotssumme	**1.846,88**

Die Installationszuleitungen zum Anschluss des Fotokopierers müssen bauseits vorhanden sein oder zu Ihren Lasten verlegt werden

Die Lieferung erfolgt frei Haus durch unseren Fuhrpark eine Woche nach Eingang der Bestellung. Wir bieten Ihnen ein Zahlungsziel von 30 Tagen an. Wenn Sie innerhalb von 10 Tagen bezahlen, reduziert sich der Rechnungsbetrag um 2 % Skonto.

Der Fotokopierers genügt der niedrigsten Energieklasse.

Bankverbindungen Gelsenkirchen
Dresdner Bank AG BIC: DRESDEFF420 IBAN:DE36420800700503604500
Deutsche Bank AG BIC: DEUTDEDE420 IBAN: DE24420700300000512568
Commerzbank AG BIC: COBADEFFXXX IBAN: DE 96420400384424512785

Handelsregister Gelsenkirchen HRA 5623
USt.-Id.: DE 451289, St.-Nr.: 203/8596/0047
Geschäftsführer: Gerald Brunft, Dipl.-Kfm.

2. Situation

Ihr Praxisinhaber Dr. Hansen hat mit dem Büroausstatter Hemmerling einen Kaufvertrag über eine Schreibtischeinheit für das Büro geschlossen. Der Schreibtisch wurde geliefert und gestern ist die Rechnung bei Ihnen in der Praxis eingegangen. Ihre Kollegin stellte gestern fest, dass sich die linke Halterung der oberen Schublade gelöst hat und die Schublade nur wenige Zentimeter geöffnet werden kann. Dr. Hansen möchte in der Mittagspause mit dem Lieferanten telefonieren und bittet Sie, ihm vorher aufzuschreiben, welche rechtlichen Möglichkeiten er wegen des defekten Schreibtisches hat. Da er sehr verärgert ist, möchte er eigentlich den Vertrag sofort rückgängig machen.

Aufgaben:

1. Welcher Mangel nach seiner Entdeckbarkeit liegt vor?
2. Beschreiben Sie ausführlich, welche rechtlichen Möglichkeiten (unter Beachtung ihrer Stufung) Dr. Hansen hat. (Klären Sie hierbei auch, ob er vom Kaufvertrag zurücktreten kann.)
3. Welche Gewährleistungsfrist gilt für den obigen Fall?

3. Situation

Eine Zahnmedizinische Fachangestellte (ZFA) schließt mit dem Zahnarzt Dr. Müller einen Arbeitsvertrag, der aber keine Angaben über die Kündigungsfrist enthält.

Aufgaben:

1. Welche Kündigungsfrist gilt?
2. Aus welchen Gründen könnte die ZFA künftig besonderen Kündigungsschutz genießen? (Nennen Sie 3.)
3. Die Kündigung ist ein einseitig empfangsbedürftiges Rechtsgeschäft. Für sie gilt eine bestimmte Formvorschrift. Was bedeutet das für die Handlungsschritte der ZFA, falls sie kündigen möchte?

Praxisorganisation und -verwaltung

1. Situation

Der Patient Gregor Schuster hat vor zwei Tagen in der Praxis angerufen. Sie hatten das Gespräch entgegengenommen. Während des Telefonates beschwert sich Herr Schuster über die eine Rechnung. Sie sei ihm viel zu hoch und er wisse nicht so recht, ob überhaupt ein Vertrag zwischen ihm und der Praxis bestehe. Unterschrieben habe er schließlich nichts. Er wolle die Rechnung nicht bezahlen und außerdem sei der Betrag für eine einmalige Zahlung zu hoch.
Sie haben ihre Zahnärztin über das Gespräch informiert. Frau Dr. Spranger hat Sie beauftragt, einen Termin mit Herrn Schuster zu vereinbaren und ein Gespräch zu führen, in dem alle offenen Fragen geklärt werden. Folgende Unterlagen liegen vor:

- Karteikarte des Patienten
- Liquidation

Aufgabe:

Beschreiben Sie ihre Vorbereitung und Durchführung des Arbeitsauftrages, den Sie von Frau Dr. Spranger erhalten haben. Gehen Sie dabei in den vier folgenden Schritten vor. Überlegen Sie bei den einzelnen Schritten, welche unterschiedlichen Verhaltensvarianten es geben könnte.

1. Schritt: Vorbereitung des Telefongespräches mit Herrn Schuster.
2. Schritt: Terminvereinbarung.
3. Schritt: Planung des Gespräches.
4. Schritt: Gesprächsführung

Gemeinschaftspraxis
Dr. Spranger/Dr. Specht

BIC: VKGELSI78R
IBAN:
DE48422600010123456700

Herrn
Gregor Schuster
Schlegelstr. 45
45894 Gelsenkirchen

Rechnung vom
14.01. ..

Datum	Zahn	Gebühren-nummer	Anzahl	Leistungsbezeichnung	Faktor	Begründung	Betrag
10.01.		001	1	Eingehende Untersuchung	2,3		12,92
10.01.		0001	1	Beratung	2,3		10,72
10.01.		5004	1	OPG	1,8		41,96
10.01.	27, 16, 36	007	1	Vitalitätsprüfung	2,3		6,46
13.01.	27	209	1	Dreifl. Füllung	2,3		38,80
13.01.	27	204	1	Spanngummi	2,3		8,41
13.01.	26	209	1	Dreifl. Füllung	2,3		38,80
15.01.	11, 21	204	1	Spanngummi	2,3		8,41
15.01.	11, 21	205	2	Einfl. Füllung	2,3		38,82
15.01.	21	203	1	Besond. Maßnahmen	2,3		8,41
29.01.	36	5000	1	Röntgen	1,8		5,24
29.01.	36	007	1	Vitalitätsprüfung	2,3		6,46
29.01.	36	209	1	Dreifl. Füllung	2,3		38,80
29.01.	36	213	1	Stiftverankerung	2,3		14,23
29.01.	36	204	1	Spanngummi	2,3		8,41
02.02.	43–33	5000	3	Röntgen	1,8		15,72
02.02.	44, 34	204	2	Spanngummi	2,3		16,82
02.02.	43, 42, 41	209	3	Dreifl. Füllung	2,3		116,40
02.02.	31	211	1	Mehr als dreifl. Füllung	2,3		49,15
02.02.	31	203	1	Besond. Maßnahmen	2,3		8,41

Medizinische Begründung		
	Honorar	493,35
	Material- und Laborkosten	
	Auslagenersatz	
	1 parapulpärer Stift	1,50
	Gesamtsumme	494,85

GEMEINSCHAFTSPRAXIS
DR. SPRANGER/DR. SPECHT

BIC: VKGELSI78R
IBAN:
DE48422600010123456700

Name	Vorname	Geb.	Krankenkasse
Schuster	Gregor	13.04.65	Signal

Datum	Behandlung
10.01.	Eingehende Untersuchung und Beratung UK, OK Orthopantomogramm, Befund: alle Zähne apikal o. B. 27, 16, 36 Vitalitätsprüfung, alle positiv
13.01.	27 Füllung mesial-distal-okklusal unter Kofferdam 26 Füllung mesial-okklusal-bukkal
15.01.	11, 21 Kofferdam gelegt 11, 21 Füllungen je vestibulär 21 Stillung einer übermäßigen Papillenblutung
29.01.	36 Röntgenaufnahme, Befund: tiefe Karies 36 Vitalitätsprüfung, positiv 36 Füllung okklusal-distal-lingual, 1 Stiftverankerung 36 Kofferdam gelegt
02.02.	43–33 Röntgenaufnahmen (3 Projektionen), Befund: keine Aufhellungen 44–34 Kofferdam gelegt 43, 42, 41 SDA-Füllungen je mesial-labial-distal 31 mesialer Eckenaufbau unter Einbeziehung der Schneidekante Beseitigung störenden Zahnfleisches

Blatt-Nr. 1

2. Situation

In der Teambesprechung der Praxis Dr. Spranger/Dr. Specht am letzten Montag wurden die Probleme besprochen, die sich in der letzten Zeit ergeben haben. Patienten klagen wiederholt über lange Wartezeiten trotz Terminvergabe. Mitarbeiter beklagen die hektische Arbeitsatmosphäre.

Aufgaben:

1. Entwickeln Sie einen Fragenkatalog (5 Fragen), der an die Patienten gerichtet ist, um eine Bewertung der Praxis zu erlangen.
2. Erstellen Sie eine Übersicht über die Wartezeiten der Patienten.
3. Listen Sie Fragen (5) für praxisinterne Probleme bei der Terminplanung auf.

3. Situation

Außerdem wurde in dieser Teambesprechung festgelegt, dass Sie sich um die neue Auszubildende Jennifer Weigel kümmern sollen. Dr. Specht beauftragt Sie, der Auszubildenden die Karteikarten und das Ablagesystem zu erklären.

Folgende Unterlagen liegen vor:

Patientendaten:

Bettina Fuchs
Südring 243, 46242 Bottrop, Tel. 02041/456320
Geb. 22.03.71,
KV: DAK
Beruf: Erzieherin
Arbeitgeber: Stadt Bottrop
Anschrift: Rathausplatz 1, 46242 Bottrop

Aufgaben:

1. Übertragen Sie die Patientendaten in die Karteikarte.
2. Beschreiben Sie Jennifer, was man unter Stammdaten bzw. Bewegungsdaten versteht.
3. Jennifer fragt Sie, ob es unterschiedliche Ablagesysteme gibt und welche Möglichkeiten der Sortierung es geben könnte. Beschreiben Sie ihr zwei Ablagesysteme und nennen Sie fünf unterschiedliche Sortiermöglichkeiten.

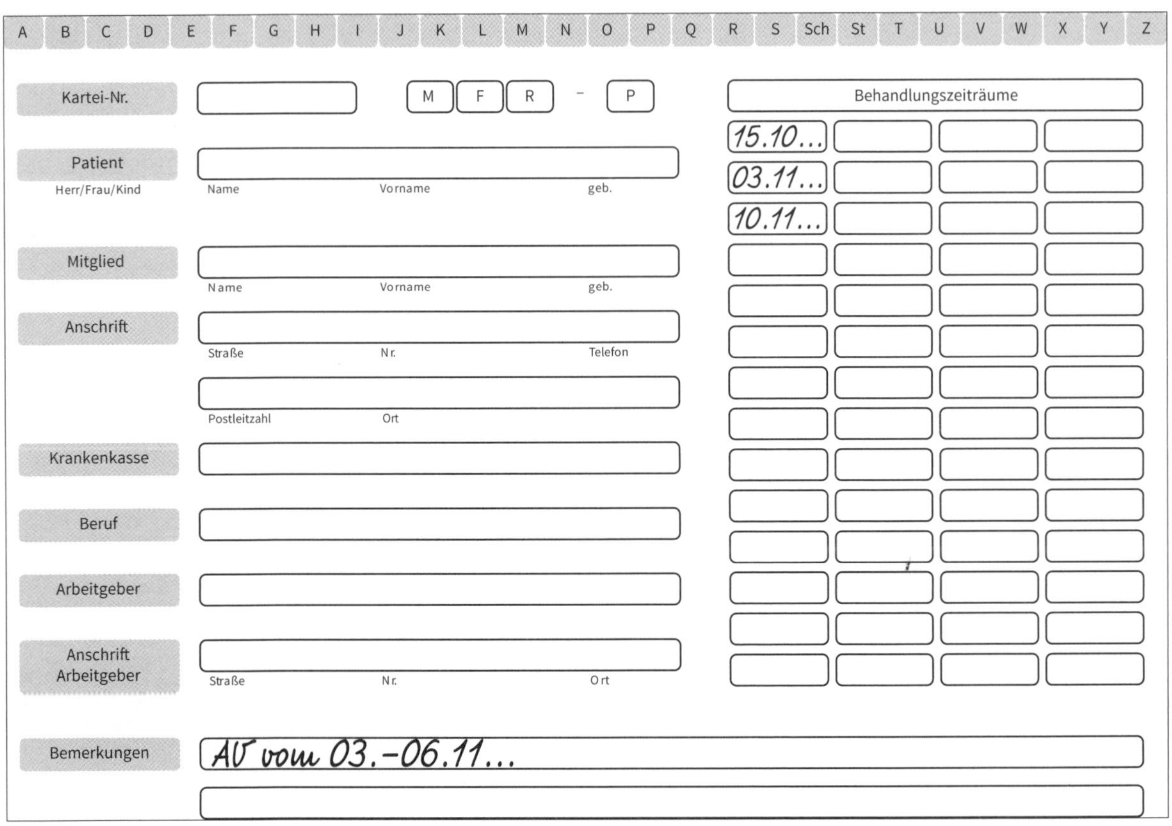

4. Situation

Während Sie der Auszubildenden Jennifer an der Anmeldung die Ablage erklären, kommt eine Patientin in die Praxis. Die Patientin muss einen Moment an der Anmeldung warten, weil ihre Kollegin Anna, die die Patienten empfängt, noch telefoniert.

Anna: „Hallo, Frau Jasper. Ihre Brücke ist aus dem Labor gekommen und ich möchte mit Ihnen einen Term in vereinbaren." Es wird ein Termin vereinbart.
Anna weiter: „Letzte Woche hatten Sie mir gesagt, die Rechnung aus dem letzten Quartal sei bezahlt. Leider ist der Betrag auf unserem Konto bisher nicht eingegangen. Vielleicht können Sie die Angelegenheit möglichst schnell klären."

Aufgabe:

Beurteilen Sie die rechtliche Situation an der Anmeldung. Beschreiben und begründen Sie, wie sich Anna anders verhalten könnte.

Lösungen/Prüfungsübungssatz

Wirtschafts- und Sozialkunde

1. Situation

1. Aufgabe

Erstellen einer Checkliste:
- Anfragen stellen
- Schreiben und Versenden der Anfragen
- Prüfung der Angebote
- Zusammenfassung und Vergleich der Angebote

Begründung für ein Angebot und Empfehlung

---

2. Aufgabe

Inhalte für eine Anfrage:
- Beschreibung der Ware
- Preis des Gerätes
- Liefer- Zahlungsbedingungen
- Service

---

2. Situation

1. Aufgabe

offener Mangel, bei Prüfung entdeckbar

---

2. Aufgabe

Rechte des Dr. Hansen:

- vorrangig: Nacherfüllung des Kaufvertrages
  → durch Nachbesserung, indem der Mangel beseitigt wird
  → durch Neulieferung (z. B. nach zwei erfolglosen Nachbesserungen)
- nachrangig: das heißt, nach angemessener Frist zur Beseitigung des Mangels an dem Schreibtisch bzw. der Neulieferung kann Dr. Hansen
  → vom Kaufvertrag zurücktreten, gilt nicht bei geringfügigen Mängeln.
  → Minderung verlangen.

---

3. Aufgabe

Mangel bestand bereits bei Lieferung, Gewährleistungsfrist beträgt zwei Jahre.

---

3. Situation

1. Aufgabe

Bei der ordentlichen Kündigung ist mindestens die gesetzlich geregelte Kündigungsfrist gültig: Sie beträgt in den ersten zwei Jahren des Arbeitsverhältnisses vier Wochen zum 15. eines Monats oder zum Monatsende

---

2. Aufgabe

Besonderer Kündigungsschutz:
- Schwangerschaft
- bis zu vier Monaten nach der Geburt
- langjährige Betriebszugehörigkeit
- Personalvertretung

---

3. Aufgabe

Die ZFA muss die Kündigung schriftlich verfassen. Sie muss dafür sorgen, dass die Kündigung fristgerecht in den Zugangsbereich des Arbeitgebers gelangt. Erst dann ist die Kündigung wirksam.

Praxisorganisation und -verwaltung

1. Situation

1. Aufgabe

Vorbereitung des Telefongespräches mit Herrn Schuster:
- Festlegung von Terminmöglichkeiten
- Prüfen der Unterlagen

---

2. Aufgabe

Terminvereinbarung, wobei Herrn Schuster unterschiedliche Angebote gemacht werden.

---

3. Aufgabe

Planung des Gespräches:
- Beschreibung der Vertragssituation mithilfe der Daten aus der Karteikarte; Abschluss des Behandlungsvertrages, mögliche Zusatzvereinbarungen
- Erläuterung der vorliegenden Rechnung mithilfe der Behandlungsdaten
- Klärung der Zahlungsweise und entsprechende Vereinbarung, z. B. Zahlung des Gesamtbetrages oder Teilzahlungsvereinbarung

---

4. Aufgabe

Gesprächsführung:
Variante 1: In dem Gespräch wird der Patient überzeugt.
Variante 2: Der Patient weigert sich weiterhin, die Rechnung zu bezahlen. Das Gespräch wird beendet oder Frau Dr. Spranger wird einbezogen.

2. Situation

1. Aufgabe

Fragen nach z. B.
- Sprechzeitenverteilung über die Wochentage (wird Samstag oder Abend gewünscht)
- Zahnmedizinischen Leistungen
- Beratungskompetenz des Zahnarztes, der ZMP ...
- Umgang mit den Patienten (Freundlichkeit, Höflichkeit)
- Wartezeiten trotz Terminvergabe

---

2. Aufgabe

Wochentag	Name des Patienten	Bestellzeit	Behandlungs-beginn	Wartezeit in Minuten

---

3. Aufgabe

Lösungsvorschlag:
- Sind ausreichende Pufferzeiten für Schmerzpatienten und unvorhersehbare Behandlungszeit-Überschreitungen eingeplant?
- Zu gering angesetzte Zeitvorgaben für geplante Behandlungen?
- Raumkapazität ausreichend (Behandlungsraum fehlt, um Patientensitzungen vorzubereiten)?
- Zu wenig Praxispersonal?
- Personaleinsatz ungünstig (ungleich über die Praxiszeiten verteilt, z. B. wegen Schulbesuch der Auszubildenden)?
- Steht bei unvermeidlichen Spitzenbelastungen weiteres Personal abrufbereit?
- Steht bei Krankheit des Praxispersonals weiteres Personal abrufbereit?
- Behandlungskapazität ausreichend (Zahl der Patienten im Verhältnis zum Umfang der Sprechstunden)?

3. Situation

1. Aufgabe

Übertragung der Patientendaten in die Karteikarte

A B C D E F G H I J K L M N O P Q R S Sch St T U V W X Y Z

Kartei-Nr. [ ] M F R - P

Patient (Herr/Frau/Kind): Bettina (Name) Fuchs (Vorname) 22.03.71 (geb.)

Mitglied: Bettina (Name) Fuchs (Vorname) 22.03.71 (geb.)

Anschrift: Südring (Straße) 234 (Nr.) 02041/456320 (Telefon)

46242 (Postleitzahl) Bottrop (Ort)

Krankenkasse: DAK

Beruf: Erzieherin

Arbeitgeber: Stadt Bottrop

Anschrift Arbeitgeber: Rathausplatz 1, 46242 Bottrop (Straße, Nr., Ort)

Behandlungszeiträume			
15.10. . .			
03.11. . .			
10.11. . .			

Bemerkungen: AU vom 03.–06.11. . .

2. Aufgabe

Stammdaten: Patientendaten, die sich nicht oder über einen längeren Zeitraum nicht ändern, z. B. Familienname, Vorname, Geburtsdatum, Anschrift, Telefon-Nr., Krankenkasse, Unverträglichkeiten, Allergien.

Bewegungsdaten: Behandlungsdaten, z. B. Befund, verordnetes Medikament, Dauer der AU

3. Aufgabe

Ablagesysteme: z. B.

Hängeregistratur:	Auf beiden Seiten der Mappe befinden sich überstehende Haken, mit diesen werden die Mappen in entsprechende Rahmen von Karteischränken oder -laden eingehängt.
Pendelregistratur:	Die Mappen sind auf einer Breitseite mit Metallbeschlägen versehen, die in der Mitte eine Vorrichtung (Kerbung) aufweist, mit der die Mappen auf Schienen, die in den Karteischränken angebracht sind, eingehängt werden. Sichtbar ist die Schmalseite der Karteimappe.
Ordnungssysteme:	alphabetische Ordnung, numerische Ordnung, alphanumerische Ordnung, chronologische Ordnung, Ordnung nach Farben

---

4. Situation

Persönliche Daten der Patienten sind vertraulich zu behandeln. Beim Telefonieren ist darauf zu achten, dass das Gespräch nicht von anderen Patienten mitverfolgt wird. Eine telefonisch vorgetragene Zahlungsaufforderung an eine namentlich genannte Patientin sollte auf keinen Fall in der allgemein zugänglichen Rezeption geschehen. Anna könnte nach der telefonischen Terminabsprache auflegen und das Gespräch über den nicht erfolgten Zahlungseingang vom Bürotelefon aus führen.

Sachwortverzeichnis Fachkunde

Sachwortverzeichnis Praxisorganisation/-verwaltung und Wirtschafts- und Sozialkunde

Fachwörterverzeichnis

A

Abrasion	Abnutzung der Zähne
abszedieren	in Eiterung übergehen
Abszess	abgegrenzte Eiteransammlung
Adhäsiv	anhaftend
Adrenalin (Suprarenin)	Nebennierenprodukt, welches Zusammenziehen der Gefäße bewirkt
Adstringentia	zusammenziehende Mittel
Adstringierend	zusammenziehend
Aerobier	Bakterienarten, die nur in Gegenwart von Sauerstoff wachsen können
Aerosol	vernebelter Stoff
Akne	Pickel, Entzündung der Haar- und Talgfollikel
akut	schnell verlaufend, plötzlich beginnend
Alginate	elastische Abdruckmassen (Salze der Alginsäure)
Allergie	Überempfindlichkeit des Organismus auf bestimmte Substanzen
Alveole	1. knöchernes Zahnfach im Alveolarfortsatz; 2. Lungenbläschen
Alveolotomie	Abtragen des Alveolarkammes
Amalgam	Legierung von Quecksilber und Metallen
Ameloblasten	schmelzbildende Zellen
Ampere	SI-Basiseinheit für elektr. Stromstärke
Ampulle	zugeschmolzenes Glasröhrchen für sterile Injektionslösung
Amputation	kunstgerechte Abtrennung eines Körperteils
Anämie	Blutmangel, Blutarmut, Blutleere
Anaerobier	Bakterienarten, die in Abwesenheit von Sauerstoff wachsen können
Anästhesie (im chirurgischen Sinne)	Schmerzbetäubung, Umempfindlichkeit, örtliche Betäubung
Anästhetika	Mittel zur Schmerzbetäubung
Analgesie	Aufhebung des Schmerzgefühls
Analgetika	schmerzbeseitigende Mittel
analgetisch	schmerzbeseitigend
Anamnese	Vorgeschichte des Kranken in Bezug auf seine Erkrankung
Anatomie	Lehre von der Zergliederung des Körpers
Anode	positiver elektrischer Pol
Anomalie	Regelwidrigkeit
Antagonist	Gegenzahn (jeder Zahn, der dem betreffenden Zahn gegenübersteht)
Antibiotika	Arzneimittel, das sich gegen bestimmte Keime richtet
Antigen	artfremder Stoff
Antipyretika (Antipyretikum Einz.)	fiebersenkendes Mittel
Antikoagulantia	Mittel zur Verzögerung der Blutgerinnung
Antikörper	Abwehrstoffe
Antiphlogistika	entzündungshemmendes Mittel
Antisepsis	Abtötung von Infektionserregern durch chemische Mittel
Antrum	Kieferhöhle
Aorta	große Körperschlagader
Apathogen	nicht krank machend
Apex	Spitze
Aphthen	entzündlich weißer Fleck mit rotem Hof im Mund, zuerst Bläschen, die später aufbrechen
Apical	an der Wurzelspitze gelegen
Appendix	„Angangsgebilde", meist für Wurmfortsatz des Blinddarms
approximal	im Zwischenraum gelegen (die Fläche, mit der zwei Zähne sich berühren)
Arterie	Schlagader
Artikulation	Gleitbewegung der Zahnreihen aufeinander
Asepsis	Methode der Wundbehandlung durch keimfreies Arbeiten
Aseptik	Methode der Keimfreimachung
Aseptisch	keimfrei
Aspiration	Ansaugen von Luft; Einatmen von Fremdkörpern
Atrophie	Schwund eines Körperteils oder Gewebes
atrophisch	im Schwinden begriffen
Attachment	1. Haltevorrichtung f. Zahnersatz (Geschiebe); 2. Epithelansatz am Zahnhals
Attest	Bescheinigung
Autoklav	Sterilisator, der mit gespanntem Wasserdampf arbeitet
Automaton	Zungenhalter, Watterollenhalter
Avitaminosen	Krankheiten infolge Vitaminmangels

B

Bakterien	Kleinstlebewesen, die nur im Mikroskop sichtbar sind
bakterizid	bakterientötend
Bifurkation	Gabelung, z. B. Teilungsstelle der Wurzeln
Biokompatibilität	Verträglichkeit von Werkstoffen mit den Körpergeweben
Biologie	Lehre vom Leben
buccal	wangenwärts
Bucca	Wange

C

Callus	Keimgewebe des Knochens
Caninus	Eckzahn
Carcinom, vgl. Karzinom	Krebsgeschwulst
Caries	siehe Karies
Carpule	injektionsfertiges Zylinderglasröhrchen, das oben und unten mit Gummipfropfen verschlossen ist
Catgut, vgl. Katgut	Naturdarm für Wundnähte
Caustica (Einz. Causticum)	Ätzmittel
Cavum	Hohlraum oder Cavität = vorbereitete Ausbohrung
Cervikal	am Zahnhals liegend
Cervix dentis	Zahnhals
Chronisch	langsam verlaufend, lange dauernd, schleichend
Chronologisch	zeitlich geordnet
Compacta	äußere, feste Teile des Knochens
Corium	Lederhaut
Coverdenture-Prothese	Deckprothese

D

defekt	schadhaft
Dekubitus	durch Druck entstandenes Geschwür
Dens	der Zahn
Dentimeter	Instrument zum Messen des Umfanges eines Zahnstumpfes bei Kronen- und Brückenarbeiten
Dentin	Zahnbein
Dentitio difficilis	erschwerter Zahndurchbruch
Dentition	das Zahnen, Durchbruch der Zähne
Desinfektion	Unschädlichmachung von Krankheitserregern
Desmodont	Wurzelhaut
Destillation	Verfahren zur Trennung von Stoffen durch Verdampfung
Devitalisation	Abätzung, Abtötung
Diagnose (diagnostisch)	Erkennung der Krankheit, Krankheitsfeststellung
Diagnostik	Lehre von der Erkennung der Krankheiten
Diastema	Spalt, Zwischenraum zwischen den Zähnen
Diastole	Erschlaffung des Herzmuskels
disparallel	nicht parallel
Disposition	Bereitschaft für eine Krankheit
distal	der Mittellinie des Gesichts abgewandte Seite
Dolor	Schmerz (Dolor post extractionem = Nachschmerz nach einem operativen Eingriff)
Dowel-pin	Dübelstift
Dragées	Pillen mit zuckerhaltigem Überzug
Drain	Gazestreifen für Drainage
Drainage	Ableitung von abgesonderten Flüssigkeiten aus Wunden

E

Eiter	bei Entzündung gebildete Flüssigkeit (weiße Blutkörperchen, Bakterien und abgestorbenes Gewebe)
Ekzem	Ausschlag, Entzündung der Hautoberfläche
Elektrode	Pol eines elektrischen Stromkreises
Elektronen	elektrisch negativ geladene Elementarteilchen
Element	chemischer Grundstoff
Elevatorium	chirurgisches Instrument zum stumpfen Auseinandertreiben von Geweben
Embolie	Verstopfung von Blutgefäßen durch einen Embolus
Embolus	Gefäßpfropf
Empyem	Eiteransammlung in Körperhöhlen
Endodontie	Wissenschaft vom Aufbau, den Erkrankungen und der Behandlung des Zahninnern
endokrin	„nach innen absondernd“
Endothel	einschichtige, zellige Auskleidung der Gefäße
enossal	im Knochen gelegen
Enzym	Eiweißstoffe, die als Katalysatoren Stoffwechselvorgänge beeinflussen (z. B. Verdauung)
Epidemie	gehäuftes Auftreten einer Infektionskrankheit in einem Land (Volksseuche, infektiöse Erkrankung mit schneller Übertragbarkeit)
Epidermis	Oberhaut
Epilepsie	Fallsucht, Anfall mit Bewusstlosigkeit
Epithel	oberste Zellschicht der Haut und Schleimhaut
Epithese	Defektprothese
Epulis	Schleimhautgeschwulst, Geschwulst entzündlichen Charakters, vom Zahnfleisch ausgehend, am Kieferknochen aufsitzend
Erythrozyten	rote Blutkörperchen
excidieren	herausschneiden
Exkavator	Löffelinstrument zum Entfernen kariösen Zahnbeins
exkavieren	auslöffeln einer Weichsubstanz
exokrin	nach außen absondernd
Exspiration	Ausatmung
Exstirpation	völlige Entfernung, z. B. der Pulpa
exstirpieren	herausnehmen
extrahieren	entfernen
Extraktion	Entfernung eines Zahnes
Exzision	Herausschneiden

F

Facette	Verkleidungskörper aus Porzellan oder Kunststoff
Ferment	ältere Bezeichnung für Enzym
Fieber	Störung des Wärmehaushalts des Körpers. Normale Temperatur = 36,5–37,5 Grad (Achselhöhle), mäßiges Fieber = 38,0–39,5 Grad, hohes Fieber = übe 39,5 Grad
Fissur	Spalt, Furche, Einschnitt
Fistel	röhrenförmiger Kanal, der Flüssigkeiten ableitet
Fluoreszenz	Fähigkeit von Stoffen unter auftreffender Strahlung aufzuleuchten
Foetor ex ore	übler Mundgeruch
Fokalinfektion	Herdinfektion
Fokus	Herd
Fontanelle	Knochenlücke am kindlichen Schädel
Foramen	Loch im Knochen
Fraktur	Bruch (z. B. Knochenbruch)
Functio laesa	eingeschränkte Funktion

G

Gangrän	feuchter Brand, Absterben unter Fäulnis
Gaze	Mull, lockeres Baumwollgespinst
genetische Schäden	Schäden am Erbgut
Germektomie	Zahnkeimentfernung
Gingiva	Zahnfleisch
Gingivektomie	Abtragen des Zahnfleisches
Gingivitis	Zahnfleischentzündung
Granulationen	junge, blutreiche Gewebswucherungen (Fleischwärzchen)
Granulom	Granulationsgeschwulst
Granulozyten	zu den Leukozyten gehörende Zellen
Guttapercha	eingetrockneter Milchsaft von tropischen Bäumen (Verschlussmittel)

	H
Habit	Angewohnheit
Hämatom	Blutgeschwulst, Blutbeule, Ansammlung von Blut im Gewebe
Hämoglobin	Farbstoff der roten Blutkörperchen
Hämorrhagie	Blutung, z. B. durch Zerreißen eines Gefäßes
Hämostyptika	blutstillende Mittel
Hemisektion	Durchtrennung meist eines unteren Molaren in der Bifurkation und Entfernung einer seiner Wurzeln
Hepatitis	Leberentzündung
Histologie	Lehre von den Geweben des Körpers
Hormon	körpereigener, in kleinsten Mengen wirksamer Stoff
hydrophil	wasseraufnehmend
hydrophob	Wasser abweisend
Hygiene	vorbeugende Maßnahmen für die Gesunderhaltung
Hyperämie	vermehrte Blutansammlung
Hyperplasie	Vergrößerung eines Gewebes oder Organs durch Zunahme der Zellzahl
Hypertonie	hoher Blutdruck
Hypophyse	Hirnanhangdrüse
Hypoplasie	Unterentwicklung eines Gewebes oder Organes
Hypotonie	niedriger Blutdruck
	I
Immediatprothese	Sofortprothese
Immunisierung	Erzeugung von Abwehrkräften gegen ansteckende Krankheiten
impaktiert	eingeklemmt, z. B. am Durchbruch gehindert
Implantat	eingepflanztes Material
Index	Verhältniszahl als Messwert für vergleichende Untersuchungen
Indikation	Heilanzeige, Grund zur Verordnung einer bestimmten Therapie oder eines diagnostischen Verfahrens
Indikator	Anzeigemittel
Initialkaries	beginnende Karies
Injektion	Einspritzen von Flüssigkeiten in das Körpergewebe
Inkubationszeit	Zeit zwischen Eindringen der Erreger in den Körper und dem Auftreten der ersten Krankheitszeichen
Inspiration	Einatmung
Instillation	Einträufelung von Flüssigkeiten in den Körper
Interimsprothese	Übergangsprothese (Provisorium)
intraalveolär	innerhalb des Zahnfaches
intraartikulär	in das Gelenk
intraglutäal	in den Gesäßmuskel (M. gluteus)
intraligamentär	in den Bandapparat
intraoral	innerhalb der Mundhöhle
Inversion	Zustand einwärts gekippter Zahnkronen
inzisal	an der Schneidekante gelegen
Inzision	Einschneiden
Ion	elektrisch geladenes Teilchen
irreversibel	nicht umkehrbar, nicht rückgängig zu machen
isotonisch	den gleichen osmetischen Druck aufweisend wie z. B. Blut (physiologische Kochsalzlösung)
	J
Joule	Maßeinheit für Energie, auch für Wärmemenge (1 Kalorie = 4,2 Joule)
	K
Kanüle	Hohlnadel zur Injektion
Kapillare	Haargefäß
Karies profunda	tiefgreifende Zahnfäule
Karies	Zahnfäule
kariös	von Fäulnis befallen
Karzinom	Krebsgeschwulst
Katgut	Naturdarm für Wundnähte
Kathode	negativer elektrischer Pol
Kaustika	Ätzmittel (Mehrzahl)
Kaustikum	Ätzmittel
Kauter	Glühschlinge zum Verschorfen
Kauterisation	Verschorfung
Kelvin	SI-Basiseinheit für Temperatur
Kieferklemme	Unmöglichkeit der Kieferöffnung
Kieferorthopädie	Lehre und Behandlung anomaler Zahnstellung und Kieferbildung
Kiefersperre	Störung des Mundschlusses
Kollaps	plötzliches Versagen des Kreislaufs mit mehr oder weniger Aufhebung des Bewusstseins
Komplikation	Verschlimmerung
Konkremente	dunkle, harte Ablagerungen in Zahnfleischtaschen
konservieren	erhalten
Konsultation	ärztliche Beratung
Kontamination	Verunreinigung, Verseuchung
Kontraindikation	Gegensatz von Indikation
Kürettage	Auskratzung mit scharfem Löffel
	L
Labia	Lippen (Einzahl: Labium)
labial	lippenwärts
Laserstrahl	gebündeltes Licht mit hoher Energiedichte
lateral	seitlich
Laxynx	Kehlkopf
lege artis	kunstgerecht
Leukozyten	weiße Blutkörperchen
Ligatur	Unterbindung, Abbindung, Befestigung
lingual	zur Zungenseite gelegen
Lokalanästhesie	örtliche Unempfindlichkeit, örtliche Betäubung
lokal	örtlich
Luxation	Verrenkung, Ausrenkung eines Gelenkes oder aus der Lage bringen von Zähnen im Knochenfach (luxieren)
Lux	Maßeinheit für Beleuchtungsstärke
Lymphknoten	als Filterstation in das Lymphgefäßsystem zwischengeschaltet
Lysosom	Zellorganell, baut Abfallprodukte der Zelle ab
	M
Mandibularanästhesie	Unempfindlichmachung des Unterkiefers
Mandibula	Unterkiefer
Mandrel	Scheibenträger

Mandrin	Draht, der in die Kanüle gesteckt wird
marginal	am Rande gelegen
Materia alba	weißgelblicher, noch wegspülbarer Zahnbelag
Matrize	Hohlform, künstliche Zahnwand bildende Vorrichtung
Maxilla	Oberkiefer
mental	1. zum Kinn (mentum) gehörig 2. zum Geist (mens) gehörend
mesial (medial)	mittelseitig
Metastase	Tochterzelle einer bösartigen Geschwulst
Mitochondrien	längliche oder ovale Zellorganellen
Molar	Mahlzahn
Molekül	kleinster Teil einer chemischen Verbindung
Mol	molekulare Einheit der Stoffmenge
Monosaccharide	Einfachzucker
Monozyten	zu den Leukozyten gehörende größte Zellen
Mortalamputation	Teilausräumung der abgetöteten Pulpa
Mukosa	Schleimhaut
Mumifikation	Eintrocknung, Verlederung

N

Narkose	Allgemeinbetäubung
Narkotikum	Betäubungsmittel
Nekrose	Gewebstod
Nervus fazialis	Gesichtsnerv
Nervus	Nerv
Neuralgie	anfallsweise auftretende Schmerzen in der Bahn der sensiblen Nerven (Gefühlsnerv)
Noxe	Schadstoff, krankheitserregende Ursache

O

Obturator	Verschlussplatte
Ödem	Ansammlung wässriger Flüssigkeit
Odontoblasten	Dentin bildende Zellen
okklusal	zur Kaufläche gelegen
Okklusion	gegenseitige Beziehung der Zähne des Ober- und Unterkiefers in physiologischer Ruhelage (leicht geöffnet)
Onlay	erweitertes MOD-Inlay, welches die gesamte Kaufläche bedeckt
orthoradial	Richtung des Zentralstrahles senkrecht zur Filmebene
oral	den Mund betreffend
Ostitis	Knochenentzündung
Osteomyelitis	Knochenmarkentzündung
Osteotomie	Abtragen des Knochens durch chirurgische Maßnahmen

P

palatinal	zum Gaumen gelegen (gaumenwärts)
Palatum	Gaumen
Papille	Erhabenheit des Zahnfleisches zwischen den Zähnen
Parafunktion	abwegige Beanspruchung des Kauorgans, z. B. Pressen der Zähne
parapulpär	neben der Pulpa
Pardontopathie	Zahnbetterkrankung
Parodontium	Zahnhalteapparat
Parodontologie	Lehre vom Zahnbett und seinen Erkrankungen
Parodontose	Zahnbetterkrankung, -schwund
Parotis	Ohrspeicheldrüse
Parullis	„Zahngeschwür", Abszess, eitrig entzündlicher Prozess mit dicker Backe
pathogen	krankheitserregend
Pathologie	Lehre von den Krankheiten (pathologisch = krankhaft)
Perforation	Durchbohrung
periapikal	um die Wurzelspitze herum
Periodontitis	Entzündung der Wurzelhaut
Periodontium	Wurzelhaut (Desmodont)
Periostitis	Knochenhautentzündung
Periost	Knochenhaut
Perkussion	Beklopfen eines Zahnes
Perkutan	durch die Haut hindurch
permanent	bleibend
persistieren	verbleiben, fortdauern
Phagozytose	Aufnahme von Fremdkörpern in das Zellinnere
Pharynx	Rachen
Phlegmone	fortschreitende eitrige Entzündung des Zellgewebes mit flächenhafter Ausdehnung
Physiologie	Lehre von den normalen Lebensvorgängen im Organismus
physiologisch	normal, dem gesunden Zustand entsprechend
Pistill	Stampfer, Mörserkeule
Plaque	bakterienhaltiger fester Zahnbelag
Polyaddition	zwei oder mehr, gewöhnlich unterschiedliche Moleküle reagieren ohne gleichzeitige Bildung von Nebenprodukten, z. B. A-Silikone (additionsvernetztend)
Polykondensation	zwei oder mehr, gewöhnlich unterschiedliche Moleküle reagieren mit gleichzeitiger Bildung von Nebenprodukten, z. B. C- oder K-Silikone (Kondensationsvernetzend)
Polymerisation	Abbindemechanismus bei Kunststoffen (Aushärtung), nur eine einzige Molekülart wird zusammengefügt
Polysaccharid	Mehrfachzucker (z. B. Stärke)
Prädilektionsstellen	bevorzugte Angriffsstellen von z. B. Karies
Prävention	Vorbeugung, Verhütung
Progenie	starkes Hervortreten des Unterkiefers
Prognathie	Vorstehen des Oberkiefers
Prognose	Vorhersage eines Krankheitsverlaufs
Prophylaxe	Verhütung von Krankheiten, vorbeugende
(prophylaktisch)	Behandlungsmaßnahmen
Prothese	künstlicher Ersatz verloren gegangener Körperteile
Protonen	elektrisch positiv geladene Elementarteilchen
Protrusion	Vorstand der Frontzähne
provisorisch	vorläufig
Ptyalin	Kohlenhydrat spaltendes Enzym im Mundspeichel
Pulpa	Zahnmark
Pulpitis	Entzündung des Zahnmarks
Pulpotomie	teilweise Entfernung der Pulpa
purulent	eitrig
Pus	Eiter

R

radikulär	zu einer Wurzel gehörig
Radix	Wurzel
Raspatorium	Instrument zum Abschieben der Knochenhaut
Regressanspruch	Anspruch auf Rückerstattung
Rehabilitation	Wiederherstellung
Reimplantation	Wiedereinpflanzung
Rekonvaleszenz	Genesung
relativ	verhältnismäßig
Reposition	Zurückführung in die ursprüngliche Lage
Resektion	Ausschneidung eines Teiles, z. B. Zahnteiles
resistent	widerstandsfähig
Resistenz	Widerstand
resizieren	wegschneiden, ausschneiden
Resorption	Aufsaugung
Retention	Zurückhaltung
retiniert	zurückgehalten
retrograd	rückwärts gerichtet, rückläufig
Retrusion	Rückstand der Zähne
reversibel	umkehrbar
Rezidiv	Rückfall, neuer Ausbruch einer bereits erloschenen Krankheit
rezidivieren	ausbrechen (einer bereits erloschenen Krankheit)
Rubor	Rötung

S

Sanierung	das Schaffen einwandfreier, gesunder Verhältnisse (im Munde)
Sarkom	hauptsächlich vom Bindegewebe ausgehende bösartige Geschwulst
Sedativum	Beruhigungsmittel
Sekrete	Absonderungsprodukte, z. B. von Drüsen
Separation	Trennung
separieren	durchtrennen
Sepsis	Allgemeininfektion (septisch = mit Krankheitskeimen behaftet)
Septikämie	Blutvergiftung
Septum	Scheidewand (der Knochenteil zwischen den Zähnen)
Sequester	abgestorbenes Knochenstück
Sequestrotomie	Entfernung eines Knochenstücks
Sinusitis maxillaris	Kieferhöhlenentzündung
Skalpell	chirurgisches Messer
somatische Schäden	Schäden, die die Körperzellen betreffen
Soor	Pilzkrankheit
spezifisch	artbezogen, kennzeichnend
Spongiosa	Schwammschicht des Knochens
spontan	plötzlich auftretend
Stenose	Verengung von Körperöffnungen und Gefäßen
Sterilisation	Keimfreimachung, Abtötung von Mikroorganismen
Steril	keimfrei
Stoma	Mundschleimhaut
Stomatitis	Entzündung der Mundschleimhaut
subgingival	unter dem Zahnfleisch gelegen
subkutane Injektion	Einspritzung unter die Haut
subkutan	unter die Haut (sub = unter)
sublingual	unter der Zunge gelegen
submukös	unter der Schleimhaut liegend
Sulkus	Zahnfleischfurche
Suppositorium	Zäpfchen
supra	oberhalb gelegen
supragingival	über dem Zahnfleisch gelegen
Symbiose	Zusammenleben zu gegenseitigem Nutzen
Symptom (symptomatisch)	Krankheitserscheinung
Syndrom	Symptomenkomplex
systemisch	generalisiert, den ganzen Organismus betreffend
Systole	Zusammenziehung des Herzmuskels

T

Tampon	Bausch von Watte oder Verbandgaze ähnlicher Stoff, zur Verstopfung von Wundhöhlen
tamponieren	das Einführen eines Tampons
temporär	vorübergehend
teratogene Schäden	Schäden, die den Embryo betreffen
Terminologie	Fachsprache, die Lehre von den Fachausdrücken einer Wissenschaft
thermoplastisch	in erwärmtem Zustand weich und formbar
Therapie	Behandlungsmaßnahme, Behandlung von
(therapeutisch)	Krankheiten
Thrombose	Blutgerinnsel im Blutgefäß
Thrombozyten	Blutplättchen
Trabecula	Knochenbälkchen
Trachea	Luftröhre
transparent	durchscheinend, lichtdurchlässig
Transpiration	Hautausdünstung, Schwitzen
Trauma	Verletzung, Gewalteinwirkung in körperlicher und psychischer Hinsicht
Trepanation	Eröffnen, Aufbohren eines Zahnes
Trifurkation	Gabelung dreiwurzeliger Zähne
Trituration	Anteigen des Amalgams
Trypsin	Eiweiß spaltendes Enzym
Tuberculum	kleiner Höcker, Vorsprung
Tuber	rückwärtiger Höcker des Alveolarkammes im Oberkiefer
Tumor	Geschwulst

U

Ulkus	Geschwür
Ulzeration	Geschwürbildung
ulzerös	geschwürig

V

Vakuum	luftleerer Raum
Vasokonstringens	gefäßverengendes Mittel (z. B. Noradrenalin)
Vena Cava	Hohlvene
Vene	Blutader
Vestibulum oris	Mundvorhof
Vitalamputation	Teilausräumung der lebenden Pulpa (Kronenpulpa)
Vitalitätsprüfung	Feststellung, ob Pulpa lebt
vital	lebend (devital = leblos)

W

White spot	weißer kreidiger Fleck, Initialkaries

Z

zentral	in der Mitte gelegen
zervikal	den Zahnhals betreffend
Zyste	gutartige Neubildung (Hohlraum im Gewebe entstanden durch krankhafte Veränderung mit mehr oder weniger Flüssigkeitsgehalt)
Zystektomie	totale Ausräumung einer Zyste
Zystostomie	Fensterung einer Zyste, Operationsmethode bei großen Zysten
Zytologie	Wissenschaft vom Aufbau der Zelle und ihrer Funktion
Zytoplasma	Inhalt des Zellkörpers, Zellflüssigkeit

Dies ist nur eine Aufstellung und Erklärung der wichtigsten Fachausdrücke.

Bildquellenverzeichnis

Angelika Brauner, Hohenpeißenberg/Bildungsverlag EINS GmbH, Köln: S. 21.1–21.6, 29.1, 29.4, 35.1, 170.1–170.7

Bildungsverlag EINS GmbH, Köln: S. 29.5, 38.1, 55.1, 57.1, 61.1, 81.1, 146.1, 158.1, 203.1, 205.1, 206.1

EURO Kartensysteme GmbH, Frankfurt a. M.: S. 68.2, 68.4

Jörg Mair Illustration, München/Bildungsverlag EINS GmbH, Köln: S. 8.1, 174.3, 174.5

Michele Di Gaspare, Bergheim/Bildungsverlag EINS GmbH, Köln: S. 22.1–22.6, 25.1, 26.1, 29.2, 29.3, 174.1, 174.2, 174.4

UniCredit Bank AG, München: 68.5